兰州财经大学丝绸之路经济研究文库

兰州财经大学丝绸之路经济研究院重点项目“基于政府自然资源资产负债表的领导干部自然资源资产离任审计研究”（JYYZ201610）

领导干部自然资源资产离任审计研究

周一虹　著

中国财经出版传媒集团
中国财政经济出版社

图书在版编目（CIP）数据

领导干部自然资源资产离任审计研究／周一虹著．
--北京：中国财政经济出版社，2021.10
（兰州财经大学丝绸之路经济研究文库）
ISBN 978-7-5223-0760-2

Ⅰ．①领… Ⅱ．①周… Ⅲ．①领导人员-自然资源-国有资产-经济责任审计-研究-中国 Ⅳ．①F239.66

中国版本图书馆CIP数据核字（2021）第185786号

责任编辑：蔡 宾　　　　责任校对：徐艳丽
封面设计：陈宇琰

领导干部自然资源资产离任审计研究
LINGDAO GANBU ZIRAN ZIYUAN ZICHAN LIREN SHENJI YANJIU

中国财政经济出版社 出版
URL：http://www.cfeph.cn
E-mail：cfeph@cfeph.cn

社址：北京市海淀区阜成路甲28号 邮政编码：100142
营销中心电话：010-88191522 编辑中心电话：010-88190666
天猫网店：中国财政经济出版社旗舰店
网址：https://zgczjjcbs.tmall.com
北京财经印刷厂印刷 各地新华书店经销
成品尺寸：170mm×240mm 16开 20印张 300 000字
2021年11月第1版 2021年11月北京第1次印刷
定价：70.00元
ISBN 978-7-5223-0760-2
（图书出现印装问题，本社负责调换，电话：010-88190548）
本社质量投诉电话：010-88190744
打击盗版举报热线：010-88191661 QQ：2242791300

前 言

领导干部自然资源资产离任审计，是指审计机关对主要领导干部任职期间履行自然资源资产管理和生态环境保护责任情况进行的审计。开展领导干部自然资源资产离任审计，是贯彻落实党中央关于加快推进生态文明建设要求的具体体现，对于领导干部牢固树立绿色发展理念，贯彻节约资源和保护环境的基本国策，推动形成绿色发展方式和生活方式，促进自然资源资产节约集约利用和生态环境保护，完善生态文明绩效评价考核和责任追究制度，推动领导干部切实履行自然资源资产管理和生态环境保护责任，具有十分重要的意义。

改革开放40多年以来，粗放型经济增长模式使得我国经济在飞速增长的同时也付出了沉重的资源环境代价。党的十八大以来，绿色发展理念成为五大新发展理念之一，生态文明建设也被纳入“五位一体”总体布局。党的十八届三中全会提出“探索编制自然资源资产负债表，对领导干部实行自然资源资产离任审计”。此后，多个相关制度文件相继发布，领导干部自然资源资产离任审计成为生态文明制度体系的重要组成部分。党的十九大报告指出，建设生态文明是中华民族永续发展的千年大计，凸显出生态文明建设的重要战略地位。作为中央推进生态文明建设的一项重要制度安排，领导干部自然资源资产离任审计政策框架已初步确立，包括基本制度与操作指南两个层次。中共中央、国务院在提出对领导干部实行自然资源资产离任审计要求后，进一步构建并完善了领导干部自然资源资产离任审计总体制度体系与具体制度设计，为自然资源资产离任审计工作实践指明了方向，便于实践工作的有序开展。《领导干部自然资源资产离任审计规定（试行）》在2017年6

月审议通过并下发执行，中共中央、国务院在上述文件中明确提出，自然资源资产将从2018年开始成为领导干部离任审计的经常性项目。领导干部自然资源资产离任审计在2018年被正式确立为一项经常性、全新的审计制度。审计署在中共中央、国务院发布的上述文件基础上，具体制定了试点工作指导方案，规范了领导干部自然资源资产离任审计目的、对象、内容以及重点等基本要素，以增强工作的可执行性，推动实践工作的顺利开展。

领导干部自然资源资产离任审计是一个新兴的领域，虽然目前已取得丰富的试点经验和研究成果，但由于自然资源和生态环境的千差万别以及一些思想认识的不充分、不成熟，许多问题学术界并未达成一致观点和统一认识，例如领导干部自然资源资产离任审计主体、客体、对象的严格意义上的界定，自然资源资产价值量如何计量和核算等。同时，实践中的矛盾和问题凸显也表明这一领域有很大的研究价值和研究空间。

为此，本书在全面梳理已有试点经验和研究成果的基础上，以运用审计方法解决现阶段我国生态文明和环境资源实际问题为目标导向，对领导干部自然资源资产离任审计进行了系统的理论研究。全书以规范分析、经验归纳与逻辑演绎为研究方法，综合运用相关基础理论作为全书指导依据，创新性的提出运用环境重置成本法作为自然资源资产的价值计量方法进行自然资源资产负债表的编制，构建起以自然资源资产负债表为基础的领导干部自然资源资产离任制度审计框架，分别阐述了包括土地、水、森林、矿产、草原、海洋六类自然资源在内的各类自然资源利用现状及生态环境问题，并以审计目标为导向明确了实行领导干部自然资源资产离任审计的审计内容、审计方法与审计程序，并构建出审计评价指标体系，对审计结果进行评价应用，以期探索出一套较为科学系统、全面完善、可操作性强的领导干部自然资源资产离任审计制度体系，为丰富我国领导干部自然资源资产离任审计理论研究和推进实践工作提供帮助，以促进国家审计更好地助力国家生态文明建设。

作　者

2021年7月

目　录

第一章 导　论

第一节　研究背景

自然资源是人类赖以生存和持续发展的物质基础。自改革开放以来，我国经济呈现飞速增长，经济实力显著增强，国际地位和国际影响力进一步提升。从 1978 ~ 2017 年，我国经济总量占世界经济的比重由 1.8% 上升到 16%，成为仅次于美国的世界第二大经济体。我国的经济年平均增速达到 9.5%，远高于 1978 年以前的 6.1%，相当于同期世界经济年平均增速的 3 倍多。但长期以来经济的过快发展，伴随着人类需求的不断增加，对自然资源的开采和利用愈加无以节制，造成了自然资源的过度耗费、生态环境的破坏、生存环境的恶化等一系列问题。我国自然资源整体呈现总量较多、人均占有量少、分布不均的现状。人均淡水资源量仅为世界人均占有量的四分之一，人均耕地面积远低于国际警戒线，人均森林资源面积仅为世界人均的五分之一，人均矿产资源占有量不到世界水平的一半。由于资源的稀缺性，加之对自然资源的过度开采和低效率利用，导致我国已面临严重的环境污染和生态破坏问题。世界自然基金会（WWF）和中国环境与发展国际合作委员会（CCICED）联合发布的《中国生态足迹报告 2010》显示，我国生态足迹增加的速度远高于生物承载力的增长速度，是生物承载力的两倍以上。换句话说，我国资源耗费已经远远超过环境容量，环境治理和环境保护工作迫在眉睫。根据《BP 世界能源统计 2017》的数据表明，中国一次能源消费总量位居世界第一，单位 GDP 能耗 3.1 吨油当量/万美元，是美国的 2.3 倍，日本的 4.5 倍。目前，我国面临严重的大气污染、水污染、土地荒漠化、水土流失、生物多样性减少、生态系统服务功能下降等等环境问题，这些问题已经严重制约了我国经济社会的发展，甚至威胁到人类的生命健康。据《2018 年中国环境状况公报》的数据显示，全国 338 个地级及以上城市中，超半数的城市 SO_2、NO_2、CO_2、PM2.5 等主要污染物含量超标，空气质量不容乐观。全国酸雨分布区域集中在酸雨污染主要分布在长江以南—云贵高原以东地区，影响面积占国土面积的 5.5%，对生态系统、人体健康、建筑设施等造成严重危害。我国是世界上荒漠化危害范围最广、程度最深的地区之一。根据第五次全国荒漠化和沙化监测结果，全国荒漠化土地面积 261.16 万平方公里，占国土面积的 27.20%；沙化土地面积 172.12 万平方公里，占国土面积的 17.93%，导致土地资源减少、自然灾害加剧、生态平衡难以为继。

除上述因素导致的环境问题，长期以来我国自然资源资产存在底数不清、所有者不到位、权责不明晰、权益不落实、监管保护制度不健全等问题，导致产权纠纷多发、资源保护乏力、开发利用粗放、生态退化严重。我国现行《宪法》规定自然资源归国家所有和集体所有，因此，由政府部门代表人民管理自然资源。但是落实到现实工作中，自然资源的产权边界则变得模糊，导致责任无法划分、监管不易到位、生态环境质量持续恶化，严重制约了我国经济社会的可持续发展。因此，建立科学的考核制度，开展领导干部自然资源资产离任审计有助于从源头解决制约经济可持续发展的问题。2019 年 4 月 14 日，中共中央办公厅、国务院办公厅印发了《关于统筹推进自然资源资产产权制度改革的指导意见》（以下简称《意见》）。《意见》明确到 2020 年，归属清晰、权责明确、保护严格、流转顺畅、监管有效的自然资源资产产权制度基本建立，自然资源开发利用效率和保护力度明显提升，为完善生态文明制度体系、保障国家生态安全和资源安全、推动形成人与自然和谐发展的现代化建设新格局提供有力支撑。建立和完善自然资源资产产权制度，促进自然资源节约集约利用和有效保护，加强生态保护，加快推进生态文明建设。

我国以习近平生态文明思想为指导，以制度建设为抓手，以法治建设为保障，着力构建产权清晰、多元参与、激励约束并重、系统完整的生态文明制度体系。

生态文明建设是中国特色社会主义的重大制度创新，是为人民谋福祉的伟大事业，关系到中华民族的未来。党和国家高度重视生态文明建设，坚持节约优先、保护优先、自然恢复为主的方针，构建人与自然和谐发展的现代化新格局。中共十六届五中全会提出要建设资源节约型、环境友好型社会，突出了我国对环境问题的重视，提高自然资源的使用效率，保护生态环境，促进人与自然的和谐共生。环境问题不是单纯地环境治理和环境保护，也要考虑平衡环境和发展之间的关系，促进人与自然的协调发展。党的十八大首次明确了生态文明建设的重要地位，将其纳入"五位一体"的总体布局，强调在资源约束趋紧、环境污染严重、生态系统服务功能退化的严峻形势下，改变粗放式的发展方式，实现可持续发展。政府又陆续推出《关于加快推进生态文明建设的意见》《生态文明体制改革总体方案》等一系列重大决策部署，构建科学、完整、系统的生态文明体系。

习近平生态文明思想，是推进生态文明建设的重要指导思想。在生态环境问题上，我们决不能走"先污染后治理"的老路，要像保护眼睛一样保护生态环境，像对待生命一样对待生态环境。要设定并严守资源消耗上限、环境质量底线、生态保护红线，将各类开发活动限制在资源环境承载能力之内。习近平总书记把生态文明上升到人类文明形态的高度，提出"生态兴，则文明兴；生态衰，则文明衰"，并多次强调，"绿水青山就是金山银山，保护环境就是保护生产力，改善环境就是发展生产力"。习近平生态文明思想立足于我国环境和发展的实际情况，用发展的眼光看待环境问题，深刻回答了为什么建设生态文明、建设什么样的生态文明、怎样建设生态文明的重大理论和实践问题，为我国生态文明建设提供了思想遵循和行动指南。

生态文明建设是一个系统性工程，应该提出系统的解决方案，而不是把各项分开来治理。习近平生态文明思想中，山水林田湖草系统治理的整体系统观就体现了系统思维。山水林田湖草是生命共同体，要按照生态系统的整体性、系统性以及内在规律，统筹考虑自然要素的关系，进行系统治理，解决我国生态系统保护和治理中的重点难点问题。生态文明建设的发展能推动政治、经济、文化、社会的建设，而政治、经济、文化、社会的适应性调整，也能助推现代生态文明的体系构建。生态文明建设是增进人民福祉的伟大事业，在这个过程中不仅仅需要政府承担责任，也需要社会其他组织、个人的协同配合。企事业单位、社会组织的主动配合，民众的积极参与，助推制度措施的落地实施，加快生态文明建设的步伐。

制度的建设离不开法律手段的保障。近年来，我国陆续出台《大气污染防治行动计划》《水污染防治行动计划》《土壤污染防治行动计划》等，颁布施行新修订的《环境保护法》，围绕生态环保展开的执法督察越来越严格，树立绿色发展方式和生活方式，落实环保责任，推进生态文明体系的构建。2018 年 1 月 1 日起施行的《环境保护税法》是对直接向环境排放应税污染物的企业事业单位和其他生产经营者征收环境保护税。这种利用征税的方式增加污染企事业单位的环境成本，有利于从根源上减少环境污染问题。另外，狠抓按日计罚、行政拘留、引咎辞职、连带责任、公益诉讼等法治举措的落实，环境保护法律法规的严密性得到强化，有效保证执法部门有法必依、违法必究。加快推进生态文明顶层设计和制度体系建设，加强法治建设，建立并实施中央环境保护监督制度，大力推动绿色发展。

党中央高度重视生态文明体制改革，不断完善顶层设计和制度建设，但是再完美的制度设计，如果不能落到实处、无法有效执行，就是没有牙齿的老虎，空有其表。因此，中央的重要举措能否落到实处，关键在领导干部，要落实领导干部任期生态文明建设责任制，实行自然资源资产离任审计，建立生态文明绩效评价考核和责任追究制度。2013 年，党的十八届三中全会通过《中共中央关于全面深化改革若干重大问题的决定》，首次明确提出："探索编制自然资源资产负债表，对领导干部实行自然资源资产离任审计，建立生态环境损害责任终身追究制。"因此，实行领导干部自然资源资产离任审计是历史的必然。自然资源资产是一笔庞大、繁杂的资产，如何对其进行经营管理是一项非常重要的课题。党中央加快推进自然资源资产负债表的编制工作，提供科学、真实、完整的自然资源信息，为实行领导干部自然资源资产离任审计工作夯实基础。本书以自然资源资产负债表为数据基础，探索构建实行领导干部自然资源资产离任审计的框架体系，建立科学合理的考核评价体系和责任追究制度，促进自然资源资产节约集约利用和保护生态环境安全，推进生态文明建设，是贯彻执行中共中央决策的重大举措。

第二节 开展领导干部自然资源资产离任审计的必然性

习近平总书记强调，我国社会主要矛盾已经转化为人民日益增长的美好生活需要和不平衡不充分的发展之间的矛盾。从环境问题的角度出发，我国的生态环保问题，归根到底是经济发展方式的问题。因此，应该从制度层面解决环保与发展之间的矛盾，树立绿水青山就是金山银山的绿色发展理念，推进生态文明建设，促进我国经济社会的可持续发展。2014 年，内蒙古、山东、贵州、江苏、湖北等地区的审计机关，对土地、森林、水、矿产、海洋等自然资源开展了审计。2015 年，审计署资源环境审计司在湖南省娄底市开展了领导干部自然资源资产离任审计试点工作。2016 年，审计署组织 18 个特派办对呼伦贝尔市等 8 个地区、组织 32 个省级审计机关对秦皇岛市等 32 个地区实施试点审计。从 2015 ~ 2017 年，党中央、国务院陆续出台了《开展领导干部自然资源资产离任审计试点方案》《党政领导干部生态环境损害责任追究办法（试行）》《领导干部自然资源资产离任审计规定（试行）》等一系列政策，对实行领导干部自然资源资产离任审计的工作提出了具体要求。从 2015 年 10 月至 2017 年 10 月期间，审计试点工作围绕“审什么、怎么审、怎么评价”进行探索，共实施审计试点项目 827 个，涉及被审计领导干部 1 210 人。自然资源资产离任审计试点工作中主要存在以下问题：自然资源资产的数据信息不连续、完整；自然资源产权和监管制度、环境保护追责和损害赔偿制度不完善；自然资源资产有偿使用和生态补偿机制未建立等。通过对试点工作的经验总结，本书从审计内容、审计程序、审计方法、审计评价等方面，全面、具体地构建领导干部自然资源资产离任审计的框架体系，加快推进领导干部自然资源资产离任审计的全面实行。建立自然资源资产负债表核算体系，健全问责机制，完善法律法规，为实行领导干部自然资源资产离任审计创建良好条件。实行领导干部自然资源资产离任审计，将环境问题纳入党政领导干部考核体系，促进建立生态环境损害责任终身追究制，有利于提高自然资源资产管理效率，进一步推进环境保护工作，推动生态文明建设，共建美丽中国。

领导干部自然资源资产离任审计将领导干部的经济责任与自然资源管理和生态环境保护履责有机结合，提高自然资源资产管理效率，推进生态文明体制的改革。GDP 是衡量一个国家或地区经济状况的重要指标。长期以来我国将 GDP 作为地方政府主要考核指标，一些地方政府以牺牲环境为代价换取经济发展，不履行环境责任或履责不到位，已经成为制约环境保护的重要原因。某些部门的领导干部对环境问题睁一只眼闭一只眼，遇到问题相互推诿，避重就轻，行政不作为或乱作为。还有部分领导干部在“唯 GDP 论”的政绩观下，为了谋求短期利益，“靠山吃山”“杀鸡取卵”的现象屡见不鲜，有意损害生态环境。传统审计仅仅关注领导干部的经济责任，审计环保资金的真实性、合法性、效益性，但是缺少对环境绩效的评价，传统审计已经无法满足对领导干部自然资源管理和生态环境保护履责的评价、监督，由此自然资源资产离任审计应运而生。实行领导干部自然资源资产离任审计，引导领导干部树立科学的绿色发展观和正确的政绩观，履行其自然资源管理和环保责任，提高自然资源资产管理效率。

实行领导干部自然资源资产离任审计，促进建立生态环境损害责任终身追究制，从源头遏制生态破坏问题，推动生态环境保护工作。近年来，我国高度重视环境保护和治理问题，环保工作取得积极进展。目前，环境形势依然严峻，环境问题没有得到根本性遏制。环境问题愈演愈烈与领导干部问责机制不完善存在密切联系，建立终身追责制，倒逼领导干部改变政绩观，切实履行自然资源资产管理和环境保护责任，有助于推动环境决策的科学化、民主化和法治化。对一些拍脑袋决策、拍胸脯蛮干，给人民群众和国家造成重大损失，造成严重生态环境损害后果的领导干部，终身追究其责任，不得重用或提拔，以此促进改善生态环境质量，用制度保护生态环境。实行领导干部自然资源资产离任审计，对领导干部任职前后的环境责任的履行情况进行评价，关注其在任职期间是否做出以牺牲环境为代价的经济决策，才能完善对领导干部的生态建设考核制度，落实生态文明建设的重大举措。反之，建立科学地领导干部考核制度，为实行领导干部自然资源资产离任审计创造条件，更加全面评价领导干部环保责任的履行情况。

实现领导干部自然资源资产离任审计是发挥审计监督职能的重要途径。党的十八大以来，党和国家高度重视审计工作，成立了中央审计委员会，加强党对审计工作的领导。2018 年 5 月，习近平总书记主持召开中央审计委员会第一次会议并发表重要讲话。习近平强调，“改革审计管理体制，组建中央审计委员会，是加强党对审计工作领导的重大举措。要落实党中央对审计工作的部署要求，加强全国审计工作统筹，优化审计资源配置，做到应审尽审、凡审必严、严肃问责，努力构建集中统一、全面覆盖、权威高效的审计监督体系，更好发挥审计在党和国家监督体系中的重要作用”。在加快推进生态文明建设的时代背景下，传统审计已经无法满足新的制度需求，审计工作面临巨大挑战。改变审计管理体制，加强党对审计工作的领导，为实行领导干部自然资源资产离任审计创造了良好的条件。实行领导干部自然资源资产离任审计，体现了中国特色社会主义审计制度的鲜明特征，彰显了中国特色社会主义最本质特征和最大的制度优势，拓展了审计监督的内涵，更好地发挥审计监督职能，推进生态文明体制改革。

实行领导干部自然资源资产离任审计是贯彻习近平生态文明思想和中央决策部署的重大举措。党的十九大报告中提出“建设生态文明是中华民族永续发展的千年大计，必须坚持节约优先、保护优先、自然恢复为主的方针，牢固树立社会主义生态文明观，推动形成人与自然和谐发展现代化建设新格局。”习近平总书记发表了“绿水青山就是金山银山”“小康全面不全面，生态环境质量很关键”，“生态环境是关系党的使命宗旨的重大政治问题”“全党上下要把生态文明建设作为一项重要政治任务”等一系列重要讲话，充分说明了自然资源资产管理和生态环境保护的极端重要性和紧迫性。2015年，党中央、国务院印发《生态文明体制改革总体方案》，提出构建起由自然资源资产产权制度等八项制度构成的生态文明制度体系，将领导干部自然资源资产离任审计纳入完善生态文明绩效评价考核和责任追究制度中。党和国家做出的一系列重大决策部署，从宏观层面统筹生态文明建设，而从顶层设计到贯彻执行，最终的落脚点都在于人，也就是领导干部。实行领导干部自然资源资产离任审计，是贯彻习近平生态文明思想的重要举措，是切实解决当前的生态环保问题，顺应人民群众对美好生态环境需求的迫切要求。深化生态文明体制改革，实行领导干部自然资源资产离任审计，要求践行绿色发展观，不折不扣落实好中央的重大决策部署，扎实推进此项审计改革任务落地见效，为生态文明建设“保驾护航”。

第三节　基本概念

本书首先对有关领导干部自然资源资产离任审计的自然资源、自然资源资产、领导干部自然资源资产离任审计的内涵与外延进行探讨，以期加深对领导干部自然资源资产离任审计的理解和掌握。

一、自然资源

《辞海》中对自然资源的定义为：天然存在的自然物（不包括人类加工制造的原材料）并有利用价值的自然物，如土地、矿藏、水利、生物、气候、海洋等资源，是生产的原料来源和布局场所。该定义强调自然资源的天然性，并根据地理学特性将其做出具体分类，从经济学角度解读自然资源的内涵。17世纪时，威廉·配第（William Petty）认为“土地为财富之母，劳动为财富之父”，这是对自然资源价值认识最早的萌芽。18 世纪到 20 世纪初，亚当·斯密、杰文斯、李嘉图、马歇尔等经济学家意识到了资源的稀缺性，并认为自然资源的稀缺可以通过市场的价格机制得到解决。庇古在《福利经济学》中提出，导致市场资源失效的原因是经济当事人的私人成本与社会成本不相一致，从而私人的最优导致社会的非最优，解决外部性的方案就是政府征税或补贴。“庇古税”为政府解决环境问题提出了重要途径。哈罗德·霍特琳（Harold Hoteling）发表的《可竭耗资源经济学》中对矿藏资源、森林和渔业等可耗竭资源的需求、供给、市场价格、政策等方面论述了资源跨期配置的不确定性。美国经济学家阿兰·兰德尔（Alan Randall）的《资源经济学》一书中，利用经济学理论和定量分析的方法来揭示、分析、评价和指导制定关于自然资源和环境方面的政策。1960 年，科斯在《社会成本问题》一书中首次提出，由于社会成本与私人成本的偏离，可以运用产权制度来解决自然资源的外部性问题。联合国环境规划署（UNEP）将自然资源定义为：在一定的时间和技术条件下，能够产生经济价值，以提高人类当前和未来福利的自然因素和条件。

从上述研究成果来看，国外学者的研究方向主要围绕自然资源的本质特征，讨论了自然资源的稀缺性和价值性；自然资源的优化配置，包括利用市场手段或政府干预手段来提高自然资源的运行效率。对自然资源本质认识的不断深入，有利于加强对自然资源的保护，对自然资源市场手段和政府干预手段的应用理论研究，有利于自然资源价值的实现和管理。

二、自然资源资产

国外学者关于自然资源资产的表述主要有自然资产、自然财富和自然资本等，自然资本的概念得到广泛认可。经济学家将自然资源视为一种资本，认可其自身的价值性。最早，“自然资本”一词由英国环境经济学家皮尔斯和特纳（Pearce and Turner，1990）提出，他们认为自然环境是一种自然资产存量，用于服务经济发展。康斯坦斯（Costanza，1991）等将自然资本定义为“自然自身或通过人类劳动而增加其价值的自然物和环境，是自然产生出自然资源流的存量”。1995 年，世界银行正式将自然资本纳入国家财富核算体系。马克·T. 布朗、塞尔吉奥·乌尔加蒂（Mark T. Brown and Sergio Ulgiati，1998）从能值分析法出发，将自然资本定义为产生环境资源的物质和能量储存，可具体划分为可更新资源（生物量、有机质、动物和水等）和不可更新资源（化石燃料、矿藏等）的储存量。虽然有部分学者对自然资本是否是资本存在部分疑虑，但是该概念仍然得到广泛认可和运用。综上，自然资本具有以下几个特征：自然资本包括自然资源以及生态环境要素；自然资本具有增值性；为人类服务的自然资本应该纳入经济核算体系。

国内学者关于自然资源资产的研究也比较多，但目前自然资源资产的概念尚未达成统一，主要争论点在于自然资源和自然资源资产的区别。从自然资源资产的表述上看，主要有自然资产、自然资源资产、生态资产等，政策文件中则明确是自然资源资产。姜文来（2000）、马永欢（2014）等学者认为，自然资源与自然资源资产既有区别又有联系，只有既稀缺又明确所有者的自然资源才能转化为自然资源资产。谷树忠、谢美娥（2015）认为，自然资源与自然资源资产是相互包容的关系，二者的差异在于前者强调实物，后者强调价值，后者的监管难度远低于前者。向书坚、郑瑞坤（2015）提出，自然资源资产的定义以会计准则中资产的定义为基石，拓展和延伸自然资源资产的内涵、外延。也就是说，自然资源资产是为一个国家或地区所拥有，满足各机构单位生产生活的需要，被他们占有、使用与消耗并能创造效用的一切海、陆、空资源。封志明，杨艳昭（2017）等人认为自然资源资产是能够在预期（现在或将来）给核算主体带来直接或间接收益的自然资源。

纵观国内外学者对自然资源资产的研究，虽然表述上有所不同，但是实际的基本特征是相同的，自然资源资产反映了自然资源的稀缺性和价值性，为自然资源纳入国民核算体系提供了依据。自然资源资产源于并基于自然资源，自然资源资产是自然资源进入社会和经济系统后出现的概念。自然资源资产是能够用货币计量的部分自然资源，本书参照《国务院关于全民所有自然资源资产有偿使用制度改革的指导意见》中对全民所有自然资源的具体分类，将自然资源资产划分为：土地资产、水资产、矿产资产、森林资产、草原资产、海洋资产六个部分。

三、领导干部自然资源资产离任审计

领导干部自然资源资产离任审计是国家审计机关依照相关法律法规，运用专门的方法，对自然资源资产进行离任审计，评价、考核领导干部任期内对地方自然资源资产管理和生态环境保护监督责任。开展领导干部自然资源资产离任审计，审计机关应当根据被审计领导干部任职期间所在地区或者主管业务领域自然资源资产管理和生态环境保护情况，结合审计结果，对被审计领导干部任职期间自然资源资产管理和生态环境保护情况变化产生的原因进行综合分析，客观评价被审计领导干部履行自然资源资产管理和生态环境保护责任情况。

目前，国内学者自然资源资产离任审计的审计主体观点主要有一元观、多元观和一元为主、多元参与观。陶玉侠和谢志华（2014）、安徽省审计厅课题组（2014）等多位学者持有一元观，认为开展自然资源资产离任审计的审计主体只能是国家审计机关。陈献东（2014）提出，国家审计机关、内审机构、中介组织和社会公众都可以是审计主体，即多元观。国家审计机关针对党委政府直管领导干部，内审机构针对部门、单位内部管理领导，中介组织和社会公众参与开展领导干部自然资源资产离任审计。蔡春、毕铭悦（2014）认为，自然资源资产保护的责任不仅仅是政府的，审计主体应以政府为主导，多元参与。我们认为，由于我国自然资源产权的特殊性，自然资源资产离任审计应该由政府来主导。根据我国《审计法》《党政主要领导干部和国有企业领导人员经济责任审计规定》等相关法律法规的规定，对地方各级党政领导干部审计的主体是国家审计机关。综合来看，我们认为自然资源资产离任审计的审计主体是国家审计机关。

审计客体是指对谁进行审计。自然资源资产管理和保护的责任主体是各级政府，因此，应该对各级政府党政主要领导的自然资源资产的保护和管理责任追责。领导干部自然资源资产离任审计的审计客体是地方各级党委和政府主要领导干部。

自然资源资产离任审计的审计内容包括以下几个方面：贯彻执行中央生态文明建设方针政策和决策部署情况；遵守自然资源资产管理和生态环境保护法律法规情况；自然资源资产管理和生态环境保护重大决策情况；完成自然资源资产管理和生态环境保护目标情况；履行自然资源资产管理和生态环境保护监督责任情况；组织自然资源资产和生态环境保护相关资金征管用和项目建设运行情况。审计机关应当充分考虑被审计领导干部所在地区的主体功能定位、自然资源资产禀赋特点、资源环境承载能力等，针对不同类别自然资源资产和重要生态环境保护事项，分别确定审计内容，突出审计重点。这些审计重点集中在生态环境相关方面。我们认为，除了此外，领导干部自然资源资产离任审计的审计内容还应包括其他方面，我们在本书有关章节中还会进行详细分析和论述。

第四节　本书的研究框架

一、研究内容

本书基于习近平“两山”理论、生态经济价值理论、科斯产权理论、国民经济核算系统和国家治理理论，分析了自然资源资产负债表在领导干部自然资源资产离任审计中的作用机制。结合国内学者对相关理论、实践的研究，本书运用环境重置成本法，构建了以自然资源资产负债表为基础的领导干部自然资源资产离任审计框架，明确了领导干部自然资源资产离任审计的审计目标和方法。本书将自然资源分为土地、水、矿产、森林、草原、海洋六类，根据具体政策建议与实践经验，明确了各类自然资源实行领导干部自然资源资产离任审计的审计目标、审计内容、审计方法与审计程序，构建自然资源资产离任审计评价指标体系，并对其结果进行应用，以期提供科学、全面、可操作的审计方法，为推进我国领导干部自然资源资产离任审计工作提供助力。

二、研究方法

常用的研究方法，主要有规范与实证分析法、定性与定量分析法。本书运用规范分析方法，分析自然资源资产负债表在领导干部自然资源资产离任审计中的作用机制，结合国内文献研究，构建了领导干部自然资源资产离任审计的理论框架和实施模式。运用经验归纳与逻辑演绎等方法，构建领导干部自然资源资产离任审计的评价指标体系，评价、考核领导干部任期内对地方自然资源资产管理和生态环境保护监督责任。

三、研究思路和框架

本书研究思路如下：本书基于环境会计理论，运用环境重置成本法，编制自然资源资产负债表，为领导干部自然资源资产离任审计提供科学、合理的依据；在国内学者对领导干部自然资源资产离任审计的理论研究和实践模式研究的基础上，本书探讨了领导干部自然资源资产离任审计的审计目标和审计方法，构建领导干部自然资源资产离任审计的理论框架；本书将自然资源分为土地、水、矿产、森林、草原、海洋六类，结合我国具体自然资源的利用现状及生态环境问题，以领导干部自然资源资产离任审计的审计目标为导向，确定了审计内容、审计程序和审计方法，构建领导干部自然资源资产离任审计评价指标体系，加强审计评价结果的运用。

本书研究框架，如图 1 - 1 所示。

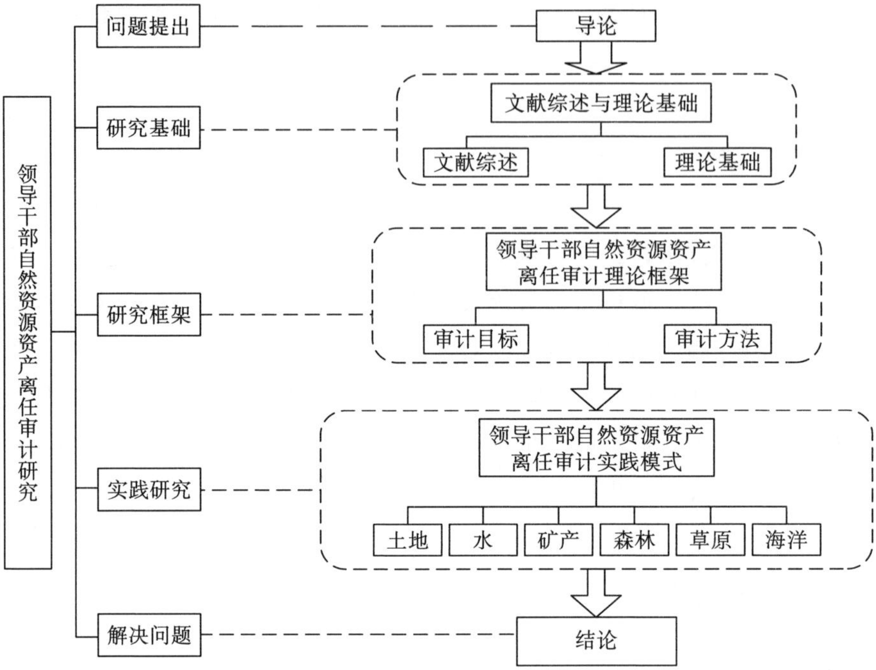
领导干部自然资源资产离任审计研究
问题提出
研究基础
研究框架
实践研究
解决问题
导论
文献综述与理论基础
文献综述
理论基础
领导干部自然资源资产离任审计理论框架
审计目标
审计方法
领导干部自然资源资产离任审计实践模式
土地
水
矿产
森林
草原
海洋
结论

图 1-1 本书研究框架

第二章

领导干部自然资源资产离任审计研究综述

2013年11月，党的十八届三中全会审议通过《中共中央关于全面深化改革若干重大问题的决定》中提出："探索编制自然资源资产负债表，对领导干部实行自然资源资产离任审计，建立生态环境损害责任终身追究制"，该新命题将自然资源资产纳入了领导干部离任审计之中，成为学术界和实务界研究的热点。此后，国家又出台一系列政策支持生态文明建设，以提高该领域的治理水平。2014年7月，《经济责任审计规定实施细则》的发布，明确指出自然资源资产以及生态环境的保护是经济责任审计的重要内容。2015年，审计署颁布《关于2015年地方审计机关开展审计业务工作的指导意见》，首次提出把环境审计作为审计的重点内容。同年9月，中共中央办公厅、国务院办公厅出台《生态文明体制改革总体方案》，针对领导干部实行自然资源资产离任审计，提出"在编制自然资源资产负债表和合理考虑客观自然因素基础上，积极探索领导干部自然资源资产离任审计的目标、内容、方法和评价指标体系"。同年11月，中共中央办公厅、国务院办公厅出台《开展领导干部自然资源资产离任审计试点方案》。2017年6月，中共中央办公厅、国务院办公厅发布了《领导干部自然资源资产离任审计规定（试行）》，为开展领导干部自然资源资产离任审计指明了方向，标志着领导干部自然资源资产离任审计正式在全国范围内推开。这些政策的颁布为领导干部切实履行自然资源资产管理和生态环境保护责任具有重大推动作用。

由于自然资源资产的特殊性，使领导干部自然资源资产离任审计必然成为一项综合性极强的工作。目前，对领导干部自然资源资产离任审计的研究主要从理论和实践两个角度出发。理论上主要是针对审计要素的研究，包括领导干部自然资源资产离任审计的内涵、主体、客体、对象、内容、方法、依据、评价标准、评价指标等。实践上主要是针对审计实施模式的探索，包括两种模式：一种是通过自然资源资产负债表审计的模式；另一种是将领导干部经济责任审计与资源环境审计相结合的拓展模式。

第一节　领导干部自然资源资产离任审计的理论研究

从理论上讲，学者们主要探讨了领导干部自然资源资产离任审计的审计要素，因为审计要素是审计活动中最基本的单元或元素，是审计活动中的重要组成部分，确定了审计要素，审计的关键问题也就解决了。例如，分析审计主体可以理解“谁审计”的问题；分析审计客体可以理解“审计谁”的问题；分析审计对象和审计内容可以理解“审计什么”和“审计范围”的具体问题；分析审计方法可以理解“怎么审”的问题；分析审计评价指标及评价方法可以理解审计结果“如何评价”的问题；分析审计依据可以理解审计工作的“参考标准”是什么等一系列问题。

一、领导干部自然资源资产离任审计内涵的确定

在界定审计内涵之前应该先明确审计目标，目前对领导干部自然资源资产离任审计目标的讨论，学术界主要有以下五种观点：一是责任观。持该观点的学者认为自然资源资产离任审计目标是促进领导干部更好履行自然资源资产责任，并促进全社会共同合理开发、利用和保护自然资源资产。二是国家治理观。持该观点的学者认为，自然资源资产离任审计宏观目标应定位于发挥审计在推进国家“生态治理”的重要作用上；而微观目标则应从政府权

力运用的行为合规性、结果绩效性、报告公允性三个层面，纠正体制机制方面弊端，进而达到“生态治理”的目的。三是资源管理观。持该观点的学者认为自然资源资产离任审计的根本目标是通过揭示领导干部在自然资源资产使用、管理和监管方面存在的突出问题，督促领导干部树立正确的政绩观。四是免疫系统观。持该观点的学者认为自然资源资产离任审计的宏观目标是将国家审计定位于“免疫系统”，对政府官员政绩和自然资源资产保护结合起来进行测度和考量，评价地方政府官员在任职期间自然资源资产开发、利用及保护责任的履行状况，为实现资源节约型、环境友好型社会做出贡献和机制。五是机制完善观。持该观点的学者提出应通过自然资源资产离任审计来推动建立节能降耗的市场机制和长效机制，促进领导干部树立正确的政绩观，从而有利于政府在生态文明建设中发挥更好的作用。

领导干部自然资源资产离任审计这一概念在党的十八届三中全会通过的《中共中央关于全面深化改革若干重大问题的决定》中首次被提出，明确在衡量领导干部政绩时，不仅要考虑其任期内经济责任履行情况，而且应将生态环境因素纳入其中。对领导干部自然资源资产离任审计内涵的正确认识，是后续确定审计主体、客体、对象、内容等审计要素的必要前提。在此主要总结了以下几种观点：

（一）审查、鉴证和评价观

钱水祥（2016）认为领导干部自然资源资产离任审计是为了维护国家自然资源安全，加强自然资源资产管理，对领导干部在整个任期内所管辖区域范围的自然资源资产管理、使用、开发、保护等情况而进行审查、鉴证的总体评价活动。湖北省审计厅课题组（2014）认为自然资源资产离任审计是为了维护国家自然资源安全，建立系统完整的生态文明制度体系，加强自然资源资产管理，促进构建科学的决策机制和管理机制而施行的对领导干部在整个任职期内所管辖区域的自然资源资产使用及开发保护的审查、鉴证和总体评价活动。苟超群（2016）将自然资源资产离任审计概念界定为按照国家相关法律法规的要求，对领导干部任职期间的自然资源资产的开发、利用、保护等受托管理行为的真实性、合法性及效益性进行审查、鉴证和评价的一种管理活动，客观反映领导干部对自然资源资产受托管理责任的履行情况，保护自然资源资产的安全完整。张红丽（2018）指出领导干部自然资源资产离任审计是审计领导干部的重要组成部分，主要指对领导干部在任职期间所管辖范围内自然资源资产的管理、保护和开发利用情况进行审查鉴定的评价活动。任少敏（2018）认为领导干部自然资源资产离任审计主要指对领导干部在任职期间所管辖范围内自然资源资产的管理、保护和开发利用情况进行审查鉴定的评价活动。

（二）监督、鉴证和评价观

牛彦绍（2016）认为自然资源资产离任审计是审计机构根据政府法律法规，对主要领导者在其任期内受托所管理的自然资源资产的经济责任实施的监督、鉴证和评价。蔡春（2014）指出自然资源资产离任审计旨在鉴证认定受托行为人应承担的任期自然资源资产保护责任是否符合特定要求或既定要求，证实和评价自然资源受托经济责任的有效履行，重点是对自然资源资产负债表的真实性、客观性，自然资源资产管理制度的合规性、合法性以及自然资源资产管理绩效的经济性、效率性和效果性进行监督、鉴证和评价。

（三）受托责任控制观

张婷（2015）认为自然资源资产离任审计的本质不是鉴证，而应是受托责任控制。基于此将自然资源资产离任审计定义为由国家审计机关依据有关的财务、审计质量技术标准、自然资源的技术标准、法律法规和国家方针政策，监督领导干部任期内公共受托责任的履行，并对被审计单位自然资源产管理系统的有效性、政策制定的科学合理性、政策实施过程的合规性和结果的效益性进行评价，以确保领导干部在任期内对自然资源资产管理与保护责任的全面有效履行，维护人民群众的根本利益，促进人类可持续发展。

（四）监督观

南通市审计局课题组（2014）认为地方党政主要领导干部资源环境责任审计，是指对一个地区党委、政府主要领导干部任职期间履行资源管理和生态环境保护职责情况的审计监督，具体来说就是对领导干部任职期内土地资源、水资源、矿产资源、林业资源、海洋资源和节能减排、水环境治理、大气污染防治、土壤污染防治、固体废物处理、生态环境建设等各方面进行审计监督。

对领导干部自然资源资产离任审计内涵的研究，学者们的侧重点不同，因而所提出的内涵概念也有所差异。审查、鉴证、评价观和监督、鉴证、评价观都侧重于在鉴证领导干部受托责任履行是否符合要求的基础上，对其自然资源管理情况做出合理的评价。唯一不同之处在于前者侧重于审计检查职能，后者侧重于审计监督职能。受托责任控制观强调公众作为委托人，将自然资源的管理委托于政府，因此，政府应当负起对委托人的公共受托责任，受到公众的监督。监督观主要是侧重于审计的监督职能。以上每个观点都在强调领导干部任职期间对自然资源的管理情况，最终归结点应是受托责任。

二、领导干部自然资源资产离任审计主体的确定

对审计主体的研究是针对“由谁审计”的问题做出的探讨，即领导干部自然资源资产离任审计的执行者是谁，理论界存在三种不同的观点：分别是一元论、多元论以及一元为主、多元参与论。

持一元论者认为领导干部自然资源资产离任审计的审计师仅是国家（政府）审计机关（黄溶冰等，2015；余静，2015；刘明辉等，2016；薛芬等，2016；钱水祥，2016；董启琛，2018；洪宇，2018）。该观点主要是基于我国自然资源资产的公有性所致，全体人民作为委托人将自然资源资产委托给政府，则政府应该承担起自然资源资产管理的责任。而且自然资源具有公共物品的属性，而我国政府是公共利益的捍卫者。因此，由其实施审计责任具有权威性。从各审计主体的职责权限或发挥作用的领域来看，能够对政府及其领导干部进行审计的机关只有国家审计机关（安徽省审计厅课题组，2014；刘明辉等，2016），而且政府审计机关既受同级政府的领导，又受上一级审计机关的领导，由其担任审计师杜绝了与被审计政府部门和领导干部个人的利益关系（芦锦心，2015）。另外，由于我国自然资源缺乏市场价格，

单靠市场“无形的手”无法实现有效的监督（张婷，2015）。

持多元论者认为领导干部自然资源资产离任审计的审计主体不单单是国家审计机关，还包括内部审计部门和社会审计组织等（陈献东，2014；唐勇军等，2016；苟超群，2016）。汪良（2017）还认为中介组织和社会公众也可以通过不同的方式参与领导干部自然资源资产离任审计。该观点主要是考虑到了每个审计主体都可在领导干部自然资源资产离任审计中发挥作用。首先是国家审计机关。我国《审计法》等法规都对领导干部的责任审计做出了相应的规定，因此，积极主动地开展自然资源资产离任审计是国家审计机关的法定职责（陈献东，2014），而且，为了进一步促进生态建设领域国家治理的完善，国家审计机关理应主动探索领导干部自然资源资产离任审计。同时，从自然资源的公益性、我国自然资源的公有性以及领导干部行政归属上来看，国家审计机关应是领导干部自然资源资产离任审计的审计主体。其次是内部审计部门。将内部审计部门也作为领导干部自然资源资产离任审计的主体，主要是考虑到国家审计机关的审计任务和审计力量之间的矛盾（陈献东，2014；苟超群，2016）。由于自然资源的特性，自然资源资产离任审计的内容复杂繁重，单靠国家审计机关无法实现审计范围的全面覆盖。加之，近年来我国内部审计逐渐趋于完善，能够依照法律法规及相关制度的规定，在主管部门的领导下开展审计工作。因此，内部审计不仅能够起到内部约束的作用，而且减轻了国家审计机关的任务量（苟超群，2016），从而提高了审计结果的质量。最后是社会审计组织。自然资源资产离任审计中涉及到自然资源数量统计、价值量核算、质量检测等专业工作，超出了国家审计和内部审计人员的能力范围，因此，引入社会审计组织能够弥补该不足，得到更多的专业人才和技术力量的支持。而且，社会审计组织独立于各级政府，审计结果可靠性高。

一元为主、多元参与论者认为自然资源资产离任审计的审计主体应以国家审计机关为主，内部审计部门、社会审计组织和公民积极参与（牛彦绍，2016；刘伟伟，2016）。蔡春等（2014）认为理论上审计主体可以是国家审计、社会审计或内部审计，但目前自然资源资产离任审计主角应当是国家审计机关。彭巨水（2014）认为自然资源资产离任审计的范畴必然超出经济范围，因此不仅是审计部门进行审计，还需要其他多个专业部门的联合审计。该观点实际上与多元论者的观点相似，都考虑到了领导干部自然资源资产离任审计所特有的复杂性，以及保护自然资源资产不仅是政府部门的职责，还是其他社会组织及公民的职责，只是主次不同。

以上三种观点区别在于其考虑问题的重点不同，一元论者主要从我国自然资源公共属性的角度和审计机关的权限角度出发考虑。多元论者则主要考虑到自然资源的综合性、交叉性、专业性特点。第三种观点则综合了前两个观点。

三、领导干部自然资源资产离任审计客体的确定

确定审计客体即解决“审谁”的问题。在该问题上，研究者的观点较为统一，大多学者都认为领导干部自然资源资产离任审计的审计客体为接受审计的责任承担者，即为承担自然资源开发、利用和保护责任的相关领导干部（陈波等，2014；刘明辉，2016；苟超群，2016；牛彦绍，2016），主要是指地方政府党政领导干部，自然资源资产主管部门负责人以及资源型国有企业负责人。刘明辉（2016）指出应将领导干部自然资源资产离任审计定位于直接报告业务，其审计客体，即责任方为承担自然资源管理和生态环境保护责任的相关领导干部。洪宁（2018）认为自然资源资产离任审计产生的前提是政府具有公共受托责任，领导干部的自然资源保护责任履行情况将直接决定政府的履责情况，实施该审计的直接目的就是为了追究责任，而且审计主体是国家审计机关，审计客体与审计主体相对应，因此，审计的出发点和落脚点应在于“人”，因此审计客体应界定为承担责任的领导干部。郑石桥、吕君杰（2018）基于中国生态环境治理体系的需要，认为应当将生态环境审计结果与领导干部个人利益密切关联起来审计，所以，选择以领导干部个人作为审计客体。

不过，还有学者认为将审计客体单单确定为领导干部过于狭窄，其审计范围就会受到限制。持该类观点的学者认为通常需要以单位为客体来开展资源环境审计，针对业绩和查出的问题，再根据领导干部的分工和对具体问题

的参与程度来界定和评价领导干部应该承担的资源环境责任。岳昕（2018）认为当前自然资源资产离任审计客体主要指地方各级党政机关的主要领导干部，但是直接承担管理自然资源资产和保护生态环境职责的是政府职能部门。如果仅仅把审计客体确定为党政“一把手”，审计客体的范围就会受到限制。因此，审计客体应当包括三个部分：首先是各省、各市、各县、各乡镇地方党委政府主要干部；其次是自然资源资产的行政管理部门负责人，同时还包括自然资源资产开发、使用保护有关部门和单位。最后，考虑到该审计工作的探索性，应坚持循序渐进、逐步扩大的原则，在离任审计实践发展的更为成熟时，应适时实施离任审计对象逐步扩大计划。

以各类自然资源和生态环境责任单位作为审计客体，此时的审计不应该称之为领导干部自然资源资产离任审计，而应称其为生态环境审计或生态环境责任审计。因为，领导干部自然资源资产离任审计针对的是即将离任的领导干部，虽然在审计时要在其所在单位开展审计工作，但最终的目的是要考核即将离任的领导干部在任职期间对某区域自然资源管理的情况，因而最终的责任人都是与之相关的领导干部。

四、领导干部自然资源资产离任审计对象的确定

审计对象主要是确定“审什么”的问题。目前，学术界对领导干部自然资源资产离任审计对象的研究主要有两种观点：分别是对“人”的审计和对“事”的审计。对“人”的审计即对地方各级主要领导干部的审计，对“事”的审计即对党政领导干部公共受托责任履行情况的审计。大多学者都认同后者（芦锦心，2015；张婷，2015；黄溶冰等，2015；刘明辉，2016），因为对“人”的审计其实就是“审谁”的问题，即审计客体的问题，而非“审什么”的问题。研究领导干部自然资源资产离任审计对象就必须明确其审计对象的范围，目前主要有两种观点：分别是自然资源观和资源环境观。二者的区别在于审计对象范围是否包括生态环境问题。资源环境观主要是基于自然资源与生态环境不可分割的属性而提出的，而且该观点认为不仅仅是自然资源对人类的生活很重要，生态环境与人类的生活也是息息相关，因

此，资源环境观认为审计对象范围应包含生态环境。刘明辉（2016）从预期使用者、责任方和审计师三个角度出发分析指出领导干部自然资源资产离任审计范围应该纳入生态环境问题。薛芬（2016）从具体自然资源和生态环境保护角度出发将审计对象划分为六个方面，也包括了生态环境问题。自然资源观主要是基于目前领导干部自然资源资产离任审计技术不成熟的问题而提出的。持该观点的学者认为相比较于自然资源，生态环境责任范围更难确定，基于目前的审计技术，应该将审计对象范围限定在自然资源。如钱水祥（2016）认为由于我国领导干部自然资源资产离任审计刚刚起步，审计工作应该由易到难，范围应该由小到大，所以应将审计对象局限于符合资产定义的自然资源。

五、领导干部自然资源资产离任审计内容的确定

审计内容是审计对象的具体化，根据不同标准可划分出多个类别，在此主要总结了以下几个方面。首先，据自然资源的使用状态划分，苟超群（2016）从自然资源的占有、开发与利用、治理和保护、效益四个方面对审计内容作了介绍。其次，根据政府职责履行情况进行划分，南通市审计局课题组（2014）、芦锦心（2015）、杨蕾（2016）、薛芬（2016）、汪良（2017）等都以政府职责履行情况提出了自然资源资产离任审计的内容：主要包括法规落实、政策执行、资金使用、资源管理、环境保护五个方面。刘明辉（2016）指出该审计应该包括领导干部自然资源管理的完整链条，即包括“投入—过程—产出—成果—影响”诸要素构成的全过程，以反映领导干部的履则情况。张红丽（2018）指出领导干部自然资源资产离任审计的内容应主要体现在以下几个方面：自然资源资产法规政策执行情况；自然资源资产重大决策事项；自然资源资产管理情况；自然资源资产负债表。再次，根据不同的责任主体划分，陈波等（2014）认为责任主体不同，其审计内容也应有区别，三大责任主体的审计内容既有共性又有特性。从共性来说，其审计是包括财务审计、绩效审计和合规性审计的综合性审计。从特性来说，三大责任主体所承担的经济责任不同其审计内容就有所区别。蔡春（2014）将该

审计内容划分了五个方面：分别是战略与政策审计、合规性审计（遵循性审计）、财务审计、资产负债表审计，其将资产负债表审计划入了领导干部自然资源资产离任审计内容之中，并没有将其作为单独的审计。最后，根据具体自然资源类型划分，钱水祥（2016）认为该审计应围绕离任领导干部所在地区的自然资源类型展开，其分别对自然资源资产政策、国土资源资产、林业资源资产、水利资源资产、海洋资源资产五个方面的绩效审计内容作了详细介绍。湖北省审计厅课题组（2014）将审计内容划分为总体审计内容和重点自然资源审计内容两个方面。重点自然资源审计内容分别从土地资源、森林资源、矿产资源、水资源四个方面做了具体介绍。另外，通过建立模型，根据模型要素划分的审计内容。黄溶冰（2015）通过建立 PSR（压力—响应—状态）模型，指出领导干部自然资源资产离任审计的内容为状态改善情况审计、相应落实情况审计以及压力削减情况审计。该三类审计内容分别对应着自然资源资产管理状态、法规政策落实情况以及最后的实施效果。

综上所述，各学者对领导干部自然资源资产离任审计内容的研究，主要是基于宏观和微观两个层面进行的。关于该内容的确定应与审计组织的实力相当，若审计内容过大，虽然审计范围较为全面，但是会因审计人员自身审计能力不足而造成审计结果的偏差，从而误导审计结果的预期使用者；若是审计内容过窄，工作量变小，虽然便于审计人员的操作，但是容易造成审计结果不完整，不能满足预期使用者的需要。基于此，审计组织应努力提高自身的审计能力，以保证审计内容的完整性和审计结果的准确性。

六、领导干部自然资源资产离任审计评价指标的确定

评价指标是审计评价的标准，是领导干部资源资产离任审计的核心，正确合理的确定评价指标有利于实务工作的顺利开展。目前，该方面的研究颇多并且较为深入，由于不同地区、不同类型自然资源资产离任审计需求等因素的不同，所形成的指标体系和模型也各有不同。芦锦心（2015）从社会、环境、经济、管理以及技术五个层面建立了资源环境责任审计指标评价体系。内蒙古自治区审计学会课题组（2017）从法律法规及政策制度执行情况

和效果指标、重大决策制定执行和效果指标、主要目标责任制完成情况指标、水资源资产相关资金征收管理使用指标、涉水项目建设运行情况指标、能力建设保障情况指标、监督检查指标七大方面建立了水资源资产离任审计评价指标体系，并对每一类都划分了一、二、三级指标。黄溶冰（2016）按照 PSR 的基本原理，结合不同自然资源的特点构建了自然资源资产离任审计评价指标。安家鹏等（2016）、程玥晴（2015）将 PSR 模型引入领导干部自然资源资产离任审计评价指标体系建设中，建立了目标层、准则层、要素层、指标层四个层次的具体指标。贺玮琦、张岩（2017）对森林资源资产评价指标从法律及政策保障体系建设情况、培育情况、利用情况、管理质量、保护情况、综合效益六个维度进行了划分，并且设计了 21 个二级指标和 38 个三级指标。刘玲燕（2016）利用层次分析法将水资源责任审计评价指标划分了 ABC 三个等级。A 类指标为总指标，B 类指标分别是经济指标、资源环境指标、社会效应指标，C 类指标即为具体的指标数值。王嗣亮（2016）选择从资源、管理、财务、社会四个维度建立森林资源资产责任审计指标体系，最终设计了 47 个具体指标。刘明辉（2016）从投入、过程、产出、结果、影响五个方面选取了指标。陈波（2015）、李博英等（2016）按照主要自然资源类型概括了具有代表性的自然资源资产绩效评价指标。杨蕾（2016）对领导干部自然资源资产离任审计设计了定性和定量两个方面的指标。郭旭（2017）认为领导干部自然资源资产离任审计评价指标应该包括四类：分别是法律法规层面的指标、各级主管部门及地方政府制定的指标、国际组织及社会组织制定的指标、财政财务收支管理规定及审计准则与指南。申稳稳（2017）从矿产资源政策、矿产资源开发利用水平、矿业权管理、矿产资源相关资金征收管理、矿产资源和环境保护五个方面设计了领导干部矿产资源资产离任审计评价指标，并通过指标重要性筛选，最终确定了 16 个评价指标。南通审计局课题组（2014）根据资源环境责任履行情况，从科学决策执行和能力保障、资源保有和消耗、资源环境损害及治理、生态恢复和效益、经济结构调整、基础设施建设六个方面。分定性和定量，设计了明细指标。刘宝财（2016）设计了财政财务评价指标、政策法规执行评价指标、管理情况评价指标三个一级指标。张宏亮等（2015）采用主指标与副指标相结合的方式，设计了12项具体反映资源管理责任的指标。刘伟伟（2016）总结了自然资源资产政策执行、自然资源资产开发使用和自然资源资产专项资金使用情况三大评价指标，并且向下分解了具体的衡量指标。钟文胜、张艳（2018）从两个维度构建了评价指标，维度一由“基础性评价指标”和“调节性评价指标”两个方面构成，维度二由“行为过程”和“绩效结果”两个方面的指标构成。

根据以上的归纳总结，可以看出，有的学者将评价指标划分为“基础性”和“调节性”评价指标，或者是“主指标”和“副指标”，以明确界定各指标的审计范围与口径或体现不同区域主体功能定位的差异性。有的学者将评价指标划分为定量评价指标与定性评价指标，将二者结合起来进行综合评价，科学界定领导干部应承担的责任。有的学者将评价指标细化为一级、二级、三级指标，并且提供指标释义与计算方法，以便能够实际操作。有的学者直接以具体的自然资源为基础设计评价指标，以为单个自然资源资产离任审计提供评价依据。有的学者将经济学的模型引入领导干部自然资源资产离任审计评价指标建设当中，以模型中的要素为基础，结合自然资源特性设计评价指标。对于以上指标的分类，主指标或一级指标等都有所差异，不过最低一级的指标即三级指标等都大同小异。

另外，由于自然资源资产所具有的综合属性，评价指标的设计需要广泛的借助其他专业学科专家的力量，如环境经济学、统计学、生物学等学科，而且需要各个自然资源主管部门及其他相关部门的配合，从而完整的反映出领导干部自然资源管理效益（经济效益、生态效益、社会效益），以此做出科学合理的评价。陈波（2014）指出我国不同类型的自然资源往往有不同的政府主管部门，如水资源的主管部门为环保部和水利部；土地、矿藏资源的主管部门为国土资源部；森林资源的主管部门为国家林业局；海洋资源的主管部门为国家海洋局等。除此之外，国家发展改革委员会、财政部等对于自然资源资产也承担着重要的经济责任。对这些政府主管部门负责人开展自然资源资产离任审计，需要考虑不同自然资源资产及相关经济责任的性质和特征，采取不同的评价指标。薛芬、李欣（2016）认为应按照“因地制宜”的原则建立评价指标体系，分地、分类细化建立，以增强自然资源资产离任审计的科学性和可操作性。

七、领导干部自然资源资产离任审计方法的确定

选择和确定审计方法即解决“如何审”的问题，领导干部自然资源资产离任审计是一项近年来具有中国特色的审计工作，因此，目前并不存在可以完全借鉴使用的成熟的方法体系，学者们对审计方法的研究集中点也不同，有的直接针对整个审计过程提出审计方法，有的只研究了审计评价环节中的指标权重确定的方法。

审计整个过程的每一环节都有相对应的审计方法，对领导干部自然资源资产离任审计方法的整体研究，不同的学者有不同的观点。李博英、尹海涛（2016）总结了领导干部自然资源资产离任审计的八个基本方法：分别是基于环境法规与政策落实的审计方法、基于自然资源资产负债表的审计方法、基于环境会计理论的审计方法、资源环境状态比较法、调查统计法、检查测量法、模糊综合评价法、分析综合法。八个方法贯穿了领导干部自然资源资产离任审计的全过程。内蒙古自治区审计学会课题组（2017）将审计方法分为：审计方式、一般方法和技术方法。一般方法主要包括政策法规执行情况审计方法、重大决策审计方法、目标责任指标完成情况审计方法、资金管理使用审计方法、项目建设运行情况审计方法、能力建设和执法情况审计方法、基础工作情况审计方法七个方面。技术方法主要包括3S技术、大数据审计方法、协调合作机制三个方面。湖北省审计厅课题组（2014）认为对领导干部实行自然资源资产离任审计的方法，总体上是统计核算、对比、取证、计量和评价，提出应建立自然资源统计核算体系和领导干部自然资源资产离任审计考核评价指标体系。苟超群（2016）认为领导干部自然资源资产离任审计方法应从审计规划、审计实施、审计管理三个方面确立。芦锦心（2015）认为领导干部自然资源资产离任审计方法应包括一般方法和具体方法，并对一般方法做了详细的介绍，指出一般方法在信息收集和信息分析两个不同阶段各有侧重点，信息收集阶段主要包括文件检查法、抽样和案例研究、二手分析和文献检索、调查法和实验法。信息分析阶段主要包括事前

事后分析法、成本效益分析法、项目目标实现情况分析法、项目逻辑模式、回归分析法。董启琛（2018）提出了运用地理信息技术审计、运用能值分析理论审计、运用模糊综合评价理论审计三种领导干部自然资源资产离任审计方法。安成洁（2018）分类探讨了当前领导干部自然资源离任审计的主要方法，具体划分为六类：分别是基于合规性评价的审计方法、基于环境资源状态比较的审计方法、基于自然资源资产负债表的审计方法、基于环境会计理论的审计方法、基于数学模型的审计方法、基于综合手段的审计方法。

审计评价指标权重的确定方法有很多，可分为主观和客观两种形式。主观赋值法具有简单灵活的优点，但也易受主观判断的影响。该方法运用较为广泛的有德尔菲法、层次分析法与经验估算法等。客观赋值法主要有主变异系数法、主成份分析法、熵权法等。该方法受主观因素的影响较小，但是由于我国自然资源资产的大多数据都未公开，因此，使用该方法的局限性在于数据搜集困难、处理复杂，因而大大降低了其实用性。申稳稳等（2017）、李博英等（2016）指出领导干部自然资源资产离任审计中包含很多不能定性与定量的模糊指标，因此，将模糊综合评价理论方法运用到领导干部自然资源资产离任审计中，能够合理的确定评价指标体系与权重系数。安家鹏等（2016）、程玥晴（2015）运用层次分析（AHP）法，分构建层次结构模型、建立判断矩阵、计算权重、进行一致性检验四个步骤对评价指标进行了赋权。刘玲燕等（2016）采用层次分析法对案例城市 2015 年的水资源情况进行了分析，指出确定权重的重要方式之一便是层次分析法，该方法可将复杂问题按照某种要素进行简化。

审计方法是指为了达到审计目标所需采取的方式、手段和技术，贯穿于审计过程的始终，如搜集审计证据的方法、建立审计指标的方法、审计评价的方法等等，传统的审计具有较为成熟和完善的方法体系，而由于自然资源和生态环境具有的交叉性、综合性、专业性等特性，领导干部自然资源资产离任审计的方法除了需要传统审计的方法外，还需加入其他专业技术领域的方法，陶玉侠等（2014）认为自然资源资产离任审计方法除了可以采用一般财务审计方法外，还应根据其特性采用特殊的审计方法。因此，该审计方法较于传统审计更加多样，在实施时需要具体问题具体分析，合理准确的选择所需方法。

八、领导干部自然资源资产离任审计依据的确定

审计依据是审计人员在领导干部自然资源资产离任审计过程中用来衡量被审计事项是非优劣的准绳，是提出审计意见，做出审计决定的依据。对审计依据进行适当的分类，有利于审计人员根据需要选用恰当的审计依据。

贺玮琦、张岩（2017）认为，对领导干部森林资源资产离任审计，无论是审计内容和重点的确立、审计评价标准的构建，还是审计中对领导干部责任的界定，都要严格以现行法律、法规、政策和国家及地区发展规划为衡量标准和评价尺度。具体包括：《森林法》《野生动物保护法》等法律、法规、规章和规范性文件，中国共产党党内法规和规范性文件；各级人民代表大会审议通过的政府工作报告、年度国民经济和社会发展计划报告、年度财政预算报告等中提到的有关森林资源资产发展规划的指标；中央和地方党委、政府有关森林资源资产的方针政策和决策部署；有关森林资源资产的发展规划、年度计划和责任制考核目标；领导干部所在单位关于森林资源资产管理职责分工文件，有关会议记录、纪要、决议和决定，有关预算、决算和合同，有关内部管理制度和绩效目标；其他依据。

黄溶冰、赵谦（2015）指出领导干部自然资源资产离任审计的依据不仅包括政府自然资源会计准则以及有关会计制度的规定，还包括国家自然资源有关单行法律法规，如《水法》《森林法》《矿产资源法》等，以及国务院、中组部颁布的有关法规或规章制度，如《体现科学发展观要求的地方党政领导班子和领导干部综合考核评价办法》等。

张婷（2015）认为自然资源资产离任审计的依据可分为两大方面：一方面是技术层面的依据，包括财务、审计质量技术标准和自然资源资产的技术标准，具体有《会计法》《会计准则》《会计制度》《审计法》《审计准则》等标准；另一方面是社会层面的依据，主要指相关的法律法规和国家方针政

策。具体有《环境保护法》《土地法》《大气污染防治法》《节约能源法》等有关自然资源开发利用和保护的法律和资源保护协议，以及2008年发布的《审计署2008—2012审计工作发展规划》，2013年发布的《决定》《2013年全国自然生态和农村环境保护工作要点》《矿山生态环境保护与恢复治理方案编制导则》等文件。

梁刚、张沥月（2017）将审计依据从专业性和权威性进行了划分，从专业性角度来说，包括两类：第一类是会计、审计类相关标准，如《党政主要领导干部和国有企业领导人员经济责任审计规定》；第二类是资源、环境类相关标准，如《国家生态保护红线—生态功能基线划定技术指南（试行）》。从权威性角度来说，包括三类：第一类国家颁布的法律法规、政策规定、考核制度等，如《中华人民共和国环境保护法》；第二类地方规章制度，如《大鹏新区党政领导干部自然资源资产离任审计制度》；第三类是审计对象所管辖单位与其他单位的比较借鉴，以及其自身制定的被认可的管理实践经验等。

审计依据可按不同的标准进行分类，不同类型的审计依据有着不同的用途。综上可看出，学者们对自然资源资产离任审计依据的研究主要集中在国家法律法规及相关的规章制度方面，而对于一些非正式标准则很少提及。由于自然资源本身的特性，我们在选用审计依据时，首先应当考虑普遍适用的法律法规和地方规章等，其次可根据审计目标和审计任务选用特殊的、适用于某类自然资源的非正式审计标准。

第二节　领导干部自然资源资产离任审计的实践探索

从实践上讲，学者们主要针对领导干部自然资源资产离任审计实施模式进行了探索，目前包括两种模式：一种是自然资源资产负债表审计模式；另一种是将领导干部经济责任审计与资源环境审计相结合的拓展模式。

一、自然资源资产负债表审计模式

持自然资源资产负债表审计模式观点的学者认为，在进行领导干部自然资源资产离任审计时，要先编制自然资源资产负债表，编制自然资源资产负债表，是实行领导干部自然资源资产离任审计的基础性工作（湖北省审计厅课题组，2014；陶玉侠等，2014；黄溶冰，2015；黄梦，2019）。完善领导干部自然资源资产离任审计，需要以健全的自然资源资产负债表的编制体系为前提（董启琛，2018）。在自然资源资产负债表的基础上开展领导干部离任审计主要遵从了传统会计审计理论的观点，这也是目前中央明确指出并倡导学术界积极开展研究的一条审计思路。既然遵循着传统审计的观点，那么建立在资产负债表基础上的离任审计几乎是有章可循的（安成洁，2018）。芦海燕等（2019）以甘肃省水资源管理为例，在水资源资产负债表的基础上，运用资产负债表模糊综合评价法，分析了领导干部 2014～2016 年任期内水资源管理与保护的履责情况。耿建新等（2018）以土地资源环境承载能力作为研究切入点，通过构建测算土地资源环境承载能力与编制自然资源资产负债表的关系，提出了加强领导干部自然资源资产离任审计的新思路。林忠华（2014）认为审计自然资源资产负债表，通过检查自然资源资产负债的存量及其变动情况，评估当期自然资源价值量的变化，可为实行领导干部自然资源资产离任审计提供详细的科学依据。陶玉侠等（2014）认为应充分利用自然资源资产离任审计的审计报告，遏制自然资源资产领域腐败的发生，促进政府问责制的落实和责任政府的建立。同时提高自然资源资产的经营管理水平，最终实现自然资源资产的保值和增值，推动我国经济的可持续性发展。蔡春（2014）指出自然资源资产变动状况表可反映自然资源资产变动的重大事项和存量变化情况，不过终极目标还是价值量型的自然资源资产负债表。但在当前尚不完全具备编制自然资源资产负债表的条件下，可以把编制自然资源资产状况变动表作为实施自然资源资产离任审计的一种重要替代形式。洪宇（2018）认为领导干部自然资源离任审计应侧重于资源审计，自然资源资产负债表的编制恰好以资源核算为标的，为领导干部自然资源离任审计提供了技术标准。

自然资源资产负债表审计模式将自然资源资产负债表作为领导干部自然资源资产离任审计的基础和依据，因此，编制自然资源资产负债表是实施领导干部自然资源资产离任审计的首要问题。而编制自然资源资产负债表有一个重要的前提，即确认自然资源资产的价值，基于此，自然资源资产负债表审计模式必然会涉及自然资源资产价值量的核算，但目前还未形成一个公认的有效的自然资源资产价值核算方法体系，所以自然资源资产价值量的确定是自然资源资产负债表审计模式的一个难点。另外，需要将自然资源资产负债表审计和自然资源资产负债表审计模式区别开来，自然资源资产负债表审计包含于自然资源资产负债表审计模式，是领导干部自然资源资产离任审计的一部分。

二、经济责任审计与资源环境审计相结合的拓展模式

领导干部自然资源资产离任审计是具有典型中国特色的重要审计方式，是环境审计与经济责任审计深度融合的一种特殊的审计形式（蔡春，2014；苟超群，2016）。林忠华（2014）认为领导干部自然资源资产离任审计不仅是领导干部经济责任审计的重要组成部分，更是环境资源审计的重要组成部分。审计机关在评价地方主要领导干部任职期间业绩时，不仅要衡量其经济责任履行情况，还要关注其生态环境责任履行情况（张红丽，2018；湖北省审计厅课题组，2014；任少敏，2108）。张宏亮等（2015）提出对地方领导人的自然资源资产离任审计宜采用拓展资源环境审计与经济责任审计的实施模式，该审计模式认为可以将以往经济责任审计的实践经验和资源环境审计的实践经验相结合运用到领导干部自然资源资产离任审计当中。

从实际角度出发，将资源环境责任审计与领导干部经济责任审计结合作为领导干部自然资源资产离任审计的审计实施模式是可以的，因为各级党政领导干部在任职期间不仅承担着受托经济责任，而且承担着受托资源环境责任。该拓展模式的重点在于合理的确定审计评价指标，通过构建一系列指标开展自然资源资产离任审计工作。

无论是自然资源资产负债表审计模式，还是经济责任审计与资源环境审计相结合的拓展模式，其目的都是为领导干部自然资源资产离任审计工作提供必要的数据支撑，因此，各区域审计主体应从实际情况出发，选择最能反映出当地自然资源状况的审计模式，但不限于以上所讨论的两种模式，学者可在原有基础上不断创新和拓展。不过以上两种模式虽具有相同的目的，但不同的实施方式会影响到离任审计的结果，因此，考虑到各区域审计的公平性、可比性等，统一审计模式也是我们需要研究的问题。

第三节　已有成果评述

自党的十八届三中全会提出“领导干部自然资源资产离任审计”这一概念后，便广泛引起了专家学者的研究探讨。以上学者们对领导干部自然资源资产离任审计理论和实践的研究成果为该领域的后续深入研究打下了基础，成为该研究领域的风向标。截至2020年，虽然已经有了一定的研究成果，但是，由于该审计工作属于一个全新的、具有中国特色的审计领域，没有可以直接借鉴使用的成熟模式，只能边试点、边总结、边完善，因此，不可避免地存在着许多亟待解决的问题。

目前，从实务界和学术界来看，对领导干部自然资源资产离任审计的研究包括理论研究和实践探索。理论研究方面，通过以上相关文献分析讨论可知，现有理论研究对领导干部自然资源资产离任审计内涵至今并没有达成共识，对审计主体、审计客体、审计对象、审计内容等并没有形成一致的观点，而且还有学者混淆了不同要素的含义，尤其是在审计客体、审计对象和审计内容的确定方面。实践探索方面，主要是探索领导干部自然资源资产离任审计实施模式，目前主要形成了以自然资源资产负债表为基础的审计模式和经济责任审计与资源环境责任审计相结合的审计拓展模式两种，但是还未形成一个统一的审计实施模式，不利于各地区之间审计结果的比较。而且，对于编制自然资源资产负债表，学术界也没有统一的观点，尤其是在自然资源负债列报和计量方面的争议巨大。

需要注意的是，由于自然资源的种类繁多，不同种类的自然资源其具体计量方法、评价指标等都会有所不同甚至差异巨大。为合理准确的评价领导干部任职期间自然资源管理责任履行情况，在进行领导干部自然资源资产离任审计时不仅要考虑自然资源整体性，更要重点考虑每一类自然资源的特性。所以，在后续章节中，以单项自然资源为基础，分类探讨领导干部自然资源资产离任审计。使用的模式主要是结合环境重置成本法，通过编制自然资源资产负债表的形式开展领导干部自然资源资产离任审计，具体包括审前调查、审计计划实施以及审计结果运用。在审计计划实施阶段需要确定三大内容：首先，建立基础数据库。主要有四个步骤：第一步是相关概念的界定，即界定各项自然资源的资产、负债等的内涵和外延；第二步是设计制定自然资源资产负债表的格式，包括实物量和价值量两种；第三步是说明实物量表的核算逻辑关系，即按照“期初量+本期增加量-本期减少量=期末量”的账户平衡原理，核算实物量下的自然资源资产数量与质量的变动情况；第四步是价值量核算及价值量资产负债表的编制，在此所使用的价值量核算方法为环境重置成本法。价值量资产负债表按照“资产=负债+所有者权益”的会计等式编制，以反映区域内自然资源各项资产、负债与权益的价值。其次，确定审计指标。根据领导干部自然资源资产离任审计的总体目标和具体目标设计确定具体的审计指标。最后，构建审计评价指标框架体系。

综上所述，后续章节安排如下：第三章总结讨论与领导干部自然资源资产离任审计相关的理论；第四章介绍自然资源资产离任审计的目标和方法；第五章至第十章依次按土地、水、森林、矿产、草原以及海洋这六大自然资源资产类型顺序探讨领导干部单项自然资源资产离任审计，具体主要是介绍该六大自然资源利用过程中所存在的问题，指出审计目标，确定审计内容、方法与程序以及最后的审计评价；第十一章即最后一章就根据前边章节的研究讨论做出总结。

第三章

领导干部自然资源资产离任审计的理论基础

第一节　习近平“两山”理论

“两山”理论的起源是2005年8月15日习近平总书记时任中共浙江省委书记考察安吉县天荒坪镇余村时，首次提出“绿水青山就是金山银山”的论断，他指出：“我们过去讲，既要绿水青山，又要金山银山，其实，绿水青山就是金山银山。”并在浙江日报《之江新语》发表《绿水青山也是金山银山》的评论：“如果把生态环境优势转化为生态农业、生态工业、生态旅游等生态经济的优势，那么绿水青山也就变成了金山银山”。随着“两山”理论不断在实践中发展，2013年9月7日，习近平总书记在哈萨克斯坦纳扎尔巴耶夫大学发表演讲回答学生提问时指出：“我们既要绿水青山，也要金山银山。宁要绿水青山，不要金山银山，而且绿水青山就是金山银山。”习近平总书记的重要论断，揭示了保护环境就是保护生产力，改善环境就是发展生产力的客观规律，科学阐述了绿水青山与金山银山的辩证统一关系。2017年10月，党的十九大报告中首次提出“必须树立和践行绿水青山就是金山银山的理念”，同时“增强绿水青山就是金山银山的意识”也被写进新修订的《中国共产党章程》之中。

改革开放以来，我国坚持以经济建设为中心，在经济高速增长的同时，环境问题日益显著，导致资源利用率低下，造成一些难以恢复的生态环境问题，如水土流失、土地沙化等问题比较突出。另外，大气污染也十分严重，近些年，包括首都北京在内，多地持续遭遇雾霾袭击，PM2.5 严重超标。习近平总书记指出："我们在生态环境方面欠账太多了，如果不从现在起就把这项工作紧紧抓起来，将来会付出更大的代价。""两山"理论继承和发展了马克思主义发展观。马克思主义强调要正确处理社会系统与自然系统的关系，人在发挥自己的主观能动性去改造自然的同时，必须以尊重自然界的客观规律为前提，自然界是人类生存与发展的基础，人是自然界的一部分。"两山"理论深刻体现了辩证统一的哲学思想。从我国经济社会发展过程来看，怎样处理好经济发展与环境保护之间的关系，经历了一个曲折的过程。最初的时候，一些地方政府先实行的是"先增长后治污"模式，发展高能耗，污染大的项目，结果造成环境的巨大破坏，这种发展模式显然是不可持续的。后来，其他地方开始出现改变，但是又有一部分走向另一个极端，注重环境保护了，但是不去发展经济，虽然最初的环境问题解决了，但经济发展水平很低，没有让人民群众满意。实际上这两种做法割裂了可持续发展之间的关系。

资产是会计学中一个最基本的概念。从经济学角度来看，一切具有稀缺性的资源都是资产，会计学上的资产本质上是一种经济资源，由所有者拥有或控制，预期会给所有者带来相应的经济利益。自然资源资产相对其他资产而言具有特殊性，首先，它的产权不如个人资产那么明确，我国自然资源实行公有制，包括全民所有和集体所有，其中，耕地、林地、草地、建设用地等产权均由全民所有和集体所有，水、矿产资源、海域海洋等产权只有全民所有。自然资源资产既然属于资产就能带来相应的经济价值，它能够像普通资产那样给所有者带来经济收益。其次，自然资源的价值并不是自然资源本身就具有这样的经济价值，是通过人们的开发和投资之后产生的价值。从资源经济学角度来看，生态资源在作为公共资源的同时它也具有市场属性，在"两山"理论的支持下，通过从经济价值层面分析资源资产能够更好地进行生态资源的配置，把本身不具有价值的自然资源变为赋予市场属性的自然资源资产，既然是资产就可以给所有者带来预期的经济利益的流入，所以也印证了习近平总书记说“绿水青山”就是“金山银山”。

负债也是最基本的会计要素之一，它与资产相对应。传统会计意义的负债指的是企业过去的交易或者事项形成的，预期会导致经济利益流出企业的现时义务。而对于特殊的自然资源来说自然资源资产的负债主要是人们对于之前自然资源的破坏造成自然资源价值的减少或损害，现在我们面临的生态环境问题也就是我们现在应当承担的现时义务。自然资源资产的所有者权益也可以通过传统的会计等式得出，即自然资源资产减去它减少的价值，从而计算出自然资源资产的净值，即自然资源所有者权益。

有了自然资源资产、自然资源负债和自然资源所有者权益最基本的概念之后，还存在前面所说的一个问题，即产权问题。中共中央办公厅和国务院办公厅印发了《关于统筹推进自然资源资产产权制度改革的指导意见》，在这个文件中强调要明确自然资源资产产权主体，本章的第三节会详细说明为什么要明确自然资源资产的产权问题。

自然资源从不能产生收益的资源变成资产之后就成功地从“绿水青山”转换成了“金山银山”。尽管不同地区的资源禀赋和经济社会条件不同，但其金山银山的本质一样，对于经济相对落后的区域，可以把生态环境优势转化为生态农业、生态工业、生态旅游等生态经济，这样就把绿水青山变成了金山银山。对于经济相对发达的区域，实现金山银山主要是要优化产业结构，建立高水平的环保可持续增长模式。“两山”理论不单是·个单纯的理论，它更是一种理论体系，理论体系从不同的角度来阐述理论的内容，比如从经济学、生态学、哲学、社会学等多个视角对“两山”进行阐述从而形成理论内容，它也有相关理论来支撑内容，如马克思主义哲学、生态学、资源经济学等。它不仅认识到了生态价值的本质，而且还体现了人类对生态价值认识之后的价值保护。

在阐述完自然资源方面的会计基本要素问题之后，还存在对自然资源资产价值实现过程中的监督问题，也就是环境审计的问题。我国环境审计起步较晚，1983 年 9 月，审计署正式成立，在这一阶段虽然并未明确提出“资源环境审计”的概念，但已积极围绕各类环境保护资金和项目展开试点审计，例如，1985年，审计署与财政部、国家环保局联合组织开展了对太原、兰州、长沙、桂林四城市环境保护补助资金的审计，又如，1993年，审计署组织对哈尔滨等13个城市排污费进行了审计。目前，我国开展的自然资源审计主要是政府审计，《中共中央关于制定国民经济和社会发展第十三个五年规划的建议》提出“以市县级行政区为单位，建立由空间规划、用途管制、领导干部自然资源资产离任审计、差异化绩效考核等构成的空间治理体系”。在此项规划中出现了“领导干部自然资源资产离任审计”的新概念，自然资源资产离任审计，是审计领域一项全新的课题，无论是在国内还是国外，都没有经验模式可借鉴，它是具有中国特色的对自然资源资产的审计，践行了习近平总书记提出的“绿水青山就是金山银山”的理念，是党的十九大后确定的一项重要工作，是新时期审计机关一项全新的工作，无论是在理论还是实践方面都需要大胆结合实际进行探索。这种具有中国特色的离任审计选择以领导干部作为审计客体，就是要将审计结果与领导干部的利益关联起来。我国目前资源环境问题较为严重，同时还存在自然资源资产产权不明确的问题，自然资源归国家和集体所有，在这其中产生谁对这些自然资源资产负责的问题。同时各级资源责任主体可能会存在为了谋求短期的个人利益和局部利益进行一系列破坏自然资源的行为。在这种状态下，即使开展资源环境审计，如果和各级资源责任主体也就是领导干部关联性不强的话，领导干部就没有约束力来履行其对资源环境的责任，审计的过程中发现了相关环境问题，也不会对个人利益产生多大影响。因此，仅仅单纯通过自然资源的审计起不到对自然资源最大程度的保护，通过领导干部自然资源资产离任审计，将领导干部个人利益和资源环境效益密切地联系起来，领导干部才会重视资源环境责任的履行。

党的十八届三中全会审议通过的《中共中央关于全面深化改革若干重大问题的决定》中提出“探索编制自然资源资产负债表，对领导干部实行自然资源资产离任审计，建立生态环境损害责任终身追究制度”。为此我们可以确定探索编制自然资源资产负债表起码有两个应用方向：一是离任审计；二是责任追究。按照“两山论”中“绿水青山就是金山银山”的发展理念，自然资源资产负债表中要将自然资源转化为价值，以价值的形式反映自然资源资产的变化发展状况。价值量化对于自然资源资产负债表的编制具有重大作用。科学编制自然资源资产负债表既要考虑自然资源的存量和质量，也要反映自然资源资产的变化，更要体现自然资源资产的价值、负债与损益。自然资源资产负债表的编制工作要基于科学理论基础、依托科学的核算方法、融入科学的评估体系，确保既能够准确表现自然资源资产的特征，又能全面反映各类自然资源的存量、质量、价值、流向、负债与权益，确保自然资源资产负债表的科学合理性。

"两山"理论从最初的论断转化为指导思想，在实践中经过检验之后，在不断优化，从而形成更具有指导意义的理论，从现实问题出发，从实践中来再到实践中去。"两山"理论是我们推进生态文明建设、加强环境保护的理论指南，对于正确处理生态环境和社会经济发展，自然资源资产的价值的体现，以及自然资源资产的合理开发和利用给予了理论的支持，让"两山"之间的潜在价值更合理地相互转换，具有深远理论和实践意义。

综上所述，目前我国环境审计的发展还不够成熟，在符合中国特色的情形下产生了领导干部自然资源资产离任审计，"两山"理论为领导干部自然资源资产离任审计奠定了坚实的理论基础。"两山"理论对自然资源资产离任审计的指导作用主要表现在以下几点：首先从经济学和会计学角度来看，"两山"理论认识到了生态价值的本质，把自然资源变为具有价值的自然资源资产，为离任审计的开展给予了会计上的依据。其次，"两山"理论对于领导干部关于自然资源资产的合理保护和开发给与了指导性的意见，在不破坏绿水青山的前提下，更好地转化为金山银山，弥补了之前传统审计没有考虑自然资源的缺陷，为离任审计指明了审计方向和原则。最后，"两山"理论更加合理地考核领导干部的绩效，将自然资源的保护与领导干部的绩效紧密地结合在一起，符合中国特色下的领导干部离任审计。"两山论"中"绿水青山就是金山银山"的发展理念，将指导自然资源资产负债表中的自然资源转化为价值，以价值的形式反映自然资源资产的变化发展状况。根据目前我国的资源管理情况，对领导干部进行自然资源资产离任审计最重要的是确定自然资源资产管理单位的管理边界。自然资源资产负债表可以促进自然资源资产的界定，界定被评价单位各类自然资源资产的所有权和管理权，明确各类自然资源资产的责任。“两山”理论从最基本的生态价值出发引导离任审计在审计中考虑自然资源的价值，界定自然资源资产产权，同时又与领导干部的责任和绩效评价紧密结合，为领导干部自然资源资产离任审计的开展奠定了坚实的理论基础。

第二节　生态经济价值理论

在介绍生态经济价值理论的之前简要说明一下价值理论，它是关于社会事物之间价值关系的运动与变化规律的科学，同时它也是各个经济学派的核心内容，因为它引导资源配置。作为新古典经济学的核心代表人马歇尔在融合了供求理论、生产费用理论、边际效用理论、边际生产力理论等的基础上，建立了以均衡价格论为核心的完整的经济学体系，从而建立了微观经济学的完整体系，他的供求均衡价值论是现代主流经济学（新古典经济学）的理论基础。自从1776年亚当·斯密发表《国富论》以来，现代经济学的价值理论先是以亚当·斯密、大卫·李嘉图、马克思等为主的劳动价值论、要素价值论与以门格尔、维塞尔等为主的效用价值论的争执不休，然后马歇尔将成本和效用结合起来形成新古典价值论。它得到了经济学界普遍认可，成为一种普遍的价值分析方法。但是，随着资源环境问题的日益突出，这种价值论的缺陷也在实践中暴露出来，其根本原因是它是一种脱离环境基础的理论，同时没有考虑热力学定律，它所衡量的是交换价值，对于没有进入市场的自然资源资产等一直无法进行明确的标价，同时它只是考虑了商品的循环流，从物质平衡的原则来看，马歇尔没有考虑自然资源的投入和废弃物产生。因此生态经济学家们认为有必要建立一种体现热力学特征的生态经济价值理论。

到了20世纪中期，资源环境问题日益突出，在现实问题的驱使下，传统的经济学和生态学已经很难解释这些问题，这就促使越来越多的经济学家、生态学家和其他一些关心这些问题的学者开始重新审视传统的发展模式，即生态和经济应当协调发展，它是可持续发展的必然要求，因此试图寻找生态与经济协调发展的新出路。生态经济学的概念产生之后，一些学者就开始探索生态经济资源的价值问题了，各种价值学说相继涌现，但是大都是从传统经济学的理论出发来研究生态经济价值的，不能反映环境资源与经济的本质关系，仅仅从自然资源价值论、收益决定价值论、均衡价格论、边际效用论等研究。如何对没有进入市场的生态、环境物品和服务进行定量评估是资源经济学、环境经济学的一个难点问题。由此，条件价值评估法（CVM）应运而生。它通过直接调查的方式来得到人们的最大支付意愿（WTP）或最小接受赔偿意愿（WTA），从而得到人们对环境物品或服务的偏好程度。然而，很多生态经济学家认为这种基于个人偏好建立的价值论有些太过武断，不能得到环境物品或服务的真正价值，因此认为在解决可持续问题时可能会有误导作用。

1966 年，在肯尼思·艾瓦特·博尔丁的著作《一门新的学科生态经济学》中首次提出“生态经济协调理论”，生态经济学正式诞生。生态经济价值观就是把生态价值与经济价值融合的特殊价值形式，是生态价值与经济价值共生和兼顾的产物这样一种观点。通常在计算环境效益时，把劳动价值区分为有益和有害，把产值区分为有效和无效的。他认为，并非所有抽象劳动量或社会必要劳动量对消费者和社会都是有益的，当某些具体劳动或使用价值造成环境污染、生态破坏时，这一类价值就是有害的，因为它最终还要由社会抽象劳动创造的价值来补偿。同样，记入总产值中的某些产品，如果它的生产过程造成环境污染，这一类产品所计算的产值是无效的。因为清除它的生产过程所造成的环境污染，还要耗费产值。生态经济学不仅仅研究经济发展与环境保护之间的关系，还以人类经济活动为中心，研究生态系统和经济系统相互作用而形成的复合系统及其矛盾运动过程中发生的种种问题，从而揭示生态经济发展和运动的规律，寻求人类经济发展和自然生态发展相互适应、保持平衡的对策和途径。有学者从生态学和经济学结合角度来看关于生态经济价值理论提出了能量价值理论。能量价值理论由著名生态学家、克莱福奖得主、“系统生态学之父”奥德姆创立，该理论认为可以把不同资源、产品或劳务形成过程中所需要的直接和间接应用太阳能量，转换成同一标准的能量来衡量和分析，进而评价其在系统中的作用和地位，并通过测算系统中各种生态流的一系列能量综合指标，来定量分析系统的功能结构特征与生态经济效益的分析方法。能量分析生态经济系统的基本功能和过程体现在能量的不断流动、转化和物质不断的循环当中，能量分析即是研究系统的能量流，并对其加以分析。能值理论与分析方法是一种新的环境—经济价值论和系统分析方法，涉及的学科面广，不仅涉及系统生态学、生态系统生态学、能量学、资源学、环境学、系统学、地球科学等自然科学，同时涉及经济学、社会学、未来学等人文学科。能量被认为是联结生态学和经济学的桥梁，具有重大科学意义和实践意义。然而，价值是一个复杂的现象，仅仅具有热力学特征的生态经济价值理论并不能说明价值的全部。为了寻求一种真正适合生态—经济系统的价值理论，近年来生态经济学家们做了大量的尝试性工作。在生态经济学中主要的价值观点争论主要集中于能量、熵以及可放能，以及个人偏好在价值中起着什么样的作用问题。基本存在有三种观点：单一要素价值理论、要素价值论以及基于资源内在本质和消费者偏好的综合系统法。

随着经济发展到一定程度，人类生产技术的提高，人类对自然资源的需求进一步增大。除了对自然资源超过其增长速度的耗用外，人类的生产活动对自然资源也造成了严重的破坏，造成资源的稀缺、环境的污染，从而威胁到人类的生存。正是由于资源的稀缺性赋予自然资源价值，使其可以作为一种资产存在。自然资源能够为人们所利用，作为生产资料和生活资料来源的自然要素，包括土地、矿产、水流、草原、山林、滩涂等。自然资源权以自然资源的有限性、自然资源利益需求的无限性，以及国有自然资源所有权流动的禁止性，自然资源使用权、相关权流转的秩序性等形成了对其属性探讨的价值之所在。在我国自然资源所有权的主体是国家和集体，具有公法色彩，我国自然资源的使用权与传统的用益物权相比较也具有其特殊性，但自然资源权本质上具有物权属性，无疑应是物权。“自然资源价值”理论认为自然资源有价值，也是价值的源泉。

要论证自然资源具有价值这个命题，首先应从价值概念进行入手分析，当然，需要说明的是这里所说的价值概念是建立在马克思经济学意义上的，而不是其他的效用价值或哲学意义上的价值。马克思在《资本论》（第1卷）中界定价值概念和论述价值理论，是从单个商品开始的，理由是“资本主义生产方式占统治地位的社会的财富，表现为‘庞大的商品堆积’，单个的商品表现为这种财富的元素形式。”接着分析商品的使用价值和交换价值，根据系统抽象法得出不同使用价值可以进行交换以及交换价值根源于价值，即“只是无差别的人类劳动的单纯凝结。”并接着分析价值量的计量，只是社会必要劳动量或生产使用价值的社会必要劳动时间，决定该使用价值的价值量。因此，含有等量劳动或能在同样劳动时间内生产出来的商品，具有同样的价值量”。同时对决定价值量的社会必要时间进行了科学的界定“社会必要劳动时间是在现有的社会正常的生产条件下，在社会平均的劳动熟练程度和劳动强度下制造某种使用价值所需要的劳动时间”。按照我们的理解，这是马克思从微观的角度（即从资本主义社会的“细胞”—商品交换）入手来界定价值的定义并得出价值量的决定理论，接着分析劳动的二重性，并系统地科学地建立起了劳动价值理论。从微观上讲，马克思的价值理论分析商品并得出“一个物可以是使用价值而不是价值。这个物并不是由于劳动而对人有用的情况下就是这样。例如，空气、土地、天然草地、野生林等等。”这无疑是科学的和正确的，但传统意义上所理解的观点就此得出当今自然资源因其没有人类劳动的凝结而没有价值的结论是歪曲了马克思在《资本论》中的本意。接着马克思在《资本论》（第3卷）资本主义生产的总过程剩余价值转为利润和剩余价值率转化为利润率里的补充说明里又指出“每一种商品的价值，都不是由这种商品本身包含的必要劳动时间决定的，而是由它的再生产所需要的社会必要劳动时间决定的。”虽然此论断是马克思论证剩余价值（率）转化为利润（率）而提出来的，但是我们却得出这样的理解：这是马克思在宏观上对价值问题的精辟分析，尽管里面也渗透着微观上的因素，也就是说从宏观的角度上看，一种物品是否具有价值可以与他本身包含的必要劳动时间多少（更进一步抽象为其本身是否包含直接人类劳动）没有直接的联系。

在马克思的《政治经济学批判大纲》中，也在宏观上进行论述过，“确定价值的东西并不是产品中所包含的劳动时间的数量，而是当前所必需的劳动时间量。”从马克思在宏观上对价值所进行的论述，我们可以得出，仅从马克思的微观角度上的价值界定而认为当今自然资源无价值的传统意义上的观点是有失偏颇的，不科学的。同样，我们可以通过结合马克思对价值的宏观和微观分析来进一步论证当今自然资源具有价值。在当今市场经济主导的商品经济社会，人类在科学技术和先进工具帮助下，对自然资源的开发和利用以及对生态环境的蹂躏和污染都达到空前的地步，一些自然资源在人类利用的巨大欲望中开始走向经济学意义上的稀缺，生态环境的危机、资源的稀缺也使人类在环境的维护和资源的科学利用以及再生产上面付出了巨大社会劳动，这一切也都深深的烙上现代社会的印记。自然资源的稀缺性在市场经济的法则引导下，迫使人类不得不投入大量的物化劳动和活劳动对有限的自然资源合理规划利用以及在可能的情况下进行再生产。可见，自然资源的价值是在自然资源具备稀缺性的前提下，凝结人类劳动（并非自然资源其本身包含人类劳动，而是映射在规划和再生产自然资源所投入的物化劳动和活劳动）而形成的。现代市场经济中具有稀缺性的物品，一个物品的价值与其劳动投入没有直接的关系，而是与其在现有的社会正常条件下合理规划利用和再生产它的所投入的必要劳动量相关的。也就是说，具备稀缺性的物品在市场经济中，有劳动投入和无劳动投入的同种物品在具备价值上是无歧视的，无劳动投入的物品的价值由现有的社会正常条件下合理规划利用和再生产它的所投入的必要劳动量决定。但是，稀缺性是一个很关键的前提，如果自然资源不具备稀缺性，那就不会有合理规划利用和再生产它的必要劳动量的投入，因而也就无价值，如当今社会的空气，阳光等。同理，有些自然资源，在目前生产技术下，没有能力合理规划利用（如通过物化和活劳动投入以提高其开发及利用效率）及再生产出来，也不能认为其不具备价值，如当今在特定气候环境中生长出来的天然植物药材；相反，我们认为这些自然资源仍然具备价值，但其价值量现在难以计量（其价值量在数学上可描述为趋向无穷大，因为不是人类不想投入劳动量，而是投入再多劳动量也无济于事，当然，随着人类认识的发展和科技的进步，将来能够合理规划利用和再生产出来时，其价值量是可以从无限量变成为有限量并得到计量），且其价格只能由供求关系去决定。这样我们就从马克思价值理论的微观和宏观结合的角度上，并导入稀缺性，论证了自然资源在现代市场经济中具有价值。

领导干部自然资源资产离任审计中存在一个重要的问题就是对于自然资源价值计量进行审计的问题，在对自然资源资产进行审计时，自然资源资产能够以货币形式进行价值核算，建立一整套系统从而对自然资源资产进行审计。但是自然资源种类繁多，比如生态环境资产它本身没有明确的体积、质量，同时没有市场价格很难进行市场交易，只能间接地对其进行价值计量。同时不同资源之间如何转化为货币之间的计量就更无从下手。

国内外许多学者研究了关于自然资源资产计量的问题。目前，学界提出的生态环境价值计量方法主要是以生态功能为基础和以生态环境的维护成本为基础的。这些方法都把目标放在生态环境价值应该是多少上，而没有从恢复生态环境功能的角度考虑，计量生态环境一旦遭受破坏后，恢复和维护它的生态环境功能的实际成本。周一虹（2015）提出了环境重置成本法，这种方法是指当生态环境遭到破坏后，通过计算恢复生态环境到原状所要支付的费用，即恢复原生态环境状态与生态系统服务功能所要发生的成本，借以估算生态环境变化所影响的经济价值或者治理生态环境问题需要付出的成本。其中，环境重置成本是指在现行市场公允价值条件下，重新构建该生态环境资产或重新达到该生态环境资产生态服务功能所要花费的所有货币价值总额。该方法的创新思路是把重置成本法在资产评估和环境治理评价的应用中进行了同构，将生态环境视为一种资产，当人类的社会生产、经营等活动对生态环境造成破坏时，该生态环境资产的价值就会被降低和破坏，这部分被破坏的价值，则可以通过重新构建的一项新的生态环境资产进行重置。由于现行经济环境下对生态环境资产并无购置、销售、现金流入、流出等相关交易事项，所以采用历史成本、现值、可变现净值与公允价值对其进行计量是没有依据且不合理的。而采用环境重置成本法作为生态环境治理成本或价值计量方法的依据在于：当成本计量范围内的生态环境遇到破坏后，环境价值降低，那么治理所要发生的费用不能低于将生态环境恢复到原生态系统服务功能的成本。即应用环境重置成本法对环境治理成本的计量结果是对被破坏的环境价值进行恢复所支付的必需成本费用，是最低的投入成本。环境重置成本法下的生态环境价值计量包含三个层次的成本：第一，恢复层成本，这一层成本主要是将破坏后的生态环境功能恢复（或者重新购置）到以前的状态所采用的技术手段所花费的现时成本；第二，维护层成本，这一层成本主要是为了维持恢复后的生态功能而必须付出的成本。因为环境治理工程是一项系统工程，其恢复和维护所花的时间比较长，很难立竿见影，所以在采用紧急恢复手段之后，必须还要花费一定的人力物力去维护，不要让环境再次出现恶化；第三，战略层成本，这一层成本主要是为保护生态功能免遭破坏或者为了维护和保持某种生态功能而放弃的发展机会和权利，也就是机会成本。这种方法应充分考虑生态系统的生态功能，以生态功能为基础；计量要素确认具有可靠性和可操作性；包含所有生态环境治理保护中发生的全部实际成本和机会成本；计量结果具有可靠性和可解释性。因此，我们在对生态价值补偿计量时优先采用环境重置成本法。

综上所述，生态经济价值理论对离任审计的指导作用主要表现在：生态经济价值理论弥补了传统的价值理论认为当今自然资源无价值的缺陷。传统的价值理论导致人们对自然资源利用时的无节制和过度开发，造成资源的浪费和环境的破坏。同时，在领导干部自然资源资产离任审计中，如果自然资源没有被赋予价值，离任审计也没有审计时依据的价值判断。因此，生态经济价值理论是进行离任审计的前提条件。在离任审计中，编制自然资源资产负债表是一项重要的基础工作，生态经济价值理论为自然资源资产负债表的编制提供了依据，环境重置成本法为自然资源价值计量提供了合理的方法。生态经济价值理论为领导干部自然资源资产离任审计奠定了科学的、可操作的理论基础。

第三节　科斯产权理论

环境保护是当代的一个重要的主题，工业化迅猛发展给对环境带来了巨大的破坏，厂商的生产也不可避免有污染，这些污染物对生态环境，居民健康都造成了很大的负面效果。

在阐述科斯产权理论之前首先说一下"庇古税收"。庇古是第一位从福利经济学的角度提出了外部性问题的经济学家，他主要提出了一种控制环境污染的经济手段—"庇古税"。所谓外部性，就是一个经济人的行为对另一个人的福利所产生的效果，而这种效果并没有从货币或者市场交易中反映。对于外部性的研究，庇古的理论认为产生外部性是由于边际私人净产值与边际社会净产值不相等。当边际私人净产值大于边际社会净产值时，就说明社会利益有所损失，这些损失是由于外部性的产生，在私人获取利益的同时，给他人带来了损失，这种损失便是负的外部性；相反的，若前者小于后者，则说明私人劳动不仅仅给自身谋求了福利，其他人也得到利益，这种溢出的利益就是正的外部性。为消除上述不一致问题，政府就通过"庇古税收"这一经济政策来实现社会利益最大化。

随后，罗纳德·科斯认为用"庇古税"解决外部性问题在现实世界中存在许多困难，难以明确界定，也无法达到资源的最优配置。为解决外部性，科斯提出了不同于庇古"政府干预"的思路，通过引入可交易产权这样的概念，将"制造外部性"看成是一种可以自由交易的权利。科斯产权理论，它的发展大致分为两个阶段：第一个阶段是在30年代对传统微观经济学进行批判性思考，指出市场机制运行中存在摩擦，克服这种摩擦的关键在于制度创新；第二个阶段是在20世纪50年代末至60年代中期，科斯正面论述了产权的经济作用，指出产权的经济功能在于克服外在性，降低社会成本，从而在制度上保证资源配置的有效性。

科斯认为政府只要把产权界定清晰，就可以利用市场机制进行产权交换并有效地解决经济的外在性问题。他这一生研究主要被概括为两个定理，科斯第一定理和科斯第二定理。科斯第一定理指出：如果交易成本为零，产权的清晰界定是资源最优配置的充要条件。科斯第二定理表述如下：如果交易成本大于零，则不同的产权配置会带来不同的经济效益。在存在市场交易成本的情况下，合法权利的初始界定会对经济制度运行的效率产生影响，产权的调整会比其他安排产生更多的价值。科斯的主要学术贡献在于，它在揭示传统经济学不足的同时，发现并阐明了交换成本和产权在经济组织和制度结构中的重要性及其在经济活动中的作用。

根据我国《宪法》规定，我国自然资源所有权主要有全民所有和集体所有两种形式。自然资源是大自然赋予我们的财富，是人们生产生活的共同物质基础，但“全民”所有缺乏明确的产权主体，所有权界定处于模糊状态，导致自然资源作为一种共有财产转变为无主财产。所有权主体的不明确造成对资源使用者管理的缺失。自然资源的实际使用者在缺乏有效约束和监督的管理下，导致对自然资源的开发利用产生巨大的负外部性，造成对自然资源的破坏和不可持续发展。中国共产党十八届三中全会首次提出，要健全自然资源资产产权制度和用途管制制度，用制度保护生态环境，高效配置资源，保障资源节约利用。自然资源产权界定不仅是自然资源产权交易的前提，也是自然资源配置达到最优的最佳途径。科斯产权理论阐述了交易费用与产权界定的重要性，为负外部性问题的解决提供了路径，对自然资源产权界定和补偿具有重要影响。

科斯产权理论对自然资源问题的第一个启示就是要合理分配自然资源的初始权利。近年来，我国加大了对自然资源的保护力度，虽然出台了很多法律来约束自然资源的保护，但是由于自然资源权属的不清晰，造成自然资源的破坏问题日益严重，同时在自然资源产权界定后，自然资源产权交易才有了实现的可能性。国家作为资源的公共产权主体，对资源拥有全部的占有、使用、收益和处分的权利，这似乎表明资源的产权并非不明。然而，虽然名义上国家享有所有权，具体产权的行使则由中央政府掌握，中央政府在客观上又无力直接控制全部资源，因此，实际上是由各级自然资源管理部门受委托控制自然资源，具体行使自然资源的产权。国家颁布了《自然资源统一确权登记办法（试行）》，对建立自然资源统一确权登记系统、推进自然资源统一确权登记法治化具有深远意义。在我国国土空间中存在的各类自然资源均需明确产权主体和范围，国有自然资源通过确权登记明确各级政府代表行使权力的内容和职责，集体所有的自然资源产权如集体土地所有权、林木所有权等已经通过不动产登记进行了记载。这次确权登记主要解决了自然资源国家所有权问题。在确权登记解决自然资源所有权之后又产生一个新的问题，即各级自然资源管理部门对于保护自然资源的原动力在于个体能通过保护行为享有利益，就会存在自身利益与管理和利用自然资源的正当的社会目标存在一定的差异。这个时候就出现了具有中国特色的领导干部自然资源离任审计，推动领导干部守法、守纪、守规、尽责，切实履行自然资源资产管理和生态环境保护责任，促进自然资源资产节约集约利用和生态环境安全。

第二个启示就是在进行自然资源产权分配的时候应该注意分配成本。科斯定理是从社会整体经济效益最大化出发的，也就是在遇到外部性问题时所涉及方要在明确自己产权的情况下，进行谈判。从总体来看，自然资源产权初始分配应当低于所带来的收益。否则尽管及时进行了自然资源产权分配但是从总体上考量入不敷出，这种产权初始分配就没有必要进行了。由中办、国办于 2019 年 4 月印发并实施的《关于统筹推进自然资源资产产权制度改革的指导意见》中也提出了以完善自然资源产权体系为重点，以落实产权主体为关键。

第三个启示就是科斯产权理论的出发点是为了解决外部性的问题。当产权清晰界定，交易成本为零时，无论将产权界定给哪一方，最后的结果都是有效率的，都能够达到使外部性内部化的结果。但是，现实中存在的问题就是交易成本是在理想化的状态下才会为零，一般情况下都会产生交易成本，在没有成熟的市场体系条件下，主要靠政府的力量去消除环境的外部不经济性。政府的行为主要是实行管制和经济刺激两种手段。所谓管制主要是通过制定相关法律、法规和标准等，直接规定生产者允许产生外部不经济性的数量和方式；所谓经济刺激主要是实行环境影响收费、财政补贴等方式，控制和减少外部不经济性。这些环境保护政策贯彻与实施情况，都可以作为自然资源资产离任审计的内容，进而确保国家生态环境政策落实。

综上所述，科斯产权定理对于领导干部自然资源资产离任审计借鉴意义主要概括为以下几点：首先，自然资源资产权属的特殊性使得在领导干部自然资源资产离任审计中存在审计责任难以界定的困难。科斯产权定理引导了在离任审计的开展中首先要解决自然资源产权问题，党中央积极推进的确权登记就是为了解决自然资源国家所有权问题。权属清晰才能职责明确，在离任审计时审计责任才能更加明晰。明确、清晰的产权制度，会使得管理的职责划分更加科学，管理的可问责性和有效性逐渐增强，可以提高管理效率和自然资源科学合理开发水平。其次，科斯产权理论中不仅阐述了产权界定的重要性，还阐述了交易费用的重要性。在没有成熟的市场体系条件下，主要靠政府的力量去消除环境的外部不经济性。通过制定相关法律、法规和标准等，直接规定生产者允许产生外部不经济性的数量和方式；实行环境影响收费、财政补贴等方式；这些环境保护政策贯彻与实施情况，都可以作为自然资源资产离任审计的内容，进而确保国家生态环境政策落实。最后，科斯定理不仅为负外部性问题的解决提供了路径，对领导干部自然资源资产离任审计中关于对自然资源产权界定和责任具有重要影响。

第四节 国民经济核算系统

我国在改革开放以前，国民经济核算制度基本上是仿照苏联模式，采用物质产品平衡表体系。新中国成立以来，我国国民经济核算体系经历了三个发展阶段：第一个阶段从 1952 年开始，这一阶段是物质产品平衡表体系的建立和发展阶段（The System of Material Product Balances，简称 MPS）以建立 MPS 体系的工农业总产值核算为标志；改革开放以后，中国的国民经济核算体系日益同国际接轨。1984 年，国家统计局会同其他相关部门共同研究制定了《中国国民经济核算体系（试行方案）》，该方案是市场经济国家所采用的 SNA 体系与计划经济国家沿用的 MPS 体系相融合的产物；第二个阶段从 1985 年开始，是 MPS 体系向国民账户体系（The System of National Accounts，简称 SNA）的转换阶段，我国开始测算国内生产总值，以建立 SNA 体系的国内生产总值核算为标志。1992 年，我国正式放弃原来计划经济体系下实行的 MPS，全面采用市场经济国家所通用的 SNA。1993 年联合国颁布了新的国民账户核算体系；第三个阶段从 1993 年开始，这一阶段是 SNA 体系的发展阶段，以取消 MPS 体系的国民收入核算为标志。传统国民经济核算系统亦称"宏观经济核算系统"。从 2002 年开始，中国一直采用的是以联合国 SNA1993 年版为蓝本的《中国国民经济核算体系（2002）》。它是关于国民经济核算的理论、方法、指标体系。在一定经济理论指导下，通过综合运用统计、会计和数学等方法，从数量上系统地反映国民经济运行状况及社会再生产过程中生产、分配、交换、使用各个环节之间以及国民经济各部门之间的内在联系，为国民经济管理提供依据。它是以整个国民经济为对象的宏观核算，是国民经济全局性的核算，是宏观经济信息系统的核心部分，是进行宏观经济管理、调控和决策的基础。

随着经济不断高速发展的同时，环境问题日益凸显，可持续发展观念的不断深入，国家、社会各界对生态环境保护的重视，生态文明的地位日益凸显，改革现行国民经济核算体系的呼声高涨。传统国民经济核算体系的不足逐渐暴露，它没有将自然资源资产纳入核算体系，无法反映自然资源对经济发展的巨大贡献，同时也体现不了为了实现经济发展相应地付出的生态环境代价。在过去，自然资源被认为是“取之不尽用之不竭”，它的价值在传统国民经济核算系统中没有体现出来，事实上，自然资源具有巨大的经济价值和生态价值，比如森林除了带来林业相关的发展之外还可以涵养水土、释放氧气给动植物创造家园等，这巨大的生态价值是不容忽视的。

从 20 世纪 50 年代开始，国外许多学者开始尝试将环境要素纳入国民经济核算体系，从而提出了绿色 GDP 的概念。绿色 GDP 将环境成本（包括环境污染、生态退化等）从 GDP 中扣除，得出考虑生态环境的绿色 GDP，也更加真实。随着国际上“国民经济核算应当考虑环境因素”日益成为共识，在 20 世纪 80 年代，SNA 修订工作开展时，经过相关国际专家的研究和探索，提出国民经济核算附属账户—综合环境和经济核算（SEEA），这一设想于 1992 年世界环境与发展大会和 1990 年 SNA 修订稿中得以实现，通常也称为卫星账户体系。目前，它已作为联合国 1994 年《国民经济核算手册》（综合环境和经济核算）正式出版。

自联合国 1993 年首次公布 SEEA 核算手册（SEEA1993）后，这一附属账户的提出，扩大了国民经济核算体系的范围和内容。许多国家以它为指导编制本国绿色国民经济核算体系，也有一些学者对它提出了批评和改进。因此，联合国统计局在 1997 年委托 1993 年成立的伦敦小组负责发展与完善 SEEA。经过几年的不懈努力，伦敦小组于 2003 年正式完成修正版的 SEEA，并且获得了联合国、欧盟国际货币基金组织、世界银行和经济合作与发展组织五大国际组织的接受，正式出版成为国民经济核算手册（SEEA2003）。

SEEA2003 具有以下几方面特色：环境账户并不直接纳入 SNA 体系，而是以其功能将环境货物和服务分类，并以卫星账户形式表现；将环保活动与一般的经济活动区分开来，不能以价值评估的环境资源以清单方式开列，同时辅以实物数量估算，这些项目包括不可再生的自然资源，如石油和土地等；采用维护成本法计算环境质量的损害。以增加值法估计自然资源耗减；SEEA 体系的初步目标并非在于改变现行的 SNA 核心结构，而是在建立自然资源与环境指标的统计资料库，并利用统计资料库了解 GDP 与资源、环境可持续性之间的关系，将自然资源耗减与环境质量退化从国内生产净值中扣除，估计出新的修正指标——经环境调整的国内生产净值。

SEEA2012 对 SEEA2003 进行修订时依据的是联合国于 2008 年推出的修订了的国民经济账户体系（SNA2008）中的原则、框架及方法，SEEA2012 的定位是“基于 20 多年环境核算开发而发布的第一个综合性国际环境核算标准。首先，从核算内容来看，SEEA2012 中心框架作为目前自然资源资产核算最为权威的指引，界定了统一的定义、分类、核算准则基础。但是 SEEA2012 仅对自然资源资产核算作了规范，要求每一账户都要采用实物量和价值量两种核算方式，并且侧重于流量核算，而没有提出自然资源负债以及相应的净资产概念。对于自然资源管理成本以及环境保护支出，建议以卫星账户的方式单独核算。可以说，SEEA2012 中心框架类似于会计中的总账账户，收集汇总环境经济相关事项尽可能完整的信息。而我国提出的自然资源资产负债表更需要强调自然资源资产负债的存量核算信息以及内在勾稽关系所隐含的意义。

在 SEEA 之后，国际各方努力都集中在发展指标，以补充或调整的国内生产总值（GDP），以更好地考虑更广泛的环境和社会影响的经济发展。2014 年联合国公布《实验性生态系统核算》手册，SEEA－EEA，（以下称 EEA），第一次对生态系统核算提出系统的定义，生态系统核算是一整套针对生态系统及环境经济化方法，其为经济和人类活动提供服务流量来进行综合测算以此评估其环境影响的方法”。联合国用于衡量生态系统产生的生态系统服务的价值，并记录生态系统服务与经济之间的关系。

随着我国社会主义市场经济的发展，经济生活中出现了许多新情况和新变化，宏观经济管理和社会公众对国民经济核算产生了许多新需求，所以需要对我国现行国民经济核算体系进行修订，使其适应经济发展的新情况和新需求。我国国民经济核算体系也需要做出相应的修订，使之与新的国际标准相衔接，提高国际可比性。国家统计局及时修订了我国国民经济核算标准，形成了《中国国民经济核算体系（2016）》。2017 年 7 月，国务院批复国家统计局在全国组织实施 2016 年核算体系。

《中国国民经济核算体系（2016）》丰富和完善了核算内容，分为基本核算和扩展核算两大部分，在基本核算部分，调整了资产负债表的结构，重新设置了与 2008 年 SNA 基本一致的表式；增加了资产负债交易变化表和其他变化表。另外，引入了新的概念，拓展了核算范围，加强了附属核算的内容，更名为“扩展核算”。2016 年，核算体系充实了扩展核算的内容：将自然资源实物量核算表延伸到资源环境核算，包括自然资源核算、环境保护支出核算和污染物排放核算。对于自然资源核算，既核算存量，也核算流量；调整了人口和劳动力核算，增加了劳动投入核算和生产率核算等内容；增加了卫生核算、旅游核算和新兴经济核算。

我国关于将环境要素考虑到国民经济核算体系是从 20 世纪 80 年代中国环境科学研究院组织实施“全国环境污染损失和生态破坏损失评估”研究开始，我国便开始探索绿色国民经济核算研究，经过 40 年的探索与实践，目前绿色国民经济核算体系构建工作已经初步具备了一定基础。

1990 年国家环保总局正式推出“中国典型生态区生态破坏经济损失及其计算方法”，成为我国生态环境核算领域的一项重大理论突破。随着世界银行“真实储蓄率”概念的引进，我国开展了自己的真实储蓄率核算。1998 年，国家环保总局与世界银行合作计算了中国的真实储蓄率，并在山东烟台市和福建三明市进行了试点。2002 年，国家统计局在制定《中国国民经济核算体系（2002）》中设置了附属账户自然资源实物量核算表，探索性地编制了 2002 年全国土地、森林、矿产、水资源实物量表。并与挪威统计局合作编制了 1987 年、1995 年和 1997 年三年的中华人民共和国能源生产与使用账户，测度了全国二氧化碳、二氧化硫、甲烷、氮氧化物、颗粒物等八种主要大气污染物的排放量。2003年，国家环保总局与国家信息中心联合开展了中长期环境经济模拟系统及环境经济投入产出核算表研究，2004年又联合开展了《绿色国民经济核算体系框架研究》。同年，国家环保总局与国家统计局联合正式启动了“绿色GDP核算中纳入环境污染损失”的研究工作。国家统计局与国家林业局、北京林业大学、中国林科院合作，也开展了“中国森林资源核算及纳入绿色CDP核算体系”研究。与此同时，国内一些省市也在积极开展相关研究探索，如山西省社科院研究得出山西省绿色CDP占CDP总量的比重为66.6%。但总的来看，绿色国民经济核算体系目前尚处于起步探索阶段。需要指出的是，自然资源资产负债表也是绿色国民经济核算体系理论的延伸，以绿色国民经济核算体系为理论基石从定意义上讲，自然资源资产负债表就是绿色国民经济核算体系的部分，编制自然资源资产负债表世界上并无先例，对我国来说也是“摸着石头过河”，是项长期的系统性工程。

2014年5月，贵州省政府审议通过并正式发布了《贵州省生态文明建设促进条例》，该条例对贵州省各级政府的工作提出了明确要求，要求努力编制每个所管辖区域的自然资源资产负债表。目前，相关部门以及课题组经过不懈努力，在基础理论论证、价值量评估和体系框架三方面已经取得了相应成绩，并形成了水资源、土地资源和森林资源框架核算体系。但是，目前仍然处在自然资源实物量表核算和编制阶段，这从侧面反映出编制自然资源资产负债表难度之大。

在开展自然资源资产负债表探索工作方面，内蒙古自治区走在了前面，并且已经取得一定成果。2014年底，《内蒙古自治区探索编制自然资源资产负债表总体方案》获自治区经济体制和生态文明体制改革领导小组一致通过，并将赤峰市、呼伦贝尔市等作为试点地区。在进行实物量核算探索方面，他们选取森林、草原、湿地三方面进行核算。截至2015年1月，对于数据的填报工作，两个试点地区已经完成大部分工作。2015年开始，内蒙古自治区统计局开始在包头市和鄂尔多斯市试点填报矿产能源和土地资源实物量变动表。

2014 年，深圳市大鹏新区启动了自然资源资产核算体系和负债表研究，推出全国首个县区级自然资源资产负债表，将林地、城市绿地、湿地、饮用水、景观水、近岸海域、沙滩、洁净大气和珍稀濒危物种、古树名木和矿产资源 11 项自然资源列入大鹏半岛自然资源资产核算指标，并确定核算基准、核算因子和核算方法。构建自然资源资产核算体系和自然资源资产负债表体系，制定《深圳市自然资源资产负债表编制技术规范》。对大鹏新区 10 类自然资源资产开展资产质量与价格之间的关系研究，首创性地建立了 10 类自然资源资产的核算体系。通过对 2016 年 10 类自然资源资产实物量价值和生态系统服务价值进行核算，形成《大鹏新区自然资源资产 2016 年度核算研究总报告》。

按照《云南省统计局关于开展自然资源资产负债表编表试点工作的通知》，昆明市在东川区开展自然资源资产负债表的试编工作。2017 年 6 月 28 日，由中国环境科学研究院承担的“景东彝族自治县自然资源资产负债表”项目顺利通过专家评审，这是云南省首张自然资源资产负债表。根据景东县独特的地理位置和自然禀赋，采用“报告式”的方式核查了森林、草地、耕地和水资源情况，计算了自然资源的实物存量、实物流量、价值存量和价值流量四个方面，并编制形成了资产负债表。项目负责人李俊生副所长介绍，自然资源资产负债表可以客观地评估自然资源资产实物量和价值量的变化，摸清自然资源资产的家底，准确把握经济主体对自然资源资产的占有、使用、消耗、恢复和增值情况，全面反映经济发展的资源消耗、环境代价和生态效应，是干部生态政绩考核、离任审计和生态补偿的重要参考依据。项目评审组长中科院地理所封志明研究员认为自然资源资产负债表可以“摸清家底、厘清负债，明确权益，界定责任”，在县级尺度开展具有重要现实意义；国家统计局徐雄飞处长表示，在县级层面开展自然资源资产负债表在国内尚属首例，这为领导干部自然资产政绩考核和离任审计提供了宝贵的数据。专家评审组认为该报告数据翔实、内容丰富、具有较强的创新性，一致同意通过评审并建议修改后发布。

2017 年，为加快推进海南生态文明体制改革，海南省政府办公厅印发了《海南省编制自然资源资产负债表试编实施方案》。方案确定，自然资源资产负债表的核算内容主要包括土地资源、林木资源、水资源和矿产资源。土地资源资产负债表主要包括耕地、林地、草地等土地利用情况，耕地和草地质量等级分布及其变化情况，耕地质量等别及其变化情况。林木资源资产负债表包括天然林、人工林、其他林木的蓄积量和单位面积蓄积量。水资源资产负债表包括地表水、地下水资源情况，水资源质量等级分布及其变化情况。矿产资源资产负债表包括固体矿产资源储量存量及其变动情况。根据本方案，分别采集、审核相关基础数据，研究资料来源和数据质量控制等关键性问题，探索编制自然资源资产负债表。自然资源资产负债表反映自然资源在核算期初、期末的存量水平以及核算期间的变化量。核算期为每个公历年度1月1日至12月31日。在自然资源核算理论框架下，以自然资源管理部门统计调查数据为基础，编制反映主要自然资源实物存量及变动情况的资产负债表。试编工作从2017年开始，到2020年全面实施，分为制度研究、调查试编、总结推广三个阶段。2018年在海口市、三亚市、儋州市开展自然资源资产负债表编制试点，2019年将试编工作推广到全省所有市县，2020年正式实施全省及市县自然资源资产负债表，并定期评估和公布编制结果。自然资源资产负债表试编工作，由省统计局负责牵头，省统计局、省国土资源厅、省生态环境保护厅、省水务厅、省农业厅、省林业厅等部门予以配合。

自然资源资产负债表作为绿色国民经济核算体系的一部分对于环境审计来说具有重大的意义。在国外，自然资源审计已经得到重视。如美国设立美国环境保护局作为美国联邦级的权力机构，当企业有弄虚作假时，其将直接进行审计；欧盟要求已经在其生态审计计划上登记的生产企业，必须进行自然资源审计，并向其设立的“主管当局”提供审计报告；英国环境审计委员会是英国专门负责开展政府部门和非政府公共团体绩效审计，并将审计情况向议会报告的行政机构。而我国目前自然资源审计的具体实践仍是以资金审计为主，基本上是围绕财务收支及被审计单位使用的资金为对象展开的，从而确保资金的合法合理使用，减少资金的损失浪费。我国仍然以国家审计为主，社会审计与内部审计为辅的模式。国家审计作为整个审计系统的主体，具有不可替代的作用。由于我国经济社会发展的不平衡和生态环境的日趋恶化，国家对自然环境实施宏观管理，但地方保护主义的存在和对环境问题认识的滞后，环境政策在执行中遭到抵制、执行不力的情况时有发生，我国难以像西方国家那样依赖企业自主审计，必须通过政府强制性审计。

将自然资源资产负债表纳入审计是我国基本国情的客观需要。我国资源相对不足，人均占有量低，粗放型的增长方式造成过量消耗资源，环境严重污染，生态严重破坏。资源和环境与经济社会发展的矛盾日益突出，已严重制约着我国经济社会的发展，危及中华民族子孙后代的传承和发展。从而要求通过将自然资源资产负债表纳入审计强化对资源调控管理力度，来适应现实国情的需要，保障发展方略的落实与实现。

将自然资源资产负债表纳入审计是国家对自然资源信息掌握的重要手段。将自然资源资产负债表纳入审计不仅是政府审计的手段，更是掌握资源信息的重要工具，通过开展相关审计和专项审计调查，可以使国家更直接、更客观地了解相关信息，在总结经验、反馈信息的基础上，为相关自然资产宏观政策的制定与执行提供有力的辅助工具。

将自然资源资产负债表纳入审计是社会经济可持续发展的重要保障。人类社会与经济总是不断向前发展的，资源的合理开发及可持续使用是其基础内容，为了使有限的资源能够跟上社会经济发展的需要，对于保护自然资源的持续、高效利用，进而推动国家可持续发展战略的实施，将自然资源资产负债表纳入审计具有重要的保障意义。

将自然资源资产负债表纳入审计是加强自然资源管理，提高资源利用效率，促进自然资源的可持续利用的重要手段。由于我国长期以来一直采取的是高消耗、高投入的资源利用方式带动粗放型经济增长的模式，自然资源管理严重滞后，导致了大量资源的浪费。将自然资源资产负债表纳入审计能够起到督促社会提高资源利用效益的重要作用，是政府有效管理和调控资源的科学方法。

为合理评价资源类企业的业绩或绩效提供更合理依据。我国对于资源型企业的绩效评价存在较多的问题，主管部门对资源性资产的管理仅处在粗放的实物管理阶段，在评价、比较企业之间经济效益时，往往忽视各单位占有资源性资产的差异。因此，资源型企业的绩效评价不但要考核传统的经济指标，更应当反映企业的经营行为对于自然资源的影响，使企业的发展更具有可持续性。

基于我国特殊的国情，我国开始探索具有中国特色的领导干部自然资源资产离任审计。通过上述分析可以看到国民经济核算体系中的绿色经济核算里的自然资源资产负债表对审计工作具有重要的意义，它考虑了自然资源的经济价值。同样，自然资源资产负债表对我国领导干部自然资源离任审计也具有重要的意义。

在进行领导干部自然资源离任审计时，需要完善政府官员的目标责任制、岗位责任制，明确各级政府党政领导人、自然资源主管部门负责人、资源型国有企业负责人对于自然资源资产承担的经济责任。根据西方发达国家的经验，有效的政府公共管理一方面要明确各级行政首长的任期目标责任；另一方面要将公共服务的职责分解落实到具体的部门、岗位和个人，同时制定科学、规范、清晰的业务处理流程。具体到自然资源资产的管理，就是要明确各级政府党政领导人的任期目标责任，以及自然资源主管部门及其负责人的部门责任、岗位责任和个人责任。有了这些制度条件，自然资源资产离任审计缺乏标准、缺乏评价指标的困境将得到根本性的缓解。这样就可以引入自然资源资产负债表，完善自然资源资产的统计和会计核算制度，推动编制自然资源资产负债表，建立自然资源资产数据库，为自然资源资产离任审计的开展提供基础数据条件。我国自然资源政府主管部门、统计部门和科研单位已经积累了关于自然资源资产“家底”的大量信息。例如，中国科学院早在 1987 年就已经开始研建“中国自然资源数据库”。这些信息虽然为实施自然资源资产离任审计创造了初步的数据条件，但其存在分布零散、口径不一、交叉重复等问题，同时偏重于实事信息，缺乏价值量信息。这要求对分散的信息进行整合，建立统一完整的数据库，还必须将自然资源资产经济责任的履行情况纳入政府官员的政绩考核，并与任免、晋升与奖惩决策直接挂钩。长期以来，我国地方经济发展存在着重视经济增长速度，忽视资源环境保护的倾向，导致经济发展模式以“高能耗、高污染、高排放”为特征，与可持续发展的理念相悖。究其根源，是因为，政府官员的政绩考核过于偏重 GDP 等硬性指标，没有将节约资源和环境保护放到应有的地位，导致政府官员抓经济增长比较“硬”，抓资源节约和环境保护中较“软”。为了改变这一状况，为自然资源资产离任审计的开展创造条件，必须切实改革考核与奖惩制度，转变政府官员的激励结构和行为动机。2013 年 12 月，中组部印发了《关于改进地方党政领导班子和领导干部政绩考核工作的通知》。要求实行责任追究，强化离任审计，对拍脑袋决策、拍胸脯蛮干，给国家利益造成重大损失的、损害群众利益造成恶劣影响的、造成资源严重浪费的、造成生态严重破坏的、盲目举债留下一摊烂账的，要记录在案并追究责任。这表明党和政府已经注意到了官员政绩考核中存在的问题并在下功夫推进改革。

综上所述，国民经济核算系统对我国进行领导干部自然资源资产离任审计提供了核算方法的借鉴。在进行离任审计时绿色经济核算中的自然资源资产负债表考虑了自然资源经济价值，把自然资源资产负债表纳入离任审计中可以使政府有效管理和调控资源，转变政府官员的激励结构和行为动机，为领导干部自然资源资产离任审计开创了条件。这样，自然资源资产离任审计缺乏标准、缺乏评价指标的困境将得到根本性的缓解。另外，在完善了离任审计标准和评价指标之后，引入自然资源资产负债表，完善自然资源资产的统计和会计核算制度，推动编制自然资源资产负债表，建立自然资源资产数据库，为自然资源资产离任审计的开展提供数据条件。通过连续的对自然资源资产负债表的审计，将获取的数据和结论运用综合分析和趋势分析等方法加以对比，从而对区域内或企业资源与环境的变化情况进行综合评价，可用于对领导干部经济责任审计中的自然资源资产责任落实情况的评价。对于资源环境审计，尤其是领导干部自然资源资产离任审计，《环境经济核算体系——核心框架（SEEA2012）》将是绿色经济核算的基本账簿。

第五节　国家治理

国家治理是人类政治、经济、社会发展的普遍现象，它与当下的环境密切相关，不同时期的治理具有不同的内涵，同一时期不同国家对于治理的价值判断、制度设计等也是大不相同。党的十八届三中全会通过的《中共中央关于全面深化改革若干重大问题的决定》中指出，“推进国家治理体系和治理能力现代化”的改革总目标，国家治理体系和治理能力体现了一个国家的制度完备程度和执行能力，习近平总书记高度重视推进国家治理体系和治理能力现代化，并发表了一系列重要讲话。2013 年 11 月，习近平总书记在党的十八届三中全会第二次全体会议上明确提出了国家治理体系的内涵，他说：“国家治理体系是在党领导下管理国家的制度体系，包括经济、政治、文化、社会、生态文明和党的建设等各领域体制机制、法律法规安排，也就是一整套紧密相连、相互协调的国家制度”。这段讲话科学地回答了如何从经济、政治、文化、社会、生态五大方面由党领导人民有效地治理国家。

随着经济社会的发展和进步，以及全球环境问题的恶化使得国家治理的难度越来越大，国家审计是国家治理过程中的重要手段，作为一项政治制度安排，在国家经济、社会等治理中发挥重要作用，对于国家治理的作用是不可或缺的，从本质上看，国家审计对于保障国家经济社会健康运行是必不可少的，是国家政治制度的重要组成部分，为国家治理提供宏观经济决策依据，是推进民主法治的工具，其根本目的是维护人民群众的根本利益，推进依法行政，维护社会公平正义。在经济的不断发展中，国家审计的职能也随之转变，经济快速发展的同时一些对公众利益产生直接影响的问题逐渐成为社会公众关注的焦点。作为受托方的社会公众，迫切希望政府能够采取措施解决这些社会问题，但是政府传统的公共受托经济责任已经无法满足社会公众的需求，这就需要出现新的公共受托责任——公共受托社会责任。公共受托社会责任的出现，要求国家审计必须转变观念，从解决经济问题和社会问题的双重角度提出新的审计理念。

现代国家审计是对公共权力运行和公共资源配置的一种监督制约活动，国家治理通过国家治理主体对公共权力和公共资源的运用，提供政治、经济、文化、社会、生态治理等方面的服务，以保障人民生活，增进社会福利的过程。要充分发挥国家审计的作用，必须深入了解国家审计的内涵，掌握其内在规律，处理好监督与服务、宏观与微观等多方面的关系，应当把国家审计作为保障经济社会运行的必要手段，要发挥其建设性作用，绩效审计是关键。这主要表现在两个方面：一方面是审计机关应当加大绩效审计的力度，探索先进的绩效审计方法和可操作的绩效审计评价体系，对目前国家体制、机制、管理和资金的使用效益以及其他热点问题等方面提出建设性的可操作的意见和建议，充分发挥审计的作用。建立完善的政府绩效审计制度，让人民群众了解公共财政收入、支出的明细账，增强民众对政府的信任；另一方面是在开展领导干部经济责任审计时，积极引入绩效审计和资源环境审计。在对领导干部进行经济责任审计时，不仅要关注财政财务收支的真实性、合规性和合法性，还要将绩效审计和资源环境审计的内容贯穿始末，对领导干部的履职情况进行全面客观的评价，为干部的监督和考核提供依据。

20 世纪 70 年代初期，西方一些企业基于对环境保护的认识自发地制定了一些环境保护方面的审计计划，作为检查评价本企业环境问题的内部管理手段。虽然是各自为政，无统一的方法和体系，但正因为他们的这一举动，使得环境审计作为一种新的审计门类得以迅速发展起来。随着西方环境审计的发展，我国对环境保护的重视程度也在不断增强。在 1998 年政府机构改革中，国务院在批准审计署的机构改革方案中强化了环境审计的职能，审计署据此设立了有关环境审计的机构农业与资源保护审计司。审计署 18 个驻地方特派员办事处 31 个省、自治区、直辖市政府的审计机关也分别设立了从事环境审计的机构。当代民主社会，政府是责任政府，承担着对社会公众的公共受托责任。伴随经济发展而带来的环境恶化损害了社会公众的利益，人民对环境问题越来越关注，中国国家治理在实践中不断革新，许多学者的探讨集中在生态治理与社会治理两方面。政府的公共受托责任扩展到受托环境责任，环境审计应运而生。随着环境问题的进一步显现，政府在环境问题上的投入越来越多，责任也越来越大，人们的关注度也越来越高。此时，环境审计仅仅充当“经济卫士”保障环保资金的安全有效已经不能满足社会公众的需要，社会公众还需要确认政府各项环境法律法规的科学性有效性，需要确认环保部门的工作绩效，需要确认各种环保项目的绩效。环境审计中自然资源资产离任审计是一种特殊的审计控制手段，自然资源资产离任审计是国家审计机关代表自然资源资产的所有者对受托责任人承担的公共受托责任进行审计，以期达到合规性、经济性、效率性、效果性和环境性的审计目标，其审计对象是承担特定自然资源资产受托责任的行为人，引用蔡春教授关于审计关系人的理论，自然资源资产离任审计中审计行为的发生由审计人、被审计人和审计委托或授权人三方面的关系人的行为构成，其中，被审计人是自然资源资产的受托责任者。

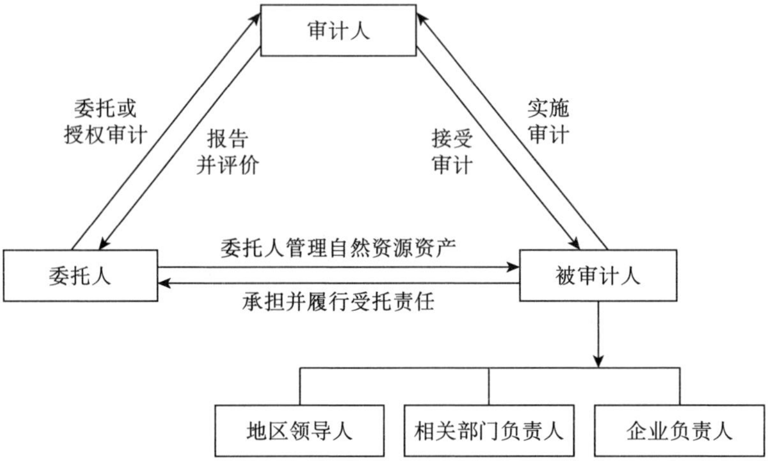

图 3－1　自然资源资产公共受托责任关系示意图

如图 3－1 所示，在自然资源资产公共受托责任人关系图中，被审计人是自然资源资产离任审计评价的对象，被审计人所承担的自然资源资产相应职责是自然资源资产受托责任的分解和具体化，由于自然资源资产公共受托责任具有层级性，因此被审计人存在一定的层级性，可分为地区领导干部、相关部门负责人和相关企业负责人三大类。

我国进入全面建设小康社会之后，在努力促使人与社会、人与自然协调发展的同时，更要坚持以科学发展观统领经济社会发展全局站在可持续发展的高度控制人口、经济增长的规模、质量、速度使经济建设与人口、资源、环境相协调，积极倡导和推行循环经济努力建立节约型和环境友好型社会实现发展的良性循环，实现经济社会的持续健康发展和人与自然和谐发展。在此形势下国家在环境治理方面投入了巨额资金使环境污染、生态恶化趋势得到了有效遏制，为加强环保资金的使用管理维护资金安全真实反映环保资金的使用效果和对外投资的真实性、合法性、效益性需要国家审计机关做出客观、公正的评价，为此环境审计逐渐成为审计机关的工作内容之一。

但是，目前我国环境审计工作的开展存在一些障碍。首先，我国环境审计的理论依据不足、我国进行环境审计的法律法规依据不健全。例如，《中华人民共和国审计法实施条例》第二条规定“审计是审计机关监督财政收支、财务收支真实、合法和效益的行为”，这仅是在资金的效益方面做出了规定而绩效审计所包含的其他很多内容如对政策制定的评价、对政府环境管理绩效的评价等，没有在法律上予以直接规定。同时，我国进行环境审计还没有普遍可接受的技术方法和评估标准，国家也没有制定专门的环境会计准则，也没有制定一个完整的环境审计程序模式和科学的环境审计管理体系这使得审计人员在对环境效益进行评价时有难度加大了审计风险。其次，对环境绩效审计重视不够。环境审计目前进行的主要是环保资金财务收支审计和重点项目的专项审计。从现阶段开展环境审计情况来看，由于一些条件的限制，在一个较长时期内都是以环保资金使用项目财务收支审计为基础的模式逐步展开，而不是建立在对该项目带来的社会效益和生态效益的基础上，对资金的绩效没有给予足够的重。对于涉及环保专项资金的审计不同于固定资产投资项目或其他建设工程项目其评价指标和标准相对难以确定。此类专项资金大多是体现惠农政策、节能减排政策的政府投资其效益更多是以社会效益和生态效益的形式来体现的，而社会效益和生态效益的评价指标和标准不易量化并且需要完善的财政绩效预算支出体系做支撑，而目前审计人员难以取到足够的审计证据支撑我们发表评价意见。再次，资金到位率。资金利用率和资金综合有效率等财务指标来评价环境资源保护方面专项资金的使用效益要建立在被审计单位按项目核算，规范管理的基础上，对被审计单位的有效管理的依赖性较强使得很多项目的审计结果不够公正客观。最后，环境审计信息化建设不完善以及审计人员素质不高。目前，各类环境审计信息资源不能实现信息资源的高度共享不同部门数据口径不一致加大了审计风险。各省市、各地区的环境审计工作各自为政信息无法全面沟通。这将直接导致各部门、各地区“责权利”的不统一，难以形成综合的监控信息平台。环境审计的难度和广度对审计人员的素质是一个极大的挑战。审计人员必须懂得环境方面的知识。环境审计涉及环境经济学、环境法学、环境管理学等方面的知识，是一个系统的、综合的学科，相当多的审计人员还缺乏开展环境审计所需要的多方面知识和技能，学习积极性不够，仅靠现有的知识和经验不能满足开展环境审计的要求。此外还要具备社会学、统计学、工程学等方面的知识。目前，审计人员在实施环境审计中普遍存在缺乏环境科学技术基础和科学理论支持的问题。

面对上述环境审计中存在的问题，我国应当加快环境审计立法，制定环境审计指南，完善环境审计的依据。这是我国实施环境审计制度的根本保证。同时要关注环境经济政策、加强环境绩效审计研究和实践。如果环境审计中这些基础的问题解决不了，对于后期自然资源资产负债表的编制，以及领导干部自然资源资产离任审计会更加困难。而自然资源资产负债表的编制与应用，已经成为国家加快建立生态文明制度，健全自然资源资产管理体制，实现政府职能转变、高效管理与科学评价，建设美丽中国的根本战略需求所在。

在国家治理的过程中，国家资产负债表是其重要治理工具之一，它可以展示一个国家或地区的资产和负债，准确地披露出一个国家或地区的“家底”，为评估其偿债能力、债务风险预测未来经济发展方向提供依据，是国家治理的重要参考依据。目前，我国面临资源环境问题日益突出，将自然资本价值列入资产负债表上已成为国内外学术界的共识，越来越多的国家和地区尝试将自然资源资产列入国家资产负债表，以衡量其自然环境与经济社会协调发展的程度。与国家资产负债表相比，自然资源资产负债表作为一个全新的概念，其编制具有很大的难度。目前，国家资产负债表和自然资源核算的研究相对成熟，并在一些国家和地区实践应用，为自然资源资产负债表的研究提供了理论基础。

国家治理体系除了对环境审计、自然资源资产负债表的编制的具有借鉴作用，同时对于领导干部自然资源资产离任审计也具有深远的意义。领导干部自然资源资产离任审计不仅能够加大政府对资源环境的保护力度，而且能监督和制约权力的运行，在环境审计发展的过程中可以借鉴国家审计发展的经验，成为国家治理的重要手段。领导干部自然资源资产离任审计的重要作用主要体现在：自然资源资产具有特殊性，在进行审计时应当对开发或建设中投入的资金，以及产生的经济收益进行审计。自然资源是一种特殊的资产，是国家依法授权地方政府管理的，在领导干部离任时，对自然资源资产进行支出－收益分析是十分必要的，将投入的资金与产生的经济效应进行审计，对比分析领导干部在任期间的作为是否达到法律法规的标准，以此作为评价领导干部在任期间的政绩。比如，就森林资源而言，应当明确领导干部在任期间归属的林权，并针对所属区域审计森林资源的情况加以开发和利用，包括建设木质采伐、林内动植物的利用、森林旅游等方面的项目，考核这些对森林资源使用的行为是否向林业部门报备登记，并对森林资源利用所产生的经济效益与合理性进行审计，以及在开发利用过程中是否最大限度降低资源成本。除了考虑审计的经济效益外，对自然资源管理和保护的状况也要进行监督，自然资源作为一种特殊的资产，具有短时间不可再生性，对自然资源的管理和保护状况进行审计是对建设生态文明，可持续发展的必然要求。对自然资源资产管理状况评价、相关自然资源资产工作目标完成情况，以及领导干部的自然资源资产管理责任进行审计，避免无序的开发，促进领导干部依法行使自然资源资产管理权。比如，对于矿产资源应当审计是否有对矿产资源在未来几年内合理利用的规划，针对不同的矿产种类设定不同的开发方案，保护稀缺资源，限制开采数量，此外，还应当现场调研矿山环境，投入的资金是否能够足以处理和修复在开发的过程中产生的污染物，做到“谁开发谁保护，谁闭坑谁复垦，谁破坏谁治理”的原则，提高矿产资源的回收率。领导干部离任审计与环境审计相比还要关注自然资源资产的剩余价值。领导干部离任时，各类资源还有多少可用于开发利用，在领导干部任期内消耗或修复后，余下自然资源资产还具有多少已知或潜在的价值，即资产予以量化后的具体数值，这些以数字形式呈现的审计内容可以运用于自然资源资产负债表的编制，自然资源资产的剩余价值极大的帮助下一任领导干部了解地区的具体情况，促进自然资源的良性利用的循环。比如，对海洋资源和水资源而言，审计内容应当包括领导干部离任时，该地区海洋资源的海域面积、水资源的流量、可供人类使用的淡水的总量、鱼类资源的数量、港口船舶建设等价值；而土地资源的审计包括领导干部离任时，暂时闲置的土地资源的面积、已投入使用的土地面积、已有耕地面积、退耕面积、受到污染难以继续耕作的土地面积等内容。

综上所述，国家治理体系对领导干部自然资源资产离任审计，主要具有以下几点借鉴意义：首先，国家治理体系中强调审计机关应当加大绩效审计的力度，探索先进的绩效审计方法和可操作的绩效审计评价体系。对于刚刚起步的领导干部自然资源资产离任审计，可以实行“先审计，再离任”的审计模式。将审计结果与离任考核紧密地结合在一起，自然资源具有特殊性，在进行审计时应当加强对开发或建设中投入的资金，以及产生的经济收益进行审计，有利于提高审计成果的利用程度。其次，审计报告是对领导干部进行离任考核的依据，审计人员应确保审计报告的准确性，为实施领导干部自然资源资产离任审计打下基础。除了将审计成果向上级汇报或交给同级部门外，还应将审计报告公示，充分发挥广大民众的监督作用。最后，由于我国领导干部自然资源资产离任审计开展的时间短，在制定或健全环境审计政策、法律、规章制度以法规的形式规定环境审计的内容、范围、方法和程序报告准则等方面都需要借鉴国家审计，从而更好地形成离任审计的方法，同时国家治理对于自然资源资产负债表的编制具有借鉴意义，自然资源资产负债表又为领导干部自然资源资产离任审计提供了数据基础。国家治理体系对于环境审计和领导干部自然资源离任审计无论是在审计方法上还是体系制度建设中都具有深远的指导意义。

对领导干部实行自然资源资产离任审计，有利于加强对领导干部的行为约束，促进生态的平衡。我国对该项审计的研究理论比较匮乏，以上理论对领导干部实行自然资源资产离任审计具有深远的指导意义：“两山理论”中“绿水青山就是金山银山”指出将自然资源转换为自然资源资产的重要性。将自然资源资产负债表中的自然资源转化为具有价值的自然资源资产，以价值的形式反映自然资源资产，指明进行领导干部自然资源资产离任审计首先要明确资源的价值和产权界定的问题。“生态经济价值理论”更是弥补了传统经济价值理论中没有考虑自然资源价值的问题，生态资源被赋予价值之后为自然资源资产离任审计提供了审计时能够依据的价值判断，也为落实“两山理论”中提出的要明确资源的价值，为编制自然资源资产负债表提供了科学依据。面对自然资源核算体系尚未建立，自然资源资产的过度开发和破坏的现状，“科斯产权定理”引导了领导干部自然资源资产离任审计的开展首先要解决自然资源产权问题，权属清晰才能职责明确，在离任审计时才能做到“谁破坏，谁补偿；谁污染，谁负责。”“国民经济核算系统”随着经济发展不断完善，对领导干部自然资源资产离任审计提供了核算方法的借鉴。在进行离任审计时绿色经济核算中的自然资源资产负债表充分考虑了自然资源的经济价值，将自然资源资产负债表纳入离任审计为领导干部自然资源资产离任审计开创了审计条件。国家治理对我国领导干部自然资源资产离任审计的开展，在制定或健全环境审计政策、法律、规章制度以法规的形式规定环境审计的内容、范围、方法和程序报告准则等方面具有借鉴意义，从而更好地形成离任审计的独特的审计方法。对于刚刚起步的领导干部自然资源资产离任审计，可以实行“先审计，再离任”的审计模式，将审计结果与离任考核紧密地结合在一起。

开展领导干部自然资源资产离任审计是推进生态文明建设的重大战略决策和重大改革部署，扎实推进此项审计改革任务落地见效，为生态文明建设“保驾护航”。

第四章 领导干部自然资源资产离任审计的目标与方法

第一节 领导干部自然资源资产离任审计的终极目标

“让老百姓呼吸上新鲜的空气、喝上干净的水、吃上放心的食物、生活在宜居的环境中、切实感受到经济发展带来的实实在在的环境效益，让中华大地天更蓝、山更绿、水更清、环境更优美，走向生态文明新时代。”习近平总书记的描述正是反映了开展领导干部自然资源资产离任审计的终极目标——坚持人与自然和谐共生，实现可持续发展。

可持续发展概念的明确提出，最早可以追溯到1980年由世界自然保护联盟（IUCN）、联合国环境规划署（UNEP）、野生动物基金会（WWF）共同发表的《世界自然保护大纲》。1987年，以布伦特兰夫人为首的世界环境与发展委员会（WCED）发表了报告《我们共同的未来》。这份报告正式使用了可持续发展概念，并对之做出了比较系统的阐述，产生了广泛的影响。有关可持续发展的定义有100多种，但被广泛接受影响最大的仍是世界环境与发展委员会在《我们共同的未来》中的定义。在该报告中，可持续发展被定义为：能满足当代人的需要，又不对后代人满足其需要的能力构成危害的发展。它包括两个重要概念：需要的概念，尤其是世界各国人们的基本需要，应将此放在特别优先的地位来考虑；限制的概念，技术状况和社会组织对环境满足眼前和将来需要的能力施加的限制。涵盖范围包括国际、区域、地方及特定界别的层面，是科学发展观的基本要求之一。随后，中国政府编制了《中国21世纪人口、环境与发展白皮书》，首次把可持续发展战略纳入我国经济和社会发展的长远规划。1997年的中共十五大把可持续发展战略确定为我国“现代化建设中必须实施”的战略。可持续发展主要包括社会可持续发展，生态可持续发展，经济可持续发展。

在中国，可持续发展战略已成为当今一个应用范围非常广的概念，不仅经济、社会、环境等方面运用，而且教育、生活、艺术等方面也经常运用。为适应这种变化，其含义也需作重新表述。联合国世界环境与发展委员会的定义基本确切，但将其定位于处理“当代人”与“后代人”之间的利益关系，却有些偏狭，因在“当代人”“后代人”之内也存在着可否持续发展的问题，并非仅在“当代人”和“后代人”之间存在该问题，而这一定义显然不能涵盖“当代人”“后代人”之内的利益处理问题。在人们的潜意识里，只要是持续而不停顿的发展皆可称为持续发展，可持续发展的概念实际上解决的是当前利益与未来利益、眼前利益与长远利益的关系问题。因此，可持续发展这一概念可重新表述为：既顾及当前利益、近期利益，又顾及未来利益与长远利益，当前、近期的发展不仅不损害未来、长远的发展，而且为其提供有利条件的发展。这一定义具有普遍适用性，可解释所有领域的可持续发展，可使人明白只要实施了竭泽而渔、杀鸡取卵之类只顾当前利益、眼前利益而不顾及未来利益与长远利益的短期行为，皆可看作与可持续发展对立的“非可持续发展”，不见得非得对后代人造成损害的才是“非可持续发展”，而仅仅损害当代人未来利益与长远利益的便不是“非可持续发展”，消除联合国世界环境与发展委员会的定义易给人造成的这种误解。我国人口众多，人均资源相对不足，就业压力大，生态环境问题突出，因此，对可持续发展问题非常重视。据联合国统计，中国已完成或基本完成大部分联合国千年发展目标，在减少贫困和婴儿死亡率，提高医疗卫生、教育、妇幼保健、就业水平等方面表现突出。发展才是硬道理。这句话放到全球大舞台上也非常贴切。可持续发展是世界的唯一选择。可持续发展是以保护自然资源环境为基础，以激励经济发展为条件，以改善和提高人类生活质量为目标的发展理论和战略。它是一种新的发展观、道德观和文明观。其内涵为：突出发展的主题，发展与经济增长有根本区别，发展是集社会、科技、文化、环境等多项因素于一体的完整现象，是人类共同的和普遍的权利，发达国家和发展中国家都享有平等的不容剥夺的发展权利；发展的可持续性，人类的经济和社会的发展不能超越资源和环境的承载能力；人与人关系的公平性，当代人在发展与消费时应努力做到使后代人有同样的发展机会，同一代人中一部分人的发展不应当损害另一部分人的利益；人与自然的协调共生，人类必须建立新的道德观念和价值标准，学会尊重自然、师法自然、保护自然，与之和谐相处。科学发展观把社会的全面协调发展和可持续发展结合起来，以经济社会全面协调可持续发展为基本要求，指出要促进人与自然的和谐，实现经济发展和人口、资源、环境相协调，坚持走生产发展、生活富裕、生态良好的文明发展道路，保证一代接一代地永续发展。从忽略环境保护受到自然界惩罚，到最终选择可持续发展，是人类文明进化的一次历史性重大转折。可持续发展理念已成为国际社会的共识，核心是实现经济、社会和环境三大支柱的协调互动。纵观国家生态文明建设的相关政策文件，无论是“五位一体”的战略布局，还是“创新、协调、绿色、开放、共享”五大发展理念，都突出强调了生态文明建设与经济建设、政治建设、文化建设、社会建设相互融合的整体性目标，即地方各级领导干部承担的是一个多目标的责任体系，如中共中央、国务院在《关于加快推进生态文明建设的意见》中提出了“建立体现生态文明要求的目标体系、考核办法、奖惩机制，把资源消耗、环境损害、生态效益等指标纳入经济社会发展综合评价体系”的要求。现实中生态环境目标与经济、社会发展目标在每个区域层面的不同发展阶段并非都是完全协调、互为促进的，有时候甚至会相互冲突和矛盾。在审计中将这个责任体系中的生态环境目标割裂出来，单就此目标进行考核评价，不考虑与其他目标之间可能存在的激励冲突，其评价结论就会有失偏颇，不仅不利于地方政府树立科学的全面发展观和政绩观，反而加剧地方政府在经济和环境考核“两难”境况下的机会主义行为。况且对于我国现阶段来说，发展仍将是第一要务，从如何确保区域在自然生态系统可持续性前提下实现经济利益最大化和资源配置最优化这一角度来评价领导干部的环境责任或许更具现实意义，即在设计评价指标时应跳出就“环境”论“环境”的圈子，从环境与经济、社会之间的协调程度的视角加以考虑。

习近平总书记在2016年就曾指出：“生态文明建设是‘五位一体’总体布局和‘四个全面’战略布局的重要内容。各地区各部门要切实贯彻新发展理念，树立‘绿水青山就是金山银山’的强烈意识。”在中共十八届中央政治局第四十一次集体学习时，习近平总书记再次强调“生态环境保护能否落到实处，关键在领导干部。要落实领导干部生态文明建设责任制……认真贯彻依法依规、客观公正、科学认定、权责一致、终身追究的原则，明确各级领导干部责任追究情况”。习近平生态文明建设系列论述对审计实践具有重要的指导意义。生态环境保护不仅关系到国家治理目标的实现，更关系到人民群众的根本利益。刘家义（2012）在《论国家治理与国家审计》一文中指出“国家治理的需求决定了国家审计的产生，国家治理的目标决定了国家审计的方向”。领导干部生态环境保护责任离任审计是在生态文明建设的大背景下产生的，应当服务于生态文明建设的目标。《关于完善审计制度若干重大问题的框架意见》（中办发〔2015〕58号）明确提出要“坚持党政同责、同责同审，对公共资金、国有资产、国有资源和领导干部履行经济责任情况实行审计全覆盖”。因此，党政同责、同责同审是领导干部生态环境保护责任离任审计应坚持的原则。很多学者和审计人员都对领导干部自然资源资产离任审计的目标进行了深入探讨，涉及生态环境保护责任的审计目标主要有两个方面：一方面是从国家战略角度看，要服务于国家治理目标。如谭真、许亮（2017）提出国家审计要立足于服务国家治理的目标，郭旭（2016）进一步指出开展领导干部自然资源资产离任审计对于落实国家“五位一体”总体布局和“四个全面”战略布局有重要意义，陈献东（2014）提出领导干部自然资源资产离任审计要定位于推动生态文明建设。另一方面是从问责机制角度看，要推动领导干部履行环境保护责任，树立正确的政绩观。如陈尘肇（2015）提出审计目标是要促进领导干部树立正确的政绩观和发展观，履行环境保护责任。林忠华（2014）、安徽省审计厅课题组

(2014) 和钱水祥 (2016) 都提出要通过审计促进建立生态环境损害责任终身追究制，推动实现科学发展、可持续发展，引导领导干部树立正确政绩观。安徽省审计厅课题组和钱水祥进一步提出要通过责任追究维护国家环境安全。

我国《国民经济与社会发展“九五”计划和2010年远景目标纲要》提出可持续发展战略，其核心思想就是经济健康发展建立在生态持续能力、社会公正和人民积极参与自身发展决策的基础上。这就要求审计机构和审计人员认真贯彻这一基本战略。审计机构要通过对企业在自然资源和环境资源开发中的经济性和效益性、环境风险控制的经济性和效益性、环境责任履行和环境治理成效的监督评价等，发挥促进生态环境平衡与经济发展相协调的作用，为可持续发展创造条件。可持续发展既要发展经济、促使社会进步，又不能过度从自然中索取资源、破坏人类生存的基础环境，确保后代可以永续生存和繁衍。可持续发展要协调统一经济、生态、社会三个方面的可持续，要有效率经济、和谐生态和公平社会，并最终促成人的全面发展。可持续发展因环境保护问题而起，但又超出了一般意义的环境保护，是一个关于社会经济发展、人类命运前途的战略性思想理论。可持续发展并非要因为保护环境而消灭必要的经济增长，它是鼓励经济的有效增长，只有经济不断发展才能为国家和社会创造出财富，才能为人类的进步提供所需的物质资料。只是可持续发展在需要经济增长数量的同时，更加关注的是经济发展的质量。可持续发展要求通过采用环境友好的生产方式和妥当的消费来改变传统的以“高投入、高消耗、高污染”为特征的生产模式和消费习惯，从而强化效益、降低资源耗用和减少废物。可持续发展要求经济、社会与自然相协调统一。经济建设和社会发展的同时必须有效地保护和改善生态环境，要确保自然资源和环境能够永续为人类提供物质基础，在地球承载能力之内保障人类应有的发展。因此，可持续发展表明有限制的发展才能可持续，没有限制的发展是不可持续的。以生态可持续为前提条件，在经济可持续发展的基础上，达到社会可持续的目的－创造出一个平等、自由、和谐、平安的社会环境，促进以人为本的自然—经济—社会这个复合系统的有序健康发展。可持续发展理论是自然资源资产离任审计最基础的宏观理论依据，是后续建立、完善和实施相关审计制度的理论根基。可持续发展理论重点关注生态系统向外界供给自然资源的能力、自我修复和净化能力及自然资源的耗用程度，即人类的生产生活对生态系统所造成的影响不应超出其承载能力范围。同时，注重自然资源资产在开发利用过程中的合理性、科学性、效益性等原则，这是自然资源资产离任审计的落脚点。

综上所述，领导干部自然资源资产离任审计应立足于国家治理，紧扣国家治理目标。在生态环境治理体系中，领导干部是重要管理者和组织者。因此，需要将领导干部生态环境保护责任履责情况纳入离任审计范畴，促使领导干部树立绿色政绩观。所以领导干部自然资源资产离任审计的终极目标是：根据统筹推进“五位一体”总体布局和协调推进“四个全面”战略布局的部署要求，围绕提高发展质量和效益这个中心，以推动人与自然和谐发展为根本目标，以保障国家生态安全和实现美丽中国为现实目标，贯彻党政同责、同责同审的要求，促使领导干部履行生态环境保护责任。

第二节　领导干部自然资源资产离任审计的总体目标

2018 年 6 月 6 日，国家标准化管理委员会发布《生态文明建设标准体系发展行动指南（2018—2020 年）》，指导思想为全面贯彻党的十九大精神，以习近平新时代中国特色社会主义思想为指导，统筹推进“五位一体”总体布局和“四个全面”战略布局，践行绿水青山就是金山银山，贯彻新发展理念，坚持节约优先、保护优先、自然恢复为主的方针，围绕坚决打好污染防治攻坚战，建立健全生态文明建设标准体系，加快制修订生态环境、空间布局、生态经济、生态文化等生态文明建设急需的关键技术标准，着力推动生态文明建设标准应用实施，推动建设人与自然和谐共生的现代化，不断满足人民日益增长的优美生态环境需要。基本原则之一为坚持生态需求、突出重点。紧密围绕生态文明建设瓶颈问题和需要，结合各行业、各地方自身特点，着力提高生态文明建设相关标准的适用性和有效性，突出资源节约与循环利用、环境保护、生态恢复等与生态文明建设直接相关的标准化项目，防止泛化，按照轻重缓急有序推进。将陆地空间布局列为生态文明建设标准研制重点，要求制修订土地资源调查、耕地保护、土地整治、永久基本农田红线划定、土地资源节约集约利用等关键技术标准。开展自然资源统一确权登记、资源环境承载能力评价与监测、国土空间规划编制、空间用途管制等方面标准研制。制修订国家公园、自然保护区等标准。研制绿色勘查、绿色矿山建设、矿山土地复垦与恢复治理等方面的标准；要求在环境质量方面，研制环境管理体系、环境绩效评价、生命周期评价、环境基准及风险评价、环境成本核算等方面的标准；将生态保护修复列为生态文明建设标准研制重点，要求加强生态系统服务与评价、生态承载力与生态足迹、生态保护修复管理与技术、自然资源利用与生物多样性保护等标准的制定。制修订水资源监测、评价以及水源地保护等标准，研制水资源开发利用控制、用水效率控制、水功能区限制纳污“三条红线”配套标准。研制“河长制”管理标准。

2019 年 4 月 14 日，中共中央办公厅、国务院办公厅发布《关于统筹推进自然资源资产产权制度改革的指导意见》，意见要求在土地方面，落实承包土地所有权、承包权、经营权“三权分置”，开展经营权入股、抵押，探索宅基地所有权、资格权、使用权“三权分置”，加快推进建设用地地上、地表和地下分别设立使用权，促进空间合理开发利用；在矿产方面，探索研究油气探采合一权利制度，加强探矿权、采矿权授予与相关规划的衔接，依据不同勘查阶段地质工作规律，合理延长探矿权有效期及延续保留期限，根据矿产资源储量规模，分类设定采矿权有效期及延续期限，依法明确采矿权抵押权能，完善探矿权、采矿权与土地使用权衔接机制；在海洋方面，探索海域使用权立体分层设权，加快完善海域使用权出让、转让、抵押、出租作价出资（入股）等权能，构建无居民海岛产权体系，试点探索无居民海岛使用权转让、出租等权能。完善水域滩涂养殖权利体系，依法明确权能，允许流转和抵押。理顺水域滩涂养殖的权利与海域使用权、土地承包经营权，取水权与地下水、地热水、矿泉水采矿权的关系。紧随其后，就是强调明确自然资源资产产权主体，以解决自然资源资产产权主体规定不明确、自然资源资产所有者主体不到位、所有者权益不落实、因产权主体不清造成“公地悲剧”、收益分配机制不合理等问题。为此，意见提出研究建立国务院自然资源主管部门行使全民所有自然资源资产所有权的资源清单和管理体制。探索建立委托省级和市（地）级政府代理行使自然资源资产所有权的资源清单和监督管理制度。完善全民所有自然资源资产收益管理制度，合理调整中央和地方收益分配比例和支出结构。推进农村集体所有的自然资源资产所有权确权，依法落实农村集体经济组织特别法人地位，明确农村集体所有自然资源资产由农村集体经济组织代表集体行使所有权，农村集体经济组织成员享有合法权益。

党的十八届三中全会通过的《中共中央关于全面深化改革若干重大问题的决定》，对领导干部自然资源资产离任审计做出明确部署。2015 年中共中央、国务院印发的《生态文明体制改革总体方案》，提出构建起由自然资源资产产权制度等八项制度构成的生态文明制度体系，将领导干部自然资源资产离任审计纳入完善生态文明绩效评价考核和责任追究制度中。《领导干部自然资源资产离任审计规定（试行）》中规定领导干部自然资源资产离任审计内容主要包括：贯彻执行中央生态文明建设方针政策和决策部署情况，遵守自然资源资产管理和生态环境保护法律法规情况，自然资源资产管理和生态环境保护重大决策情况，完成自然资源资产管理和生态环境保护目标情况，履行自然资源资产管理和生态环境保护监督责任情况，组织自然资源资产和生态环境保护相关资金征管用和项目建设运行情况，履行其他相关责任情况。

《领导干部自然资源资产离任审计规定（试行）》第七条：“审计机关开展领导干部自然资源资产离任审计应该坚持依法审计、问题导向、客观求实、鼓励创新、推动改革的原则。”审计署负责人就《领导干部自然资源资产离任审计规定（试行）》答记者问时指出“审计试点坚持‘问题导向’，重点探索揭示自然资源资产管理和生态环境保护中存在的突出问题”“各级审计机关在领导干部自然资源资产离任审计实践中，要树立大数据审计理念，推进‘总体分析、发现疑点、分散核实、系统研究’的数字化审计方式”。《领导干部自然资源资产离任审计规定（试行）》第十七条规定：“审计机关应当根据查证的事实……研究建立健全评价指标体系，将定性评价定量评价相结合，对领导干部履行自然资源资产管理和生态环境保护责任情况做出客观公正、实事求是的评价。”《领导干部自然资源资产离任审计规定(试行)》第二十七条规定：“被审计领导干部所在地区、部门（单位）违反国家规定的财政收支、财务收支行为，依法应当给予处理的，由审计机关在法定职权范围内做出审计决定。”《领导干部自然资源资产离任审计规定(试行)》第二十八条规定：“对审计发现的人为因素造成的严重损毁自然资源交税和破坏生态环境的责任事故等问题线索，需要由有关部门调查处理或追究相关人员责任的，审计机关应该依纪依法移送有效部门处理……”。据此，我们将审计总体目标划分为以下几个方面：

一、生态环境政策的合规性、合理性

环境政策如果按照其要求、供给以及规范的特点，它可以被分成三大类，分别是需求型环境政策、供给型环境政策以及规范型环境政策。需求型环境政策主要是针对环境保护对污染源各种类型的制定，例如制定污染排放标准和环境质量标准。供给型环境政策主要是指通过政府的投资补助或者优惠政策，倡导保护环境，例如国家各类环境投资及补助政策、税收、科技政策、贷款优惠政策都属于供给型环境政策。规范型环境政策，主要是国家对环境保护领域的强制管理。需求型环境政策比较常见，也是环境政策发展的第一个阶段，主要是国家通过强制的法律法规来对企业或组织的活动进行规范，使企业能够严格按照要求和标准进行生产经营活动。目前，国家通过环境政策来调整产业结构，优化环境，加强可持续发展。在20世纪初期，国家环保总局已经成为国务院中负责环境管理的专门部门。通常，环境政策与经济相挂钩，通常都是运用“付费原则”来推动环境政策的执行，通过经济利益约束企业或个人的行为。相比发达国家，我国民众对于环境政策的发展和执行认知度低，民众不能全面的了解环境政策，也缺乏了解途径，许多信息报表没有对外公布。同时，民众缺乏主动参与环保活动的意识，这也是导致许多环境政策难以长期推行的原因之一。

近十年来，国家审计署几乎每年都会在国家审计署官方网站上对外公布有关环境政策的审计公告。审计工作有重点和非重点之分，对于一些重点项目能够做到每年审计并发布审计公告，例如有关民生的水污染防治以及中央企业节能减排情况审计，都在近十年内多次重点审计调研。审计对象涉及内容较多，包括退牧还草项目、天然林资源、水污染、节能减排、能源节约利用等内容。国家审计署审计所涉及区域基本能覆盖全国，只有少部分地区没有覆盖，并且对于重点区域开展重点审计，根据不同环境资源情况进行有重点的审计调查。审计类型基本可以分为三类，分别是需求型环境政策审计、供给型环境政策审计以及规范型环境政策审计，其中对环境资源有关专项资金审计以及重大环境项目审计较多且内容详细。

二、政策执行情况是否合法、合理性的审计

对自然资源资产的相关政策法规执行情况进行审计，首先，需要了解相关自然资源资产目标责任的政策制度，检查离任领导干部在职期间的目标履行情况。其次，审计环境保护和生态恢复制度的执行情况。检查是否存在不合理的资源开发情况，同时检查生态修复工程的成果及进度，是否符合生态工程指标，能否促进生态环境可持续发展。最后，审计重大环保项目的整改情况，检查之前存在的污染问题是否已经及时并彻底地处理，生态环境是否恢复，自然资源资产是否继续遭到损害等情况。

推动环境政策跟踪审计发展，传统的事后审计虽然能对环境政策执行情况进行总结，但是对环境政策执行过程中发生的问题，难以发现。事后审计只能了解到最终的执行结果，但是跟踪审计能够贯穿政策执行的全过程，审计工作具有持续性，能够有效发现环境政策在执行过程中发生的问题，密切监督每项环境政策的执行情况，随时随地进行监察，提早发现问题，提早处理问题，避免事后审计却于事无补的情况。环境政策跟踪审计内容应随着政策调整和产业变化不断调整，在审计过程中，一方面发现项目实施中存在的问题；另一方面，也需要提早预见和防范未来可能出现的问题。通常情况下，环境政策审计都将重点放在资金监管问题上，运用跟踪审计可以实现全程监管，可以将原先单一的关注点转移向政策、管理、实施等多方面的内

容。环境政策通常涉及大项目，资金量也较大，最终政策执行效果涉及人群广，因此环境政策的有效执行具有重大意义。跟踪审计相比传统审计有较大优势，能够起到更好的监督作用，有利于环境政策在执行过程中不断调整，与现实情况紧密联系起来。我国环境政策跟踪审计还在起步阶段，加快环境政策跟踪审计的发展，将有助于环境政策的高效执行。

三、在这个政策下解决环境问题是否达到预期

审计人员所发现环境政策执行中存在的问题过于表面化，主要停留在资金的使用以及政策执行进程上，例如资金缺口问题，资金被挪用问题以及项目是否按时完工等问题。对落到实处的环境治理质量以及环境政策效果关注较少，例如政策实际效果，社会大众满意度情况以及该环境政策所带动的产业经济发展情况等。现阶段，我国环境政策审计所发现的问题不够深入，只停留于政策本身的执行规范性，缺乏对环境治理质量以及效果的考评。应该更多的关注政策执行后之前的环境问题是否得到解决，自然环境是否得到改善；环境治理设施是否达到预期的功能；区域环境质量是否得到改善，是否存在污染转移的现象。

四、评价、考核领导干部在其任职期间对自然资源的利用效率和效果

自然资源资产离任审计可以促使自然资源资产经济责任和环境责任融合，将履行相关责任的情况与领导干部、国企高管的奖惩和任免挂钩，促进资源节约型和可持续发展型社会的加速形成。目前，各级政府党政领导干部被作为自然资源资产离任审计的主要责任对象。在我国现行自然资源产权制度之下，各级政府党政领导干部承担着双重受托责任。一方面，他们承担着自然资源资产的行政管理责任，利用政府的“有形之手”，纠正由于外部性等原因而造成的自然资源配置过程中的“市场失灵”；另一方面，他们又代表全体国民行使国有自然资源资产的所有权职责，行使着大量的资产管理职能，包括资产用途规划分类、资产登记、确权发证、统计核算、出让转让、

收取出让金或使用费等。地方政府党政负责人自然资源资产离任审计在内容安排上需要重点评价其在本辖区内贯彻落实国家自然资源重大政策、战略、规划的情况，重点关注 GDP 等经济增长指标是否以过度消耗自然资源和破坏生态环境为代价，重点考察其任期内自然资源资产是否实现了保值增值、产生了良好的综合效益等。

五、评价财政资金的使用效率和使用情况

评价用于资源环境领域的财政资金是否在渠道内，是否存在挪用、截留、占用、滞留等违规现象；在对自然资源进行开发利用、保护和生态恢复的过程中，资金落实和资金使用情况是否符合财政法规和财政预算以及资金的投入是否取得了应有的生态收益、经济收益、社会收益是利益相关者关注的重点。资金主要来源于国家财政预算和国有资金调配，国家的财政资金需要取之于民、用之于民。自然资源资产审计能给广大民众创建一个完整的评价体系，充分展示财政资金的使用和调配情况，保障民众的知情权，提高政府信息公开的透明度，使广大人民群众更有效地参与政府管理，更有效地监督自然资源资产的使用情况。

第三节　领导干部自然资源资产离任审计的具体目标

领导干部自然资源资产离任审计的总体目标还不具有操作性，在审计实务中，需要将审计总体目标再分解为审计具体目标，合规性、真实性、健全性这三种审计目标分解出来的具体目标不同。例如，财务信息真实性，需要将财务信息分解为交易、余额、列报三类审计标的，不同的审计标的有不同的具体目标。针对交易的审计具体目标包括：发生、完整性、准确性、截止、分类；针对余额的审计具体目标包括：存在、权利和义务、完整性、计价和分摊；针对列报的审计具体目标包括：发生及权利和义务、完整性、分

类和可理解性、准确性和计价。所以我们将领导干部自然资源资产离任审计的具体目标划分到具体项目，具体问题具体分析，其中应包含以下内容：与各项资源资产相关的问题是否存真实存在；针对各项资源资产相关问题所开展的活动是否真实存在；各项资源资产相关活动价值信息的材料是否客观、公允；对各项资源资产实物量的统计是否科学、全面；选取的用以核算各项资源资产价值量（环境重置成本法）的凭据是否客观、公允；最终形成的各项资源资产的价值量是否客观、恰当。另外，还应关注以下几个方面：

一、具体生态环境问题是否得到解决

我国生态文明建设处于初级阶段。新中国成立以来，特别是改革开放以来，我国逐渐制定了计划生育、环境保护等基本国策，实施西部大开发战略、可持续发展战略，促进人与自然和谐发展，提出了要建设资源节约型、环境友好型社会，进行生态文明建设。经过多年不懈的努力，我国人口增长过快的势头得到有效控制，资源保护和开发管理不断加强，节能减排和环境保护扎实推进，生态文明建设取得新成效。在生态环境建设与保护方面，着力解决关系民生的突出环境问题，一系列重大生态建设工程取得突破性进展，农村环境保护工作广泛展开，环境保护能力建设进一步加强，环境保护政策法规体系不断健全，环评、环境监测和执法监察的力度加大，环境保护宣传教育和国际合作工作积极推进，公众环境意识不断提高。在工业生产方面，坚持节能减排不动摇，大力调整经济结构，推进清洁生产，积极推动循环经济发展，支持重点节能工程等项目，加强工业环境保护的执法力度，实行限期达标排放措施，强制淘汰技术落后和污染严重的生产装置。在能源开发和水资源保护与利用方面，制定和实施了一系列节约能源的法规和技术经济政策，建立健全水资源可持续利用与水污染控制的综合管理体制，启动节能产品惠民工程，强化节能减排目标责任，加强节能减排监督检查，深入开展节能减排全民行动。例如，森林资源区域森林资源资产制度的建立和完善程度、实施情况与效果等；森林资源资产数据库和台账的健全、完善程度，确权登记、资产核算、森林资源资产数据的质量、更新及时性和数据的准确性等；区域森林资源的管理状况，相关管理目标的完成情况。水资源要分析区域水资源资产的来源、数量和质量；水资源管理保护目标责任完成情况；区域日常水资源管理政策落实情况；水资源相关资金征收、管理、使用和投入机制实施情况；区域水环境功能区达标情况。包括审查水功能区达标考核和开展排污整治情况，落实限制排污总量情况；根据断面水质监测结果，分析影响水环境质量的主要原因，与区域水环境保护措施的有效性；领导干部任期是否发生重大水环境污染事故，事故责任的界定；耕地资源，区域耕地资源资产的数量、质量、价值的状况及变动情况；领导干部任期是否发生重大耕地资源污染事故，发生事故后是否及时采取措施，减少耕地资源资产损失；耕地生态补偿制度实施情况。矿产资源要分析矿产资源存量和开发利用情况；矿产资源开发、保护过程中是否存在浪费、污染问题；矿产资源有偿利用政策的推行实施情况；开发、转让矿产资源过程中是否存在违规问题。海洋资源，本区域海水状况及变动情况，审查资产质量的升降变化情况；海洋生物多样性指标，审查资产实物存量（数量）的增减变动情况；海洋资源专项资金收缴管理结余情况；城市绿地资源要分析城市绿地资源存量和管理保护情况；开发、利用、保护城市绿地资源管理措施的落实情况，是否存在由于其他目的造成城市绿地资源损失的行为等；城市绿地资源所涉及专项资金的编制、执行情况等。

二、生态环境政策执行情况的评价

确保现行生态环境保护政策、法规、标准的贯彻执行，揭示违反政策、法规、标准的行为。当前，许多国家都制定有关环境保护的政策法规，如我国和德国的《环境保护法》、美国的《国家环境政策法》、日本的《公害对策基本法》等，国际标准组织也于 1996 年颁布了环境保护与管理系统标准 ISO14000，这些法规、标准的贯彻实施，能够促进自然资源的开发利用，调整环境与发展的关系，把目前利益与长远利益、局部利益与和全局利益统一起来。实现可持续发展的最终目标。环境审计正是这些政策、法规、标准得以贯彻实施的有力保障。与此目标相对应的项目审计目标是被审计单位环境活动符合有关环境政策、法规的规定。了解相关自然资源资产目标责任的政策制度，检查离任领导干部在职期间的目标履行情况。

三、效果、效益评价、技术手段的评价

（一）评价审计环境保护和生态恢复制度的执行情况

检查是否存在不合理的资源开发情况，同时检查生态修复工程的成果及进度，是否符合生态工程指标，能否促进生态环境可持续发展。对于审计重大环保项目的整改情况，要检查之前存在的污染问题是否已经及时并彻底地处理，生态环境是否恢复，自然资源资产是否继续遭到损害等情况。

（二）评价环境管理系统的有效性和充分性

环境管理系统是被审计单位为实现既定的环境目标而设计实施的内部控制制度，环境管理系统的充分性、有效性是被审计单位全面履行环境保护和管理责任的基础和保障，对环境管理系统进行评价是环境审计目标中综合性最强的一项工作，其目的是对管理当局是否可以依赖其环境管理系统和程序来达到一个特定目标的可能性，提供合理的保证。譬如评价环境管理系统，以合理保证环境控制系统与环境政策和所要达到的环境目标相符合等。通过环境管理系统的评价，能激励被审计单位在环境的改善上，同时也能确认环境风险之所在。与此目标相对应的项目审计目标是被审计单位环境管理系统确实存在，环境管理系统是充分的和有效的。评价环境管理活动的绩效，促进被审计单位提高环境管理绩效，环境管理是指为了防止污染、维护生态平衡，使社会经济活动与环境生态系统相协调所进行的活动。环境管理要讲究绩效，即环境管理活动要符合经济性原则、效率性原则和效果性原则。通过环境审计定期的评价被审计单位环境管理的绩效，有利于提高被审计单位环境管理活动的绩效，实现环境管理目标与此目标相对应的项目审计目标的环境管理活动是真实存在的环境管理活动，是经济的、有效率的和有效果的。检验和鉴证环境报告。环境报告是对被审计单位履行环境保护和管理责任系

统的、全面地反映，也是投资者决策的重要依据。通过环境审计、检验和鉴证环境报告，可以提高环境报告的可信性，有利于投资者决策。此外，被赋予无保留意见的环境审计报告，有助于被审计单位提高声誉和社会形象。与此目标相对应的项目审计目标是被审计单位的环境报告客观、公允地反映了被审计单位的环境保护和管理责任的履行状况。

第四节　领导干部自然资源资产离任审计方法

传统审计方法赋予新内容。传统审计方法在自然资源资产审计中不可或缺，但这些方法运用存在一定的局限性，必须吸收运用审计理论研究新成果，包括市场价值法、经济净现值法、调查评价法、决策和风险分析法等审计新方法。资料审阅法：审计人员对相关书面材料进行审查，包括与自然资源资产相关的凭证、账册、自然资源资产负债表、项目书、合同、记录等书面资料。通过查阅政府部门的考核、检查、通报、评比结果、公报等来获取审计证据，重点审查自然资源开发、利用和保护过程中资金的筹集、分配、使用、流向和管理情况，检查自然资源项目运营情况、经济活动合法性以及投入产出的合理性和有效性等。实地调查法：审计人员到达自然资源资产所在地进行现场观察、拍照与录像，并对调查样本进行检测来获取审计证据，可以向长期生活在附近的居民发放问卷调查，了解领导干部履职情况，了解资源环境生态状况，通过现场的调查搜集保证审计证据的真实可靠。访谈法：审计人员与被访谈人员进行当面交流，与审计对象单位内部人员的访谈了解经营活动情况与规章制度执行情况；与外部人员访谈包括自然资源所在地周边的群众和相关领域的专家等，了解自然资源资产的开发利用和保护情况，收集翔实的审计证据。在各类自然资源资产的计量分析时采用不同方法，如对水资源短缺、废弃物占地等原因造成的经济损失可采用机会成本法；对林木、草坪等产生的绿色效益可采用资产价值法；对污染企业造成的环境污染可采用人力资本法等，在灵活运用传统审计方法中赋予各类自然资源资产审计的新内容。

一、基于合规性评价的审计方法

以我国现行的环境法规与政策为审计标准是一种合规绩效审计，虽然只是定性标准符合程度的一种审计方法，但在当前领导干部离任审计的实践活动中仍然具有积极意义。审计内容通常包括对领导干部在任期间内的环境资源相关管理活动和重大决策是否遵照了国家有关环境法规政策，执行了国家重大政策的要求，有无损害所管辖行政区域内各种环境资源或者对当地造成生态隐患。在审计方法的选择上主要是采用传统审计中的检查会议记录和文件、检查相关环境资源数据、检查环境资源资产实物、观察、询问等。在具体执行过程中应当首先对环境资源进行分类，合理设计各类别的评价指标、审计流程、规范报告，同时做好动员工作努力促成多部门协同，然后按类别进行审计。

二、基于环境资源状态比较的审计方法

环境资源状态比较法是指将所审计环境资源的状态以与其类似的某一时点具体环境资源相比较，以此评价领导干部在任期间对环境资源的管理情况，在离任审计实践中这两种方法通常都有所涉及，包括横向比较和纵向比较。横向比较需要首先确定审计标准，即找出在同一时期与被审计环境资源在资源类型、特征、规模等方面具有高度类似性或可采用某些方法进行换算的标准环境资源，且该标准环境资源需要本身具备较好的状态价值。通过这种横向比较，能够在性质和数量上评价被审计环境资源的状态价值是否达到最优，或者与最优水平差距几何。纵向比较是指将被审计环境资源的前期与现在期间进行比较，评价领导干部在任期间相关环境资源的维持和利用情况与以前期相比是变好了还是变差了。实际上不论是横向还是纵向比较方法都存在着一些局限，前者的主要困难体现在标准资源环境的选取上，后者的比较结果只是一个相对结果，是建立在前任领导干部的离任审计结果上，因此

在首次审计时不能采用这种方法。

三、基于自然资源资产负债表的审计方法

在自然资源资产负债表的基础上开展领导干部离任审计主要遵从了传统会计审计理论的观点，这也是目前中央明确指出并倡导学术界积极开展研究的一条审计思路。既然遵循着传统审计的观点，那么建立在资产负债表基础上的离任审计几乎是有章可循的。审计方法主要包括了资源与环境的价值计量检验和报表评价。前者侧重于环境资源本身的价值计量，通常可采用分析综合法，预期收益资本化法，边际机会成本法等。后者侧重于环境资源的价值评价，主要是以前者价值计量方法作为评价指标，采用检查记录文件、观察、询问、分析程序等方法，评价被审计环境资源的价值情况，从而评价领导干部的经济责任和环境责任。除首次审计外，采用该种方法开展离任审计还应当采用趋势分析、因果分析等方法，动态对比环境资源的变动情况。

四、基于环境会计理论的审计方法导向的离任审计

其主要侧重于领导干部在任期间的环境资源变动情况，环境会计理论导向的离任审计则是主要侧重于环境资源破坏及修复成本、利用成本和收益等指标的衡量。运用的主要审计方法有恢复费用法、防护费用法、机会成本法等。环境会计主要采用货币单位，以现行法规政策，包括环境评估的定性和定量指标为参考，对环境资源破坏及修复成本、利用成本和收益等内容确定标准价格，并对通过具体审计手段对被审计环境资源进行定价，并参考标准价格评价领导干部在任期间的环境资源管理情况。其中确定标准价格是该种离任审计方法的主要难点，这直接影响着最终审计评价的结果。

（一）统计分析法

有些自然资源资产难以统一用货币标准衡量，充分运用成本效益分析法、信息比较分析法和环境标准分析法等统计分析法可以帮助审计人员对自

然资源得出测算结果，评价自然资源项目的优劣，并对审计项目所在地区的自然资源发展状况做出判断。

1. 基于数学模型的审计方法。近年来，学术界开始探讨将数学建模应用于领导干部离任审计工作，包括模糊层次分析法、熵权法、基于变权理论的综合评价法等。其审计方法核心在于构造评价指标体系、确定指标权重、利用具体数学模型得出评分并进行分析。其中构建评价指标体系通常是同时采用了上文所述审计方法，如确定有关环境资源决策的合规性、环境资源状态价值、破坏成本与利用收益等内容。相比于上述其他审计方法，引入了数学模型，能够提高定量分析的程度，最终得出的审计结果也能够依据所建立的评价指标体系做出更为科学和全面的评价和分析。

2. 基于综合手段的审计方法。在离任审计实践中，审计方法的选择通常不是单一的，而且多种方法多管齐下，不但考察领导干部有关环境资源决策的合规性，而且利用环保相关部门相关环保监控系统提供实时数据，参照国家有关法规政策及环境标准评价环境资源现状与变动情况，同时利用已积累的经验和真实数据，不断完善评价指标体系，并尝试构建环境资源的资产负债表。除了传统审计方法外，近年来信息技术逐渐被引入环境保护评估以及领导干部离任审计工作中，如利用卫星遥感技术、不同资源或污染类型的实时监控系统、地理信息系统等。这大大地降低了对环境资源评估成本和难度，提高了信息准确性和审计效果。当前的时代是信息爆炸式时代，如果只采用传统的审计技术进行审计，那么最终的审计结果一定会有失偏颇。而且领导干部自然资源资产离任审计区别于传统的财务审计、经济责任审计等，它是环境资源审计与经济责任审计的结合，其审计对象很广泛且物种丰富。

3. 信息技术与大数据审计。在审计过程中，还要运用到先进的审计技术。比如，建立一个审计信息平台与数据共享平台。当前我们处于信息爆炸的时代，合理的采用现代技术有利于提高工作效率，有利于减少不必要的重复劳动，有利于提高工作的准确性。当前越来越多的先进审计技术在审计实践中被采用，如 GIS 地理信息系统、RS 遥感、GPS 全球定位技术、排污检测技术、空气质量检测技术等。当然，不能一味地只采用先进技术而放弃传统审计技术。例如，采用 RS 遥感等技术可以看出当前地表的植被覆盖情况，但是有些地区采用绿色塑料制品的覆盖物覆盖在裸露的地表上，其目的就是为了防止遥感等技术的拍摄，故审计人员还是要实地审查。

4. 责任落实法。重点审计主体责任落实情况、方案制度建设情况、专项整治行动落实情况。检查“三大红线”政策落实的情况、项目管理责任落实情况、规划落实情况，审查河流环境保护责任分解到位，是否落实各项安全隐患防患责任，对地方河流重大事项的决策是否失误，各项责任未落实对河流资源环保所造成的影响，对社会造成的影响等，判断领导干部在政策制度方面应负的有关责任。

5. 生态绩效考核法。河流环保绩效评估管理制度建设的健全性、有效性和执行性。主要从工程的社会效益、生态效益等方面对项目的绩效评价制度进行审计。社会效益评价制度健全、有效和执行，具体指河流保护的水体变化、水质变化、河流生物等情况，治理后河堤防洪标准提高；区域内主要河流的水质状况和变化趋势情况，是否达到预期整治目标等评估制度符合性、有效性和执行性；生态效益评价制度健全、有效和执行。具体指项目区两岸种植植被，采用生物护岸护坡及拦河闸坝数量等评估制度有效性和执行性。检查分析项目治理完成后治理效果与设计标准的差异，有无虚假绩效评估问题；检查当地有关生态环保部门履行监控职责，采取预防和整治措施的情况。

因此，传统审计技术与先进审计技术要紧密结合，这样才能够为审计事业的发展做出有利的贡献。领导干部自然资源资产离任审计中仅仅依靠先进审计技术与传统审计技术相结合还是远远不够的。现在我们处于大数据时代，审计数据的存储和共享是一个值得思考的问题。如果数据的存储不当，会造成后续不必要工作量的增加。因此，当前领导干部自然资源资产离任审计的开展需要有强大且稳固的信息系统以及技术环境作为保障。当前“云计算”发展比较迅速，审计部门可以依据“云计算”进行建立审计数据共享平台。2006 年，谷歌 CEO 埃里克 · 施密特在搜索引擎大会上首次提出了“云计算”的概念。“云计算”是一种新兴的运算方式，它具有海量的数据储存功能，同时也能够进行数据共享功能。“云计算”这些功能恰好满足了领导干部自然资源资产离任审计数据庞大、数据共享的需求。不过考虑到领导干部自然资源资产离任审计的对象是我国党政领导干部，该数据共享平台应当具有一定的安全性，以防止数据的泄露，故而审计部门应当建立属于自己的“云计算”数据共享平台。虽然最初构建良好的“云计算”数据共享平台要耗费大量的成本，但是一旦建成后就可以分摊到以后年份中，其成本仍是比较经济划算的。从某种意义上来说“云计算”数据共享平台的建立可以减少领导干部自然资源资产离任审计的成本压力。当然“云计算”数据共享平台也可以用到环境审计等相关的项目中去。值得注意的是数据共享平台收集的资源数据需要保密，因此，国家及地方政府应该加快相关法律法规及规章制度的建立，以确保该平台的安全性。只有创建安全健康的信息环境，领导干部自然资源资产离任审计的推进才能更有效地进行。

这里需要强调的是先进的数据技术并不能够独立支撑起领导干部自然资源资产离任审计的测试和检验。对于领导干部自然资源资产离任审计的审计方法还有以下几种，如依据环境法规和政策落实的审计方法、基于自然资源资产负债表的审计方法、基于环境会计理论审计方法、环境资源状态比较方法、调查统计法、监察测量法、模糊综合评价法、分析综合法。这些方法都也可以运用到领导干部自然资源资产离任审计的测试和评价过程中去，这些方法之间相互联系、相互支撑，相辅相成。

从解决问题的角度出发，生态文明建设的现实，迫切需要我们设计一种新的生态环境价值计量方法，这种方法要尽量克服以上各种方法的缺点，并且在实际中具有科学性、合理性和可操作性。一是这种方法首先要充分考虑生态系统的生态功能，以生态功能为基础；二是在生态环境价值计量的要素确认和计量过程要具有可靠性和可操作性；三是生态环境价值计量应该包含所有生态环境治理保护中发生的全部实际成本和机会成本；四是生态环境价值计量的结果应该具有可靠性和可解释性；五是采用环境重置成本法。

（二）环境重置成本法

环境重置成本法是指当生态环境遭到破坏后，通过计算恢复生态环境到其原本状况所要支付的费用，即恢复到原自然环境状态与生态系统服务功能所要发生的成本，借以估算资源环境变化所影响的经济价值或者治理环境问题需要付出的成本。其中，环境重置成本是指在现行市场公允价值条件下，重新构建该自然资源和环境资产生态服务功能所要花费的所有货币价值总额。该方法的创新思路是将重置成本法在资产评估和环境治理评价的应用中进行同构，将生态环境视为一种资产，当人类的社会生产、经营等活动对生态环境造成破坏时，该环境资产的价值就会被降低和破坏，这部分被破坏的价值，可以通过重新构建的一项环境资产进行重置。

第五节　领导干部自然资源资产离任审计的方法选择

一、建立资源环境大数据平台

要做好领导干部自然资源资产离任审计工作，全面而准确的资源环境大数据平台是审计工作人员有效开展自然资源资产审计工作的基础。随着信息化程度的提高，近年来大数据发展迅速，改变了以往传统审计方法效率低、易遗漏的缺点。但是，自然资源资产核算难度很大，应由审计部门牵头，联合统计、生态环境等相关职能部门，建立资源环境数据共享平台，编制好自然资源资产负债表，并定期进行数据更新，以便于审计工作人员进行存量及变量分析。此外，审计工作人员可根据大数据确定不同地区的自然资源禀赋，聚焦自然资源资产审计重点，根据各地区的自然禀赋特点分别展开有针对性的审计工作，切勿搞“一刀切”。

二、构建客观的审计评价标准

当前自然资源资产离任审计工作的难点在于如何有效进行评价，根本原因在于缺乏客观的评价准则。目前普遍的做法是，各级审计单位一般只要求对履职情况做定性的综合评价，缺乏与责任认定挂钩的定量评价，且由于自然资源环境污染通常存在跨区域性以及滞后性等特点，导致问责界定难度大。此外，在构建客观的审计评价标准时，还应兼顾到公平、公正的原则，对环境污染严重的地区，以现状值为基础的评价标准不能反映领导干部改变恶劣环境做出的努力；同样的，对环境优良的地区而言，以增量值为基础的评价标准不能反映领导干部为保护自然资源付出的努力。因此，应根据不同地区的实际情况，构建以权重为基础的综合评价指标。总之，审计评价指标体系，不仅要考虑在履职过程中的资金使用合法合规性，更重点的是要考虑将执行中央政策、遵守环境保护法律法规、履行管理和生态保护等履职行为的绩效作为重要考察指标。

三、灵活选用有效的审计方法

《领导干部自然资源资产离任审计规定（试行）》明确，开展领导干部自然资源资产离任审计，主要审计领导干部自然资源资产决策、政策执行、管理以及监督情况。其中，在审计领导干部自然资源资产决策情况方面应采用访谈法以及查阅档案法，通过访谈及查阅档案，着重了解决策程序是否合规、决策内容是否合法；在审计领导干部政策执行情况方面可采用分析对比法，对比上级的政策规定与本级的自然资源资产规划是否一致，并确定领导干部任期内自然资源资产变化情况；在审计领导干部自然资源资产管理情况方面可采用检查法，通过检查相关资料与财务数据，确认是否存在自然资源资产管理不到位及管理资金占用、挪用等问题；在审计领导干部自然资源资产监督责任情况方面可采用实地查看法，通过查看自然资源主管部门的绩效考核目标责任书以及相关信息系统、管理机构建设情况，分析是否存在绩效考核流于形式、相关信息系统及管理机构未建立或建设滞后等问题。

四、利用环境重置成本法

目前学术界普遍认为自然资源资产负债表的编制应当包括实物量和价值量两个方面，并存在“先实物，再价值”“先流量，再存量”“先分类、再综合”的编制方法。关于自然资源价值量的计算方法，学者提出了市场价值法、假想市场法、恢复费用法、机会成本法、最小数据法、生态足迹法等，但是，由于自然资源的生态功能难以量化、市场交易程度较低、涉及因素较多且复杂等原因，这些价值计量方法缺乏科学性和可操作性。基于上述原因，我们决定采用环境重置成本法对自然资源资产的价值进行计量。由于现行经济环境下对生态环境资产并无购置、销售、现金流入、流出等相关交易事项，所以采用历史成本、现值、可变现净值与公允价值对其进行计量是没有依据且不合理的。而采用环境重置成本法作为生态环境治理成本或价值计量方法的依据在于：当成本计量范围内的生态环境遇到破坏后，环境价值降低，那么治理所要发生的费用不能低于将生态环境恢复到原生态系统服务功能的成本。即应用环境重置成本法对环境治理成本计量结果是对被破坏的环境价值进行恢复所支付的必需成本费用，是最低的投入成本。因此采用环境重置成本法对环境治理成本进行计量具有科学性和可操作性。

总之，领导干部自然资源资产离任审计需要传统的审计方法与现代先进的审计方法相结合，同时也需要根据审计对象来不断调整审计方法。

第五章

领导干部土地资源资产离任审计

第一节　我国土地资源利用与土地污染治理

一、土地资源的概念

（一）土地

土地是包含地球特定地域表面及其以上和以下的大气、土壤与基础地质、水文与植物以及动物，还包含这一地域范围内过去和现在人类活动的种种结果，就人类目前和未来利用土地所施加的重要影响。中国地理学家普遍赞成土地是一个综合的自然地理概念。认为土地“是地表某一地段包括地质、地貌、气候、水文、土壤、植被等多种自然要素在内的自然综合体”。

狭义的土地，仅指陆地部分。较有代表性的是土地规划和自然地理学家的观点。土地规划学者认为：“土地是指地球陆地表层，它是自然历史的产物，是由土壤、植被、地表水以及表层的岩石和地下水等诸多要素组成的自然综合体……”；自然地理学者认为：“土地是地理环境（主要是陆地环境）

中互相联系的各自然地理成分所组成，包括人类活动影响在内的自然地域综合体。”

广义的土地，不仅包括陆地部分，而且还包括光、热、空气、海洋……。较有代表性的是经济学家的观点。英国经济学家马歇尔指出：“土地是指大自然为了帮助人类，在陆地、海上、空气、光和热各方面所赠与的物质和力量。”美国经济学者伊利认为：“……土地这个词……它的意义不仅指土地的表面，因为它还包括地面上下的东西。”

由于土地概念涉及并影响世界各国，所以联合国也先后对土地作过定义。1972 年，联合国粮农组织在荷兰瓦格宁根召开的农村进行土地评价专家会议对土地下了这样的定义：“土地包含地球特定地域表面及以上和以下的大气、土壤及基础地质、水文和植被。它还包含这一地域范围内过去和目前人类活动的种种结果，以及动物就它们对目前和未来人类利用土地所施加的重要影响”；1975 年，联合国发表的《土地评价纲要》对土地的定义是：“一片土地的地理学定义是指地球表面的一个特定地区，其特性包含着此地面以上和以下垂直的生物圈中一切比较稳定或周期循环的要素，如大气、土壤、水文、动植物密度，人类过去和现在活动及相互作用的结果，对人类和将来的土地利用都会产生深远影响。”

（二）土地资源

土地资源是指已经被人类所利用和可预见的未来能被人类利用的土地。土地资源既包括自然范畴，即土地的自然属性，也包括经济范畴，即土地的社会属性，是人类的生产资料和劳动对象。

土地资源是指可供农、林、牧业或其他利用的土地，是人类生存的基本资料和劳动对象，具有质和量两个内容。在其利用过程中，可能需要采取不同类别和不同程度的改造措施。土地资源具有一定的时空性，即在不同地区和不同历史时期的技术经济条件下，所包含的内容可能不一致。如大面积沼泽因渍水难以治理，在小农经济的历史时期，不适宜农业利用，不能视为农业土地资源。但在已具备治理和开发技术条件的今天，即为农业土地资源。

二、我国的土地资源现状

中国土地资源主要有五个特点。

（一）土地辽阔，类型多样

中国土地总面积约960万平方公里。从北纬53°34′至3°51′，南北约跨50个纬度，由寒温带至赤道带，约70%为温带（占25.9%）、暖温带（占18.5%）和亚热带（约占26%），有优越的热量条件；从东经73°附近至135°05′，东西跨将近62个经度，由太平洋沿岸到欧亚大陆的中心，包括土地面积几乎相等的湿润（占32.2%）、半湿润（占17.8%）与半干旱（占19.2%）、干旱（30.8%）两大地理区域。由于土地的水、热条件组合的差异和复杂的地形地质条件，悠久的农业历史，多样的土地利用方式，形成了中国极其多种多样的土地资源类型，极有利于农林牧副渔生产的全面发展，同时也充分说明了因地制宜的重要性。

（二）土地多、平地少是中国土地构成的显著特点

中国是多山国家。山地一般高差大，坡度陡，土层薄，土地的适宜性单一，宜耕性差，农业发展受到较大限制，生态系统一般较脆弱，利用不当，极易引起水土流失和资源破坏。但山地，尤其是中国南方山地，水热条件好，适宜于林木生长和多种经营的发展。西北地区的山地是中国主要牧场，又为平原地区农业灌溉水源的集水区，因而，山地在西北地区农业自然资源的组成中和农业生产结构中占有特殊重要地位。

（三）农业用地绝对数量多，人均占有量少

中国现有耕地约9572万公顷，为世界耕地总面积的7.7%，占世界第4位；仅中国北部和西部的牧区与半农半牧区的天然草地约3.17亿公顷（另一数字为3.53亿公顷），为世界草地总面积的10%，居世界第3位；中国有林地面积约1.25亿公顷，占世界森林总面积的4.1%，居世界第8位。但中

国人均耕地按统计约0.1公顷，仅为世界平均值的三分之一；森林覆盖率仅13%（世界平均覆盖率为22%），列世界第121位，中国每人占有林地约0.12公顷，仅为世界平均数的五分之一；天然草地稍多，中国每人占有约0.35公顷，也不及世界平均数的二分之一。农、林、牧用地总和，中国平均每人占有0.54公顷，最多也不超过0.67公顷，仅为世界的四分之一至三分之一。

（四）宜林地较多，宜农地较少，后备的土地资源不足

据林业部门调查，中国可供进一步发展生产的后备土地资源约1.225亿公顷，其中包括疏林地0.156亿公顷，灌木林地0.296亿公顷。宜林宜牧的荒山荒地约9 000多万公顷。这些土地按其性质主要应作为林牧用地，每人平均仅占有0.12公顷左右。而宜于种植作物、人工牧草的后备土地资源，从多方面材料估算仅约0.33亿公顷，其中可以作为粮棉等农作物生产基地建设的毛面积约0.13亿公顷，净面积也只有0.067亿公顷的潜力。相反，如流动沙丘、戈壁和海拔在3 000米以上人类不易利用的土地等这类无效的土地面积共约3.487亿公顷，约占中国土地总面积的36.3%，所占比例相当大。

（五）土地资源分布不平衡，土地生产力地区间差异显著

中国东南部季风区土地生产力较高，目前已集中全国耕地与林地的92%左右，农业人口与农业总产值的95%左右，是中国重要的农区与林区，而且实际也为畜牧业比重大的地区。但区内自然灾害频繁，森林分布不均。在东南部季风区内，土地资源的性质和农业生产条件差别也很大。西北内陆区光照充足，热量也较丰富，但干旱少雨，水源少，沙漠、戈壁、盐碱面积大，其中东半部为草原与荒漠草原，西半部为极端干旱的荒漠，无灌溉即无农业，土地自然生产力低。青藏高原地区大部分海拔在3 000米以上，日照虽充足，但热量不足，高而寒冷，土地自然生产力低，而且不易利用。总之，中国土地资源分布不平衡，土地组成诸因素大部分不协调，区域间差异大。

三、我国土地资源的利用现状

（一）数量特征

中国土地辽阔，总面积约960万平方公里，土地面积居世界第三位，是世界上土地资源大国。但中国又是土地资源小国，因为我国人均土地面积只有12亩，不到世界人均值的三分之一。

在我国土地资源面积中，耕地、园地、林地、牧草地面积之和占66.6%，居主导地位，农业用地中牧草地、林地比重大，耕地次之，园地最少。未利用土地多为难开发利用的沙漠、荒漠、裸岩及石砾地、重盐碱地、沼泽地等。而且大部分分布在西北干旱地区和青藏高原，自然条件恶劣，开发难度大。

（二）质量特征

我国地形错综复杂，地貌类型多样。其中，山地占33%，高原占26%，盆地占19%，丘陵占10%，平原占12%。

耕地生产力普遍较低。据全国农业区域开发总体规划的资料，我国中低产田比例很大，高产稳产田占耕地总面积21.54%，中产田占37.24%，低产田占41.22%，中低产田占总耕地面积的78.46%，主要分布在黄土高原区、西北干旱区、华北区及东北区等区域。这些中低产田的主要限制因素是水土流失、沙化、盐渍化、养分贫瘠、土壤次生潜育化和酸化等。

（三）区域分布特征

土地资源区域分布极其不平衡。我国东、中、西部三个地带土地资源状况存在较大差异。东部12个省市区，占全国面积的13.9%，人口占全国的41.2%，耕地、园地、林地、居民点、交通、水域的比重高于中、西部地区，牧草地占1.6%，低于中、西部地区，西部地区气候干旱，水源缺乏，生态脆弱，面积相对较大。土地开发利用程度的区域差异较大。我国水土资源分布不均衡，直接影响土地的开发利用的区域差异，东部经济发达，土地利用程度高，中西部未利用面积大。

四、我国土地资源存在的问题

1. 土地利用结构不尽合理。尤其在北方半农半牧区，黄土高原区以及南方山区，由于农林牧用地安排不当，争地矛盾较为突出。

2. 土地利用率和生产率较低耕地中，低产面积大，包括涝洼地，盐碱地，风沙干旱地，红壤低产地，坡耕地等。林地中有林地比重小，尚有大面积宜林荒山荒地及沙荒地未充分利用，牧草地质量较差，载畜量低。

3. 土地破坏严重。全国水土流失面积约 165 万平方公里，尤以黄土高原地区更为严重，水土流失面积占全国土地总面积的 28.66%。西北地区由于滥垦、过牧、草场退化、沙化严重。

4. 土地管理不善。非农业建设用地盲目扩大，加剧了人地矛盾。

5. 我国国土资源管理制度不完善。国土资源的管理需要依靠完善的管理制度来提供保障。但是就目前来看，我国国土自由管理制度还不够完善，主要体现在：一是我国国土资源审批体制不完善，没有落实相关责任，在出现问题后，责任无法追求下去，从而影响到国土资源管理工作的开展；二是国家资源管理规划落后，相关工作的执行力度还不够全面，对国土资源的监督不到位，从而造成了许多非法倒卖国土资源行为日益猖獗。

五、我国应对土地问题的举措

调整土地利用结构，在土地评价的基础上，按土地的适宜性合理安排农林牧用地；保护森林，建设草原，大力植树种草，扩大林草面积，改善生态环境，促进林牧业发展；加强土地管理，保护耕地，严格控制非农业建设用地。大力改造中低产田，有计划地开垦宜农荒地；出台相关法律政策。

1. 国务院印发《全国国土规划纲要（2016—2030 年)》。一是构建“多中心网络型”开发格局，推进建设国土开发集聚区和培育国土开发轴带。二是构建分类分级全域保护格局，依据环境质量、人居生态、自然生态、水资源和耕地资源五大类资源环境主题实施分类保护。三是构建综合整治格局，修复与提升主要城市化地区、农村地区、重点生态功能区、矿产资源开发集中区及海岸带和海岛地区的国土功能。强化国土空间用途管制，提升能源资源保障能力，设置“生存线”，严格保护耕地和水资源；设置“生态线”，将用途管制扩大到所有自然生态空间；设置“保障线”，保障经济社会发展必要的建设用地、能源和重要矿产资源安全。

2. 中共中央国务院《关于加强耕地保护和改进占补平衡的意见》提出：着力加强耕地数量、质量、生态“三位一体”保护，着力加强耕地管控、建设、激励多措并举保护。探索建立土地用途转用许可制，强化非农建设占用耕地的转用管控。永久基本农田一经划定，任何单位和个人不得擅自占用或改变用途。强化永久基本农田对各类建设布局的约束，各地区各有关部门在编制城乡建设、基础设施、生态建设等相关规划，推进多规合一过程中，应当与永久基本农田布局充分衔接，原则上不得突破永久基本农田边界。一般建设项目不得占用永久基本农田，重大建设项目选址确实难以避让永久基本农田的，在可行性研究阶段，必须对占用的必要性、合理性和补划方案的可行性进行严格论证，通过国土资源部用地预审，农用地转用和土地征收依法依规报国务院批准。严禁通过擅自调整县乡土地利用总体规划，规避占用永久基本农田的审批。以县域自行平衡为主、省域内调剂为辅、国家适度统筹为补充，落实补充耕地任务。资源环境条件严重约束、补充耕地能力严重不足的省份，对由于实施国家重大建设项目造成的补充耕地缺口，可向国务院申请国家统筹。实行耕地保护党政同责。

3. 中共中央国务院《关于深入推进农业供给侧结构性改革加快培育农业农村发展新动能的若干意见》提出：深入实施藏粮于地、藏粮于技战略，严守耕地红线，全面落实永久基本农田特殊保护政策措施，实施耕地质量保护和提升行动。加快高标准农田建设，提高建设质量。

4. 中共中央国务院印发《关于完善主体功能区战略和制度的若干意见》。坚持保护优先，坚持以承载能力为基础，坚持差异化协同发展，坚持生态就是生产力，坚持统筹陆海空间。到 2020 年，符合主体功能定位的县域空间格局基本划定，陆海全覆盖的主体功能区战略格局精准落地，“多规合一”的空间规划体系建立健全。

5. 中办国办《关于创新政府配置资源方式的指导意见》提出：自然资源方面要以建立产权制度为基础，实现资源有偿获得和使用。坚持资源公有、物权法定，明确全部国土空间各类自然资源资产的产权主体，适度扩大使用权的出让、转让、出租、担保、入股等权能。研究实行中央和地方政府分级代理行使所有权职责体制。发挥空间规划对自然资源配置的引导约束作用，以主体功能区规划为基础，整合各部门分头编制的各类空间性规划，编制统一的空间规划。

6. 中办国办《关于建立资源环境承载能力监测预警长效机制的若干意见》提出：对土地资源超载地区，原则上不新增建设用地指标，实行城镇建设用地零增长，严格控制各类新城新区和开发区设立，对耕地、草原资源超载地区，研究实施轮作休耕、禁牧休牧制度，禁止耕地、草地非农非牧使用。对临界超载地区，严格管控建设用地总量，逐步提高存量土地供应比例，用地指标向基础设施和公益项目倾斜，严格限制耕地、草地非农非牧使用。对不超载地区，鼓励存量建设用地供应，巩固和提升耕地质量，实施草畜平衡制度。对超载海域，属于空间资源超载的，依法依规禁止岸线开发和新上围填海项目，研究实施海岸建筑退缩线制度。将资源环境承载能力监测预警评价结论纳入领导干部绩效考核体系，将资源环境承载能力变化状况纳入领导干部自然资源资产离任审计范围。

7. 中办国办《领导干部自然资源资产离任审计规定（试行）》提出：主要审计领导干部贯彻执行中央生态文明建设方针政策和决策部署情况，遵守自然资源资产管理和生态环境保护法律法规情况，自然资源资产管理和生态环境保护重大决策情况，完成自然资源资产管理和生态环境保护目标情况，履行自然资源资产管理和生态环境保护监督责任情况，组织自然资源资产和生态环境保护相关资金征管用和项目建设运行情况，以及履行其他相关责任情况。

第二节　土地资源资产离任审计目标

一、土地资源资产离任审计的总体目标

土地资源资产离任审计的总体目标来源于文件《领导干部自然资源资产离任审计规定（试行）》，文件将自然资源资产的总体目标划分为五个方面：地区政策的合规性、合理性，即政策自身的合理、合法性；政策执行情况是否合法、合理性的审计；在这个政策下对环境问题是否得到解决；评价、考核领导干部在其任职期间对自然资源的利用效率和效果；审视环境治理和环境保护责任的落实情况。自然资源资产离任审计可以促使自然资源资产经济责任和环境责任融合，将履行相关责任的情况与领导干部、国企高管的奖惩和任免挂钩，促进资源节约型和可持续发展型社会的加速形成。评价财政资金的使用效率和使用范围，确保专款专用、专款专人负责、专人审批。

二、土地资源资产离任审计的具体目标

地方党政领导干部、土地资源主管部门负责人对辖区内土地资源管理负有不可推卸的直接责任，应是土地资源离任审计的直接责任对象。因而，领导干部土地资源资产离任审计的直接目标应将领导干部的行为作为审计活动开展的主线，对受托责任人也就是领导干部土地资源资产的管理控制行为进行查究，检查其在源头上是否落实了国家的土地政策，在过程中是否存在土地违规审批、使用等，引发土地资源环境恶化的后果，将不同责任对象所履职的环境责任与其经济责任相结合，依据其所承担的责任性质和内容程度，进行“定责、问责、追责”，在“源头、过程、后果”三个层面建立土地资源资产管理与责罚体系，以惩治压力督促推进领导干部在土地资源环境管理

保护方面遵纪守法、尽职尽责。

领导干部土地资源资产离任审计的具体目标涵盖五个方面：一是贯彻执行。对领导干部任期内各项政策的执行是否合法、合理。二是摸清家底。对领导干部任期内辖区土地资源资产的数量、质量及土地资源环境变化情况，尤其是土地资源资产的严重损毁占用以及地质环境污染的重大典型情况有清晰、全面的掌握。三是查处问题。着力查处土地资源资产在开发、利用、保护和管理方面存在的领导干部失职、渎职和违法违纪违规问题。四是责任追究。对审计过程中查处的不同性质、不同内容、不同程度的责任进行界定。五是规范管理。通过土地资源资产离任审计，促进土地资源的管理程序规范化，注重社会、经济、资源、环境的协同发展，对审计发现的问题要从根本上剖析其原因，上升到制度层面提出建议，最终为政府的土地资源政策制定和机制决策提供依据。

第三节　土地资源资产离任审计内容、方法与程序的确定

一、总体思路

牢固树立“金山银山不如绿水青山”的理念创新审计思路，开展问题导向审计，从相关责任单位和部门全面了解在资源环境保护方面的好做法和存在的困难，注重从机制体制方面反映存在的问题和不足、有针对性地开展现场审计，加大问题查处力度。强化部门协作、拓宽审计力量。土地资源资产范围广泛，涉及部门多，在合理调配审计力量的基础上，多途径优化整合审计资源，加强与国土部门、水利部门、林业部门、环保部门等部门之间的联系，为审计提供专业技术支持强化现场踏勘力度、加大问题查处力度。在审

计进点前审计人员加大对自然资源资产相关知识的学习，查阅了相关单位的执法台账、有关会议记录、纪要等文件资料，掌握了自然资源资产管理和生态环境保护工作相关的财政、财务、业务以及其他资料，在上述基础上加大现场踏勘力度，通过现场踏勘发现破坏生态环境的行为。强化审计整改、确保审计成效。在审计过程中注重揭露问题，更加注重审计查处的问题整改，确保被破坏的生态环境得到修复。

二、基本原则

1. 资源有特色原则。根据区域土地资源类型和发展规划，合理确定审计对象。

2. 管理有职责原则。领导干部被赋予土地自然资源资产管理职责，且有权管理、支配、使用所审计的土地资源资产。

3. 绩效可评价原则。对于自然资源资产离任审计中的土地自然资源资产，应具有一定基础数据，具备基本审计评价条件。

4. 以责定审原则。根据领导干部履行土地资源资产相关职责情况确定离任审计的主要内容。

5. 全面系统原则。土地资源资产在我国经济发展中具有举足轻重作用。要对领导干部开发与保护土地资源的履职情况做出全面准确评价，以此界定责任、客观评价、促进发展。

6. 试点推进原则。自然资源资产离任审计是个新课题，极具开创性和挑战性，目前还没有成熟的经验可以借鉴。在推进这项工作时，审计组边摸索边推进，边总结边调整，循序渐进，不断完善，先将资源环境责任作为经济责任的重要补充和拓展，而后结合经济责任审计，同步实施、单独运行。

7. 因地制宜原则。自然资源资产具有鲜明的地域性、差异性，土地资源资产离任审计的内容、方式方法、指标体系要结合实际，因地而宜，突出特点。

8. 统筹协作原则。土地资源资产离任审计专业性、技术性较强，在目前审计队伍专业结构较为单一的情况下，涉及资源、环境具体业务方面的审计仅靠审计组是难于完成的。因此，在实际工作中，要充分借用有关职能部门和高等院校的专业技术力量，科学谋划，共享资源，互相协作，共同搞好资源资产审计。

三、土地资源资产的受托责任人

土地资源资产离任审计是国家审计机关代表土地资源资产的所有者对受托责任人承担的公共受托责任进行审计，以期达到合规性、经济性、效率性、效果性和环境性的审计目标，其审计对象是承担特定土地资源资产受托责任的行为人，引用蔡春教授关于审计关系人的理论，土地资源资产离任审计中审计行为的发生由审计人、被审计人和审计委托或授权人三方面的关系人的行为构成。其中，被审计人是土地资源资产的受托责任者。

审计关系人的一般理论假说，被审计人是土地资源资产离任审计评价的对象，被审计人所承担的土地资源资产相应职责是土地资源资产受托责任的分解和具体化，由于土地资源资产公共受托责任具有层级性，因此被审计人存在一定的层级性，可分为地区领导干部、相关部门负责人和相关企业负责人三大类。

四、重点内容

（一）土地资源资产法规政策执行与落实情况

领导干部在土地方面的政策执行和履责审计，要重点关注土地资源资产方面的制度建立和实际执行情况。

1. 制度建立方面。审查乡镇完成上级土地资源政策法规的贯彻和战略规划的组织情况、政策建立情况。审查领导干部任职期间是否建立健全管理土地资源资产的政策制度体系，包括土地资源资产源头保护制度、监测预警制度、违建巡查报告制度、监督评估制度、损害赔偿制度、责任追究制度，土壤污染治理和修复保护制度等。是否有健全的工作机构和相应的人员配置；

是否与各村签订土地保护责任书；是否设计地质灾害应急预案等。相关方案是否经过有效程序（演习）验证。

2. 制度执行方面。结合上级党委、政府、国土等部门对乡镇土地管理工作的考核，审查领导干部任职期间对国家、省、市、区土地资源资产方面的战略方针和政策的执行情况。检查土地资源资产管理规划是否符合相关法律、法规、规章、政策以及国民经济和社会发展规划的要求，能否达到相应的土地资源资产保护目标；审查土地资源资产管理规划目标、年度计划目标的落实情况；审阅土地资源保护管理责任书、基本农田保护责任书、土地利用总体规划落实情况；审查打击违法建设工作成果，抽查镇域内关于土地保护宣传设施配置情况、检查巡查队人员配置及上岗情况，检查管理和考核制度落实情况。

（二）土地资源资产重大决策事项

土地资源资产的重大决策事项包括公共政策、涉及土地的资金项目方面的制度等，不仅包括土地资源资产审批、开发、管理及土地资源保护机制，还包括土地资源相关的重大投资、资产处置等工程建设项目和生态建设方面的惩罚机制。审计人员要结合被审计领导工作分工、担任的各类相关临时机构负责人及承担职责情况，查阅审计对象辖区党委、政府的决议决定、出台的文件、会议纪要和领导批示等，检查被审计领导干部任期内有关土地资源审批、开发、利用、节约、管理、保护和防治土地灾害的重大决策事项是否合规合理。重点审查是否存在违规审批和越权审批等问题；主管部门之间是否存在职责不清、信息不通畅、互相推诿等问题；是否制定土地资源有偿使用制度；重大决策事项是否达到了预期的实施效果。

（三）土地资源目标责任完成情况

从领导干部行为导向角度来看，土地资源目标责任完成情况是指土地资源的资产管理及土地资源保护的具体相关指标、上级政府下达给地方指标任务是否得到有效落实。在摸清审计客体任期内辖区土地资源存量和质量变化基本情况以及上级政府和主管部门涉及土地资源的考核检查结果和重大处理处罚情况的基础上，重点审计目标责任状签订情况和目标责任完成情况，尤其是约束性指标，如耕地保有量有无减少。

（四）土地资源资产管理情况

关注土地开发利用总体规划的实施。科学的规划利用能够避免土地资源的流失和闲置浪费，引起不必要的损失。将征地批地计划精确到年，并严格进行管控，确保各级地方政府的各项建设用地及农用地规模与中央总体规划要求相一致。重点审计核查土地供应情况。在土地供应环节严格把控与审核以利于实现土地资源的优化配置。“如何供地”“供地程序”都要合法、合规、合理；土地出让或交易是否严格按照“招标”“拍卖”“挂牌”的政策规定执行；土地出让底价在确定时是否经过有资质的土地估价机构根据基准地价、标定地价以及当地的土地市场供应情况进行土地价值评估；是否考虑国家产业政策、土地调控政策；是否在拟定土地出让底价后进行公告；土地实际供应时审查是否以低于最低底价标准出让，出让对象是否是按规定用途使用土地。重点审查耕地保护责任指标落实情况。国土资源部一再强调耕地保护红线不能碰，因此要严格审查上级政府依据总体耕地规划下放到地方的耕地保护责任目标是否完成、是否存在建设用地比重逐年上升而耕地比重逐年下降的趋势、是否踏越耕地红线；核查分析耕地是否是“占多少、补多少”；是否真实有效地实现了耕地平衡，重点审查有无“虚假平衡”问题。

（五）土地资源资金管理情况

检查土地资源资金的筹集渠道是否合法合规，上级下达、下级预算安排的专项资金是否全额纳入了土地财政预算管理使用；资金是否按进度、及时拨付到位；资金的使用是否符合预算计划，有无挤占、挪用专项资金等腐败行为。重点审查土地出让金的定价、收缴、支出，土地复垦资金、采矿权价款、生态补偿费用、生态环境恢复治理资金等的计划、管理是否存在挤占挪用等，以及各项专项资金在使用后是否达到了预期的效果。

以上五个方面主要是针对省级领导干部土地资源资产离任审计。地市及县级领导干部土地资源资产离任审计还要关注土地资源复垦与保护情况和维护土地权益情况，包括是否对土地状况进行调查统计；是否对农田进行分级，并划分基本农田保护区；是否采取措施改善土地质量，组织土地的整理和复垦工作；有关土地资金使用和管理是否合法合规等；是否保障土地所有权拥有者的利益，如登记造册、确认所有权等；是否依法保障土地承包经营权的流转；是否按照规定程序规定时间实施土地征收公告；是否听取被征收土地的集体组织和农民的意见，是否足额、及时支付各种补偿费等。

五、审计方法

综合整理部分文献资料，参考全国开展自然资源资产离任审计的情况，主要有以下九种审计方法。

（一）文件审查法

对于涉及资源资产管理的下列事项：成立土地资源资产领导小组、管理机构；建立政府行政首长负责制、联席会议制度、土地资源管理保护制度；编制土地资源管理保护规划；土地资源管理和保护工作纳入政府绩效考核内容，并将指标分解落实；履行监察执法职责，如信访举报、批示督办的办理等；主要采用文件审查法，通过向当地政府办公室、国土部门收集领导小组、管理机构、联席会议制度、耕地和基本农田保护红线划定制度、年度目标责任分解落实制度、目标责任书制度、年度目标责任考核制度、年度目标责任考核结果运用制度、土地利用总体规划、土地利用详细规划、政府绩效考核制度、上级批示督办件、群众信访举报登记簿、调查处理销号制度、会议纪要等资料，审查是否有相关文件和制度，是否规范合规。

（二）数字核对法

计算《土地资源年末存量表》《耕地质量等别表》的数据，发现有无计算、填写等错误。将本级政府与下级政府签订的耕地保护目标责任书进行汇总，查看签订的保护任务面积是否达到上级下达的考核目标面积，有无耕地保有量低于上级政府下达的耕地保有量考核指标的问题。核对“土地利用现状变更表”中的耕地数据，是否达到上级下达和规划确定的耕地保护目标，看有无耕地保有量低于土地利用总体规划控制指标的问题。将本级政府与下级政府签订的耕地保护目标责任书（含基本农田面积）进行汇总，查看签订的基本农田保护任务是否达到上级下达的考核目标，有无低于上级政府下达的考核指标。核对土地利用现状变更表中的基本农田数据，看是否达到上级下达和规划确定的基本农田保护目标。

（三）图纸比对法

对于涉及基本农田保护面积指标的完成情况，可通过比对基本农田保护图斑图表方式，掌握当地基本农田保护区和基本农田划定的总体情况，看基本农田是否未落实到地块、基本农田保护责任未分解落实到位；将土地利用现状变更图上的工业、采矿、仓储用地等非耕地图斑与基本农田保护图斑进行对比，是否存在将工业、采矿、仓储用地等非耕地划作基本农田的问题。在审计调查土地整治、高标准基本农田项目建设实施和效果情况时，对照施工设计图，现场查看部分建设项目，看有无设计不规范、质量不达标；擅自变更和调整项目建设地点、规模或内容等问题。

（四）现场目审法

对涉及违规闲置土地问题，可通过现场目审方法，看有无以下三种情形的违规闲置土地问题：一是超过合同或者划拨决定书约定、规定的动工开发日期满一年未动工开发；二是已动工开发但开发建设用地面积占应动工开发建设用地总面积不足三分之一；三是已投资额占总投资额不足25%，中止开发建设满一年。对涉及违规供地问题，可通过目审方式，落实项目用地的实际用途，查出违规情况。如对违规向别墅类房地产、高尔夫球场等禁止用地项目供地，或是违反产业政策向高耗能、高污染、资源消耗型项目等供地，对这些问题，可通过现场目审方式，落实项目用地的实际用途，若属禁止类或限制类用地，则进一步查阅国土部门的供地档案、请示报告、会议纪要等资料，核实改变土地用途是项目单位擅自行为，还是当地政府、国土部门或有关领导授意而为。

（五）座谈询问法

对于涉及审计调查基本农田保护面积指标的完成情况，可通过座谈会方式，掌握当地基本农田保护区和基本农田划定的总体情况，看基本农田是否未落实到地块、基本农田保护责任未分解落实到位。对于涉及审计调查土地整治、高标准基本农田项目建设实施和效果情况，可通过座谈会方式，调查了解项目建设管理流程等情况。对于涉及违规供应土地问题，也可通过询问方式，落实项目用地的实际用途。

（六）资料审查法

对于涉及审查认真履行土地监察执法职责时，可通过资料审查法，审查批示督办和信访举报事项办理结果、土地违法案件卷宗等资料，看是否建立了调查处理销号制度，对土地违法案件是否依法调查处理，有无执法不严、案件结案率低、以罚代法等问题。对于涉及审查土地资源实物量和质量情况时，可通过资料审查法，审查国土部门是否认真履行了《土地资源年末存量表》《耕地质量等别表》相关基础数据的填报、收集、汇总、复核等程序，从中发现问题。对于涉及审查违规闲置土地问题时，可通过资料审查法，审阅国土部门的各年度国有建设用地供应情况表、土地违法案件卷宗，看有无违规闲置土地问题。对于涉及审查违规供应土地问题时，可通过资料审查法，比对供地台账，检查供地项目是否属禁止类或限制类供地项目目录，若属于，则为违规供地。

（七）账实核对法

对于涉及审计调查违规闲置和供应土地问题，可在向当地政府办公室、国土、审计等部门收集并审阅土地供应台账、土地监察执法案件卷宗、处理处罚台账、上级批示督办件、群众信访举报事项、各级审计机关出具的土地审计报告等资料的基础上，采用账实核对法，认真梳理相关问题线索，并深入实地向相关单位或个人审计调查取证。对于涉及审计调查土地整治、高标准基本农田项目建设实施和效果情况，采用账实核对法，向当地政府办公室、国土、审计部门收集并调阅各级审计机关出具的土地整治项目、高标准基本农田项目审计报告。土地整治项目、高标准基本农田项目建立规划、目标和任务，土地整治项目、高标准基本农田项目台账，土地整治项目、高标准基本农田项目档案（包括可研、预算、招标、设计、监理、竣工、验收、审计等内容）。土地利用现状图等资料，抽查若干个面积较大的土地整治项目、高标准基本农田项目，对照施工设计、实施方案，现场查看部分建设项目，看有无设计不规范、质量不达标，擅自变更和调整项目建设地点、规模或内容等问题。

（八）差异分析法

从前后年度《土地资源年末存量表》《耕地质量等别表》《土地利用现状变更表》等数据关系的差异中，分析寻找违规利用土地问题的线索。从《耕地保护目标责任书》和耕地保有量考核指标等数据关系的差异中，分析寻找违规利用土地问题的线索。从《土地利用现状变更表》和土地利用总体规划控制指标等数据关系的差异中，分析寻找违规利用土地问题的线索。从《耕地保护目标责任书》和基本农田保护考核目标等数据关系的差异中，分析寻找违规利用土地问题的线索。从《土地利用现状变更表》和基本农田保护目标等数据关系的差异中，分析寻找违规利用土地问题的线索。从土地利用现状变更图、基本农田保护图斑进行对比的差异中，分析寻找违规利用土地问题的线索。

（九）编制报表法

根据国务院办公厅发布的《编制自然资源资产负债表试点方案》（国办发〔2015〕82 号）检查自然资源资产负债表反映的自然资源在核算期初、期末的存量水平以及核算期间的变化量。核算期为每个公历年度 1 月 1 日至 12 月 31 日。在自然资源核算理论框架下，以自然资源管理部门统计调查数据为基础，编制反映主要自然资源实物存量及变动情况的资产负债表。

自然资源资产负债表的基本平衡关系是：期初存量 + 本期增加量 - 本期减少量 = 期末存量。期初存量和期末存量来自自然资源统计调查和行政记录数据，本期期初存量即为上期期末存量。资产负债表不仅包含实物量核算，还应包含价值量核算。价值量核算目前有很多种说法，本书介绍基于环境重置成本法的价值量计量。环境重置成本法是指当生态环境遭到破坏后，通过计算恢复生态环境到原状所要支付的费用，即恢复原生态环境状态与生态系统服务功能所要发生的成本，借以估算生态环境变化所影响的经济价值或者治理生态环境问题需要付出的成本。其中，环境重置成本是指在现行市场公允价值条件下，重新构建该生态环境资产或重新达到该生态环境资产生态服务功能所要花费的所有货币价值总额。该方法将生态环境视为一种资产，当人类的社会生产、经营等活动对生态环境造成破坏时，该生态环境资产的价值就会被降低和破坏，这部分被破坏的价值，则可以通过重新构建的一项新的生态环境资产进行重置。

六、审计程序

在审计准备及审前调查阶段，围绕土地资源资产离任审计的目标，结合地方特点，通过专业学习、专家咨询、法律法规研究、组织审前调查等方式，开展以下工作：

（一）编制自然资源资产负债表

基于《土地利用现状分类》（GB/T21010—2017），选取合适的类别对土地资源进行分类核算。在自然资源核算理论框架下，以自然资源管理部门统计调查数据做为实物量基础，按照“期初量+本期增加量-本期减少量=期末量”的等式核算实物量下的土地资源资产变动情况。在每个资产负债表日，将各项资产统计数据使用实物计量（按各类土地资源分类下土地资源的面积）和价值计量（按货币单位）两种计量方式进行编制。土地资源负债明细表依据区域内计量期间的土地资源现状（即资产项目）与相应的国家标准之间的差距（即土地资源现状未能达到国家相关法规标准）进行编制，用于体现当期现时义务的实物量与对应发生的成本（即价值量）。在上述基础上，利用关系式“土地资产=土地负债+净土地资产”列报披露土地资源资产负债信息，同时利用环境重置成本法将土地资源实物量转化为价值量，反映资产负债表日区域内土地资源的基本情况。基本格式如表 5－1 所示。

表 5－1　　××地区土地资源资产负债表

<table>
<tr><td colspan="11">××地区土地资源资产负债表</td></tr>
<tr><td>年度：</td><td></td><td colspan="4">数量单位：</td><td></td><td colspan="2">制表人：</td><td colspan="2"></td></tr>
<tr><td>制表日期：</td><td></td><td colspan="4">价值量单位：</td><td></td><td colspan="2">复核人：</td><td colspan="2"></td></tr>
<tr><td colspan="2" rowspan="2">土地资源资产</td><td colspan="2">期初</td><td colspan="2">期末</td><td rowspan="2">土地负债及净土地资产</td><td colspan="2">期初</td><td colspan="2">期末</td></tr>
<tr><td>数量</td><td>价值量</td><td>数量</td><td>价值量</td><td>数量</td><td>价值量</td><td>数量</td><td>价值量</td></tr>
<tr><td rowspan="4">耕地</td><td>水田</td><td></td><td></td><td></td><td></td><td>一、土地资源负债</td><td></td><td></td><td></td><td></td></tr>
<tr><td>水浇地</td><td></td><td></td><td></td><td></td><td>土地资源负债</td><td></td><td></td><td></td><td></td></tr>
<tr><td>旱地</td><td></td><td></td><td></td><td></td><td></td><td></td><td></td><td></td><td></td></tr>
<tr><td>耕地合计</td><td></td><td></td><td></td><td></td><td></td><td></td><td></td><td></td><td></td></tr>
<tr><td rowspan="4">园地</td><td>果园</td><td></td><td></td><td></td><td></td><td></td><td></td><td></td><td></td><td></td></tr>
<tr><td>茶园</td><td></td><td></td><td></td><td></td><td></td><td></td><td></td><td></td><td></td></tr>
<tr><td>其他园地</td><td></td><td></td><td></td><td></td><td></td><td></td><td></td><td></td><td></td></tr>
<tr><td>园地合计</td><td></td><td></td><td></td><td></td><td></td><td></td><td></td><td></td><td></td></tr>
<tr><td rowspan="4">林地</td><td>有林地</td><td></td><td></td><td></td><td></td><td></td><td></td><td></td><td></td><td></td></tr>
<tr><td>灌木林地</td><td></td><td></td><td></td><td></td><td></td><td></td><td></td><td></td><td></td></tr>
<tr><td>其他林地</td><td></td><td></td><td></td><td></td><td></td><td></td><td></td><td></td><td></td></tr>
<tr><td>林地合计</td><td></td><td></td><td></td><td></td><td></td><td></td><td></td><td></td><td></td></tr>
<tr><td rowspan="4">草地</td><td>天然牧草地</td><td></td><td></td><td></td><td></td><td></td><td></td><td></td><td></td><td></td></tr>
<tr><td>人工牧草地</td><td></td><td></td><td></td><td></td><td></td><td></td><td></td><td></td><td></td></tr>
<tr><td>其他草地</td><td></td><td></td><td></td><td></td><td></td><td></td><td></td><td></td><td></td></tr>
<tr><td>草地合计</td><td></td><td></td><td></td><td></td><td></td><td></td><td></td><td></td><td></td></tr>
<tr><td rowspan="6">城镇村及工矿用地</td><td>城市</td><td></td><td></td><td></td><td></td><td></td><td></td><td></td><td></td><td></td></tr>
<tr><td>建制镇</td><td></td><td></td><td></td><td></td><td></td><td></td><td></td><td></td><td></td></tr>
<tr><td>村庄</td><td></td><td></td><td></td><td></td><td></td><td></td><td></td><td></td><td></td></tr>
<tr><td>采矿用地</td><td></td><td></td><td></td><td></td><td></td><td></td><td></td><td></td><td></td></tr>
<tr><td>风景名胜及特殊用地</td><td></td><td></td><td></td><td></td><td></td><td></td><td></td><td></td><td></td></tr>
<tr><td>城镇村及工矿用地合计</td><td></td><td></td><td></td><td></td><td></td><td></td><td></td><td></td><td></td></tr>
</table>

续表

土地资源资产		期初		期末		土地负债及净土地资产	期初		期末	
		数量	价值量	数量	价值量		数量	价值量	数量	价值量
交通运输用地	铁路用地									
	公路用地									
	农村道路用地									
	机场用地									
	港口码头用地									
	管道运输用地									
	交通运输用地合计									
水域及水利设施用地	河流水面									
	湖泊水面									
	水库水面									
	坑塘水面									
	沿海滩涂									
	内陆滩涂									
	沟渠									
	水工建筑用地									
	冰川及永久积雪									
	水域及水利设施用地合计									
其他土地	设施农用地									
	田坎									
	盐碱地									
	沼泽地									
	沙地									
	裸地					二、土地资源所有者权益				
	其他土地合计					土地负债和所有者权益合计				
土地资产总计										

资产负债表日，土地资产项下各科目的数额反映了该区域的土地资源环境现状。土地负债项下各科目的数额反映了该区域内土地资源现状与国家标准的差距，反映了领导干部土地资源管理责任不到位的情况。以土地资产减去土地负债形成的差额作为土地权益，反映领导干部已切实履行土地资源管理保护责任的情况。将上述各项综合评判该会计期间领导干部的环境责任履行情况，为自然资源资产离任审计提供依据。

（二）环境重置成本法的三层成本计量模式

环境污染的治理与资源环境的保护是一个持续性的动态过程，将此过程中发生的各种成本费用按照环境治理过程的特点进行计算与归集，可以使环境成本的计量过程更为科学和完整。根据环境重置成本法的思路，将土地污染治理与维护的成本、费用和投入分为三个层次，采用环境重置成本法对其分别进行计量和汇总并最后形成土地资源资产负债表中的价值量。

第一层环境重置成本为生态环境恢复层成本。这一层成本主要是将破坏后的生态环境功能恢复（或者重新购置）到以前的状态所采用的技术手段所花费去的现时成本。土地资源的恢复层成本基于对土地污染治理所花费的成本。目前主要核算土地整治项目、土地开发整理复垦项目、矿山环境恢复治理工程、高标准基本农田建设项目以及农业面源污染项目等项目耗费的资金。

第二层环境重置成本为生态环境维护层成本。这一层成本主要是为了维持恢复后的生态功能而必须付出的成本。因为环境治理工程是一项系统工程，其恢复和维护所花的时间比较长，很难立竿见影，所以在采用紧急恢复手段之后，必须还要花费一定的人力物力去维护，不要让环境再次出现恶化。该层次主要考虑的是对土地资源和土壤环境的长期维护过程。目前主要核算土壤污染防治项目、土壤能力建设项目和易地耕地占补平衡项目等项目所耗费的资金。

第三层环境重置成本为生态保护战略层成本。该层成本从保证必要质量的土地资源量而放弃的经济发展权部分的角度进行考虑，即如果不考虑补偿范围内的土地生态环境治理维护而充分使用所有土地资源发展经济的情况下所能产生的总效益，本质上属于机会成本。土地资源机会成本核算基于当地不同类型的地价标准与不同类型土地面积，对每种类型的地价分别进行测算。以上三层成本合并形成土地的价值量成本。

（三）筛选评价指标

对指标进行甄别筛选，抓住关键性的指标，明确考核目标。一是判断审计人员是否有条件核定该指标，并根据土地资源开发利用及保护过程中的实际情况和需要，调整已有指标的考核办法，增设尚缺少的重要指标。在有限的人力和时间条件下，有的放矢，重点突出地开展审计工作；二是尽可能关注、获取指标考核中有关质量的基础数据，使审计结果能尽量反映出土地资源资产保护的实际状况。

1. 政策执行情况指标。根据《领导干部自然资源资产离任审计试点工作的指导方案》确定的审计内容，审计人员要了解被审计领导干部任期内所在地区对于中央、省、市生态文明建设政策法规贯彻落实情况、土地资源管理相关制度的建立健全和执行情况、重大决策情况等相关情况。所以，在政策执行情况指标设计时，针对土地资源特征、生态文明建设要求，选取了“政策法规贯彻落实情况”“政策法规建立和执行情况”“约束性指标以及目标责任制完成情况”“重大决策情况”等指标。

（1）政策法规贯彻落实情况。该指标反映了被审计领导干部任期内所在地区贯彻执行土地资源资产开发利用管理和土地环境保护法律法规和重大政策措施的情况。该项指标为定性指标。

（2）政策法规建立和执行情况。该指标反映了被审计领导干部任期内所在地区制定的政策、法规和采取的措施、做出的决策与中央、省、市出台的相关政策、法规相符的情况。制定开发利用规划或者审批（核准）的建设项目，与自然资源管理和生态环境保护政策相一致的情况。该项指标为定性指标。

（3）约束性指标以及目标责任制完成情况。该指标反映了被审计领导干部任期内所在地区耕地保有量和基本农田保护指标完成情况，耕地占补平衡政策落实情况，新增建设用地规模指标控制情况，落实主体功能区和土地利用规划要求情况。该指标为定性指标。

（4）重大决策情况。该指标反映了被审计领导干部任期内所在地区涉及土地资源管理及保护的重大决策、审批、监管事项，决策机制是否健全、决策程序是否符合规定、决策内容是否合理合法、决策是否能够有效实施。该指标为定性指标。

2. 政策执行效果指标。审计人员要重点关注土地资源在管理利用过程中所带来的成果效益，即土地利用效益，它是指单位面积土地上投入的资源所实现的有效成果。在选取土地利用产出方面的指标时，首先要考虑经济效益。其次要考虑生活质量、社会发展等方面的影响，即社会效益。最后，由于土地资源具有不可再生的特点，需要把生态效益结合起来。因此，在产出方面选取了“经济效益”“社会效益”“环境效益”等指标。

（1）经济效益指标选取理由及说明：审计人员在对土地利用的效益开展综合评价时，经济效益指标是必不可缺的。在这特定情形下，土地利用经济效益主要是指土地投入与所取得的成果之间的比较，投入产出率高，则土地利用经济效益好，反之则经济效益就差。因此，土地利用的经济效益主要选取“地均 GDP”“地均第二、第三产业产值”“地均财政收入”等指标。

①地均 GDP。该指标依据国民经济主要指标，反映了一定时期土地利用所产生的经济效益。计算公式：地均 GDP = 国民生产总产值/同一时期城市建成区面积。

②地均第二、第三产业产值。该指标源自于《全国土地利用总体规划纲要（2006—2020 年）》提出的目标任务，是指城市第二、第三产业产值与城市建设用地的比值。近年来城市第二、第三产业发展加快，对土地的需求迅速加大，因此选取该指标反映了城市土地利用在第二、第三产业所产生的经济效益。计算公式：地均第二、第三产业产值 = 城市第二、第三产业产值/城市建设用地面积。

③地均财政收入。该指标依据国民经济主要指标，是指对单位土地面积上宏观层面的经济效益的考量，反映出当地政府直接从单位面积内土地利用中所获得的收益情况。计算公式：地均财政收入 = 财政收入/建成区面积。

（2）社会效益指标选取理由及说明：土地利用社会效益是指被审计领导

干部所在地区因土地利用产生的政治和社会影响，满足社会需求的程度。土地社会效益的可以从“人口密度”“人均建设用地面积”“人均耕地面积”等指标来反映。

① 人口密度。该指标源自于国家发展和改革委员会发布的《国家新型城镇化规划（2014—2020年）》提出的发展目标，反映了人地比例关系，是指单位土地面积内的人口数量状况，能较好地衡量社会经济发展潜力。土地单位面积内人口数量是否合理，能影响到土地的空间配置、利用强度、资源消耗等方面，能判断被审计领导干部所在地区土地利用的合理状态。人口密度越大，土地利用效率越高。计算公式：人口密度=人口总量/区域土地总面积。

② 人均建设用地面积。该指标源自于住房和城乡建设部发布的《城市用地分类与规划建设用地标准》，其数值能够反映土地集约利用情况，数值越大，土地利用越好，社会效益越好。计算公式：人均建设用地面积=总建设用地面积/区域人口总数。

③ 人均耕地面积。该指标源自于《全国土地利用总体规划纲要（2006—2020年）》提出的目标任务，是土地集约度正向作用非常大的指标，其数值越大，说明有限土地的占用和浪费则较小，有助于反映土地资源的有效利用，也能映射出对于城市不合理扩张土地的约束程度。计算公式：人均耕地面积=总耕地面积/区域人口总数。

（3）环境效益指标选取理由及说明：土地利用中的环境效益是指在以建设“两型社会”为目标的前提下，因土地利用对被审计领导干部所在地区产生的生态影响。随着土地开发和利用的程度持续提高，对系统中能量流动和循环产生的干扰逐渐增强，生态系统中的某些物质、能量因此发生了变化，产生了生态影响。该指标在一定程度上体现了城市人口对城市环境的需求。选取“建成区绿化覆盖率”“人均公园绿地面积”“生活垃圾无害化处理率”等指标。

① 建成区绿化覆盖率。该指标源自于住建部发布的《城市园林绿化评价标准》。计算公式：建成区绿化覆盖率=（园林绿地面积+道路绿化覆盖面积）/同一时期建成区总面积×100%。

② 人均公园绿地面积。该指标源自于住建部发布的《城市园林绿化评价标准》，反映一定区域内的人均拥有绿地资源的水平。计算公式：人均公

园绿地面积 = 公园绿地面积/人口数。

③ 生活垃圾无害化处理率。该指标源自于环境保护部发布的《生态环境状况评价技术规范》，是指被审计领导干部所在地区一个时期内生活垃圾无害化处理的比例，是反映一个地区大气、水、土壤污染控制的重要指标。计算公式：生活垃圾无害化处理率 = 生活垃圾无害化处理总量/所有生活垃圾总量 ×100%。

3. 自然资源利用效率指标。在土地资源管理过程中，领导干部主要承担对职责范围内的事项决策、执行和监管的责任，对土地资源政策的贯彻实施负有不可推诿的责任。选取了“土地利用结构”“土地利用强度”等指标。

（1）土地利用结构指标选取理由及说明：在选取土地利用结构方面指标设计时，审计人员要考虑被审计领导干部所在地区各种用地之间的比例关系，它可以直接反映一定时期内的土地利用特点，故选取“土地垦殖率”“林地覆盖率”“建设用地面积比”三项指标。上述指标承担了所在地区较大的土地利用功能，但不能全面反映该地区土地利用功能，进而选取“土地利用多样性指数”，来反映土地利用功能的完善度。因此，在土地利用结构方面，选取“土地垦殖率”“林地覆盖率”“建设用地面积比”“土地利用多样性指数”等指标。

① 土地垦殖率。该指标依据环境保护部发布的《生态环境状况评价技术规范》，该指标是指区域内耕地面积与土地总面积的比例，是反映土地资源利用程度和结构的重要指标。计算公式：土地垦殖率 = 耕地面积/土地总面积 ×100%。

② 林地覆盖率。该指标源自于环境保护部发布的《生态环境状况评价技术规范》，评价区域内林地面积所占比例，是反映土地资源利用程度和结构的重要指标。计算公式：林地覆盖率 = 林地面积/土地总面积 ×100%。

③ 建设用地面积比。该指标源自于环境保护部发布的《生态环境状况评价技术规范》，评价区域内建设用地面积之和所占比例。计算公式：建设用地面积比 = 建设用地面积/土地总面积 ×100%。

④ 土地利用多样性指数。该指标体现出一定区域内不同类型土地利用程度，可以从整体上分析土地利用结构变化的趋势。

计算公式为：$H = -\sum_{i=1}^{n} p_{i}\ln(p_i)$ （1）

（2）式中：H 为土地利用多样性指数，p_i 为各种土地利用类型所占的百分比，n 为土地利用类型的种类。H 值越大，土地利用多样性程度越大。

（3）土地开发强度指标选取理由及说明：在土地开发强度方面指标设计时，审计人员要综合考虑被审计领导干部所在区域主体功能地位、土地节约集约利用水平，它可以直接反映一定时期区域内土地利用的充分化情况。选取了“土地利用率”“新增建设用地面积下降率”“单位 GDP 建设用地面积下降率”等指标。

①土地利用率。该指标依据《全国土地利用总体规划纲要》提出的目标任务，是指在一定范围内已利用土地面积与土地总面积比例，是反映土地利用程度的数量指标。计算公式：土地利用率 = 1 − 未利用土地面积/土地总面积 × 100%。

②新增建设用地面积下降率。该指标是《国民经济和社会发展第十三个五年规划纲要》提出的一个约束性目标，是指一个地区一定时期内新增建设用地面积与另一时期新增建设用地面积相比下降的幅度，反映一个地区盘活存量建设用地，推进土地资源节约高效利用的一项重要指标。计算公式：新增建设用地面积下降率 = （基期新增建设用地面积 − 当期新增建设用地面积）/基期新增建设用地面积 × 100%

③单位 GDP 建设用地面积下降率。该指标源于国土资源部、国家发展改革委《关于落实“十三五”单位国内生产总值建设用地使用面积下降目标的指导意见》，是指一个地区一定时期内单位 GDP 建设用地面积与另一个时期单位 GDP 建设用地面积相比下降的幅度，反映一个地区土地节约集约利用和经济增长质量的重要指标。计算公式：单位 GDP 建设用地面积下降率 = （基期单位 GDP 建设用地面积 − 当期单位 GDP 建设用地面积）/基期单位 GDP 建设用地面积 × 100%。

4. 资金使用指标。审计署《领导干部自然资源资产离任审计试点工作的指导方案》要求审查土地资源开发利用和生态环境保护相关资金的征收、管理和分配使用情况，因此对照审计试点方案，在审查领导干部土地资源资产管理过程中的情况时，着重检查相关资金的支出范围、标准以及程序是否真实、合法，特别是土地资源资金是否按照进度拨付，拨付的资金是否用于土地整理项目，相关资金来源是否合法合规，土地资源资金纳入预算管理、符合预算目标的情况等。考虑到审计成本因素，结合工作效益，在选取投入方面评价指标时，仅从土地资金管理使用角度来设置评价指标，初步选取“土地资金征收情况”“土地资金管理情况”等指标。

（1）土地资金征收情况指标选取理由及说明：在土地资金征收情况指标设计时，审计人员重点审查是否存在应征未征土地出让收入、土地出让收入未及时入库等问题，如减免、缓征土地出让收入，变相减免土地出让收入，拖欠、少缴土地出让收入，因此选取了“土地资金征收率”“土地资金入库率”两项指标。

①土地资金征收率。该指标反映了被审计领导干部任期内所在地区在土地出让金、耕地占用税、土地使用税等方面资金征收力度。通过该指标可以了解被审计单位对于土地资金征收管理程度，是否存在随意减免、先征后返等征收管理不规范的问题，有利于审计工作人员比较直观地对被审计单位资金征收方面进行了解与考核。计算公式：资金征收率 = 资金实际征收金额/资金应征收金额。

②土地资金入库率。该指标反映了被审计领导干部任期内所在地区在土地出让收入等方面征收管理情况。通过该指标可以了解被审计单位对于土地出让收入入库情况，是否滞留土地出让收入未及时入库、设置过渡户导致土地出让收入未及时入库，也可以反映是否执行“收支两条线”管理。计算公式：土地资金入库率 = 实际入库金额/应入库金额。

（2）土地资金管理情况指标选取理由及说明：在土地资金管理情况指标设计时，审计人员重点审查是否存在土地资金未纳入预算管理，预算执行力不高，挤占、挪用、拖欠资金等问题，因此选取了“土地资金预算管理率”“土地资金拨付到位率”“土地资金使用合规率”等指标。

①地资金预算管理率。该指标反映了被审计领导干部任期内所在地区在土地资金收支纳入预算管理的程度。通过该指标可以了解被审计单位对于土地资金收入来源和支出用途的预算安排程度，也反映了在全口径预算下，被

审计单位对于资金预算管理的重视度与执行力。计算公式：资金预算管理率＝当年已纳入预算管理资金额/土地资金当年收入总额。

②土地资金拨付到位率。该指标反映了被审计领导干部任期内所在地区对于土地资金的拨付进度，审计人员可以通过该指标了解被审计单位是否及时、足额拨付相关土地资金。计算公式：土地资源资金拨付到位率＝当年实际拨付资金额/当年应拨付资金额。

③土地资金使用合规率。该指标反映了被审计领导干部任期内所在地区在土地资金使用阶段有无存在挤占、挪用、拖欠等违规的情况。计算公式：资金使用合规率＝1－（违规使用资金额/土地资金总额）

（四）构建评价指标体系

将上述指标进行整合所构建的自然资源资产离任审计中土地资源评价指标体系框架，如表5－2所示。

表5－2　　土地资源资产评价指标体系

一级指标	二级指标	三级指标
政策执行情况	政策法规贯彻落实情况	
	政策法规建立和执行情况	
	约束性指标以及目标责任制完成情况	
	重大决策情况	
政策执行效果	经济效益	地均GDP
		地均第二、第三产业链
		地均财政收入
	社会效益	人口密度
		人均建设用地面积
		人均耕地面积
	环境效益	建成区绿化覆盖率
		人均公园绿地面积
		生活垃圾无害化处理率

续表

一级指标	二级指标	三级指标
自然资源利用效率	土地利用结构	土地垦殖率
		林地覆盖率
		建设用地面积比
		土地利用多样性指数
	土地利用强度	土地利用率
		新增建设用地面积下降率
		单位 GDP 建设用地面积下降率
资金使用	土地资金征收情况	土地资金征收率
		土地资金入库率
	土地资金管理情况	土地资金预算管理率
		土地资金拨付到位率
		土地资金使用合规率

第四节　土地资源资产离任审计评价

审计评价主要依照法律法规中相关条款、考核制度中相关要求、政策规定中相关准则、规划计划中相关任务等，结合被审计地区或单位的特点和实际情况，综合反映任职期末土地资源资产实物量是否增加或减少、相对于任职前生态环境质量状况是否改善或恶化等变化情况，客观评价领导干部是否履行“两个责任”情况，即生态环境保护责任、土地资源管理责任，具体分为定性评价和定量评价。定性评价以审计结果为基础，对被审计领导干部的有关土地资源资产保护相关活动的真实性、合法性进行评价，如评价领导干部在任职期间对土地资源资产管理与相关政策、法律法规的符合程度。定量评价是对地方领导干部离任审计过程中，以审计取得的领导干部任期期初与期末各项指标数据与所在地区行业标准、与上级下达考核指标等进行比较分析，客观反映领导干部对土地资源资产保护的责任。

从各地自然资源资产离任审计试点情况来看，大部分地区选取了一些考核指标，部分地区将审计评价分为五个等级，即“好、较好、一般、较差、差”。

1. “好”是指认真履行“两个责任”，积极采取措施并取得显著成效，所在地区或者主管业务领域自然资源资产和生态环境得到有效保护或者明显改善，且在审计抽查的约束性指标、相关规划（计划）目标任务和资源环境生态红线管控任务完成情况中，未发现指标、目标、任务完成和数据真实性方面存在的问题。所在地区或主管业务领域未发生严重损毁自然资源资产和重大生态破坏（灾害）、环境污染事件，无违法违纪违规问题。

2. “较好”是指所在地区或者主管业务领域自然资源资产和生态环境得到保护或者一定改善，所在地区或主管业务领域未发生严重损毁自然资源资产和重大生态破坏（灾害）、环境污染事件，但存在以下问题之一的：一是在审计抽查的约束性指标、相关规划（计划）目标任务和资源环境生态红线管控任务完成情况中，发现个别地区（部门）在数据真实性方面存在的问题；二是对个别工作监督管理不力，导致存在个别、尚未造成严重后果的问题。

3. “一般”是指被审计领导干部任职期间基本履行“两个责任”，并取得一定成效，所在地区或主管业务领域未发生严重损毁自然资源资产和重大生态破坏（灾害）、环境污染事件，但存在以下问题之一的：一是在审计抽查的约束性指标、相关规划（计划）目标任务和资源环境生态红线管控任务完成情况中，发现少数指标、目标、任务未完成，一些地区（部门）在数据真实性方面存在问题；二是对个别工作监督管理不力，导致所在地区、部门存在一些局部性、尚未造成严重后果的问题。

4. “较差”是指被审计领导干部任职期间履行“两个责任”，但取得成效不好，存在以下问题：一是工作推进不力，较多指标、目标、任务未完成，数据证实存在较多问题；二是较重大履职不到位，造成重大生态环境破坏、环境污染事件或者较重大突发环境事件隐患未得到有效治理；三是较严重违纪违法违规行为。

5. “差”是指多数指标未完成，严重履职不到位，造成重大损坏和破坏等。

第六章

领导干部水资源资产离任审计

第一节　我国水资源利用与水污染治理问题

一、水资源

1. 水。水，是一种由氢、氧两种元素组成的无机化合物，也是地球上最常见的物质之一。水是包括无机化合和人类在内，所有生命生存的重要资源；还是我们生物体中最重要的组成部分。水也是孕育了自然生态环境的根本，保障了万物的生长。水如果滋养不了大自然，人类活动和社会就无法从自然界中获取自身赖以生存和发展的重要资源。同时，水也是我们人类生存的必要条件之一；由此可见，水之于人与自然的重要性。所以，水也被称为人类生命的源泉，水是生命之源。

2. 水资源。根据世界气象组织（WMO）和联合国教科文组织（UNESCO）发布的《INTERNATIONAL GLOSSARY OF HYDROLOGY》（国际水文学名词术语，第三版，2012 年）中有关水资源的定义：水资源，是指可资利用或有可能被利用的水源，这个水源应具有足够的数量和合适的质量，并且满足某一地方在一段时间内具体利用的需求。而在我国，按照全国科学技术名词审定委员会公布的水利科技名词（科学出版社，1997 年）中有关对水资源的定义为：水资源是指地球上具有一定数量和可用质量、能从自然界获得补充并可资利用的水。然而，并非所有的水都能被称之为“水资源”，科学界对于水资源的定义虽有不同，但其共性都在于承认水资源是可供人类直接利用，能不断更新的天然淡水（主要指陆地上的地表水和地下水）。根据《中国资源科学百科全书》可知，水资源有以下几个特征：

（一）循环性和稀缺性

地表水和地下水能不断得到大气降水的补给，开发利用后可以恢复和更新。但各种水体的补给量是不同的和有限的，为了可持续供水，水的利用量不应超过补给量。水循环过程的无限性和补给量的有限性，决定了水资源在一定数量限度内才是取之不尽、用之不竭的。

（二）时空分布不均匀性

水资源在地区分布上很不均匀，年际和年内变化很大。比如我国，占中国国土面积 47% 的西北干旱和半干旱带，年水资源量只占全国水资源量的 7%；而占全国面积约三分之一的东南湿润和十分湿润带，却拥有全国水资源量的 81%；在西北、东南之间占全国面积 19% 的半湿润带，则占有全国水资源量的 12%。

（三）用途广泛性

水资源用途广泛，不仅用于农业灌溉、工业生产和城乡生活，而且还能用于水力发电、航运、水产养殖、旅游娱乐等。

（四）经济上的两重性

水的可供利用以及可能引起的灾害（如：由于水资源开发利用不当，造成的水体污染、地面沉降等人为灾害）的影响效应，决定了水资源在经济上的两重性，即有正效益也有负效益。

以上所概括的水资源特征，实际上就是水这种自然资源所具有的自然生态环境与其蕴含的自然属性，能给人类带来生态价值和生态使用价值、生态产品价值等。简言之，对人类具有使用价值的水就能被划分为水资源。

二、我国对水资源的利用

（一）我国水资源的利用状况

1. 水资源分布。我国是一个水资源比较缺乏的国家，尤其是淡水资源。我国人均水资源占有量不足世界人均水资源占有量的四分之一，被联合国列为13个缺水国家之一。而且我国的人均水资源占有量在世界排名中也是比较靠后的，在时空上的分布上也极不均匀，北方的人均水资源占有量还不及南方的人均水资源占有量的四分之一，这也造成了国内富水地区对于节水和水资源的循环利用缺乏一个足够的认识。

2. 水污染问题。改革开放40年来，随着我国社会主义市场经济的快速发展，以及广大人民群众的生活水平显著提高，社会需水量和废水量也在不断增高。据有关统计资料显示，近年来我国的废水总量约为416亿吨，其中工业废水为227亿吨，生活污水为189亿吨。而在废水处理中，对工业废水的处理率为78%，达标率为54.4%；生活污水的处理率却仅有20%。根据预测，到2050年，我国的污水排放总量将高达1 200亿吨。由于全国有三分之一的工业废水和五分之四的生活污水未经处理就直接排入江、河、湖、海，使的我国水资源受到了前所未有的破坏。

根据全国七大水系及内河的110个重点河段调查表明，符合国家“地面水环境质量指标”一类和二类的仅有32%，属三类的占29%，四类、五类的则占39%，全国有近1.7亿人的饮用水受到不同程度的污染。一方面，水利部在对全国的532条河流进行的水质监测中发现，其中有432条河流受到了污染，水质的污染率竟高达82%。另一方面，全国有37个主要湖泊也受到了不同程度的污染。根据水资源受到的各种不同程度地污染情况表明，全国已有三分之一的水体已不适宜鱼类生存，四分之一的水体不适宜灌溉，更有二分之一的城镇水源不适合作为饮用水水源，而79%的居民饮用水则受到污染，种种问题给我国水资源利用带来种种严峻的问题。

(二) 我国水资源使用中存在的问题

由于我国水利部门对水资源精确状况的认识不足、地方政府对节水采取的各类政策、措施不到位等影响因素；导致了社会普遍存在只注重经济发展、忽视了对水资源的自然生态环境保护；所以造成了社会对水资源利用的浪费和我国水资源生态环境被破坏、污染等一系列问题的发生。

在我国，大部分农业种植地区的农业农产品培育灌溉，仍采用的是传统种植的大水漫灌的方式。而水的灌溉利用率却仅有60%左右，工业用水的重复利用率在45%左右；水资源损耗竟然高出西方发达国家的两倍还要多，这是存在有严重的水资源浪费现象。同时，由于长期以来我们一直忽视了对水资源的保护，相应的监管和保护措施、政策都实施不到位。还致使大量企业一味地重经济、重利益发展，而向河流湖泊江海水中直接排放各类工业废水污染物、各类废料残渣等，这使得加剧了我国水资源短缺等情况。

三、我国水污染治理的具体路径与具体措施

我国对水资源存在问题采取的措施主要在于“开发利用”与“治理保护”两个方面，即第一是“开源”，第二是“节流”。

开发利用水资源，也就是对水资源进行“开源”。其主要是指通过开展恢复水资源生态环境的相关活动来增加水资源的可使用量和水资源的生态状态。恢复水资源可以从改善水资源的质量与数量两方面着手。一方面，是提升水资源数量，比如治理污水、改善与水资源相关的自然生态环境，加大保护投入措施、增加水资源监管经费投入与支出等；另一方面，是在水资源的质量层面对其改进，比如修建蓄水工程、恢复河流湖泊的水域面积等行动，在质量层面上改进水资源，以提升水资源质量状况。这是当前水资源生态环境所要面临的重点问题。

第二节 领导干部水资源资产离任审计目标

一、水资源资产离任审计的内涵与意义

（一）水资源资产

水之所以成为资源是由其自身的物理特性、化学特性及自然特性所决定的。而从国家资源管理角度出发，水资源资产是指由过去的事项产生的，由特定主体拥有或控制的、能够为其带来未来经济利益的水资源。水资源资产是现实存在的，且由特定主体拥有或控制，能够在未来给水资源的所有权主体带来经济利益。水资源资产主要包括水流资产（水资源资产及水域资产）、水利资产、取水许可与水域租赁以及水生态系统服务等涉水资产；其范围涵盖了内陆所有可以或可能被提取用于经济社会的水量资源；既包括淡水及咸水，也包括可更新水资源和不可更新的水资源。

水资源具有的使用价值能够给人类社会带来经济利益，这也意味着水资源具备社会属性，而社会属性又是一个事物可以用价值量衡量的必要条件。在会计上关于资产的社会属性表现主要有三点：一是能够被所有者控制，也就是产权能够明确；二是预期能够为所有者带来经济利益，也就是可以初步对水资源的会计属性进行表述；三是能够可靠计量，也就是能够核算出其价值量。这三点也是作为一项资产必须具备的会计属性。通过这三点的特征，我们可以概括出水资源资产所具有的会计属性，具体如下：

1. 空间性。空间性也就是关于产权的问题。在西方经济学中，对于产权的解释是指产权不仅包含了所有人对自己的财产享有占有、使用、收益和处分的权利，更涵盖了在产权明晰的基础上人与人之间的交易和契约行为。但是对于自然资源来说，它有两个特征：第一是公有产权性；公有产权是具有非排他性的，即人人都可享受对自然资源支配的权利。第二是不可再生性；

即享受着对自然资源支配权利的同时也意味着是对其的消耗行为，很多自然资源都是不可再生的，比如矿产资源。但这并不意味那些可以再生的资源就一定可以不加节制的利用，比如森林资源、水资源等；因为当这些自然资源的消耗速度大于其再生速度时，同样会使得这些可再生的资源变成不可再生的资源；而不可再生的特质就要求人与社会必须考虑对生态环境和自然资源的可持续利用。所以，这两个特征就决定了自然资源的权利与责任是同时产生的，也就是说当确定了自然资源产权主体的同时也就确定了主体应当对自然资源承担的责任。

水资源作为自然生态环境中的其中一种自然资源，其公有产权的特质是不言而喻的。在我国，水资源的最终所有权是归属国家这一主体的，使用权则是由全民共同享有，这就意味着对水资源保护利用和合理开发的责任也应该由全民来承担，但是这只是一种逻辑意义上的推理与概括。一方面，水资源的空间性也是确定具体水资源资产产权的依据，也就是依据水资源在空间上的分布划定产权边界。另一方面，空间上的分布不均也是导致水资源资产产权难以具体落实到各个方面的原因，产权不明确就容易造成社会对于水资源使用上的不平衡、不充分，同时也使得相关单位对水资源资产的监管不到位。明确水资源的产权主体，主要目的是在于规范社会公众对水资源享有的权利，同时监督水资源责任的承担方履行其义务。虽然产权的归属问题不影响水资源的价值量核算，但是却明确了水资源价值量的适用对象，也就是说，产权的确定才能使价值量的存在具有实际意义。

2. 时间性。自然资源的空间性与时间性是共生的。从生态环境的自然属性上来说，空间性决定了自然资源能够被利用的范围与程度，而时间性则决定了人与社会对自然资源的依赖程度，这两点共同决定了自然资源必须能够被持续利用。而从社会属性的角度来看，空间性提供了自然资源产权的划分依据，而时间性则为自然资源的价值核算提供了价值时点的判定依据。

在时间上，自然资源无论是过去还是将来都是能够给社会带来经济利益的，但是其不可再生性决定了过去已经消耗的自然资源的历史价值难以追溯，而自然资源未来的价值估计又必须以当下的价值为基础，同时须指出的是，过去消耗的自然资源，会在现在形成一项义务或者责任。所以整个自然资源的历史价值与未来价值都难以脱离现时情况而独立存在，水资源亦是如此，因而水资源的核算只能选取现在时点的价值，不能是过去也不能是将来。从环境审计与环境会计的现实意义来说，环境审计、环境会计本身问题导向的特质也决定了水资源不能用过去时点或者未来时点的价值量表示。

3. 水资源资产价值量的选取。在确认了选用什么时点的价值之后，进一步需要确定具体的价值量选取标准，只有具备了价值量，水资源才能够称为水资源资产，但是水资源在未经人为加工的原始状态下是难以计量的，因而只能从利用水资源后造成的结果来作为水资源价值量的核算标准。会计上资产的归宿是最终形成的权益，这是一种此消彼长的关系，对于自然资源资产来说，结合前文可知，消耗自然资源为社会带来收益的同时也形成了人与社会应当对自然资源承担的一项责任。

消耗自然资源所形成的收益（权益）仅仅是针对人与社会而言的，是积极的；但是对于自然环境来说，人与社会通过自然资源获取的收益是造成环境问题的根源，消耗自然资源无论数量的多少，无疑对自然环境带来的均是负外部性的影响，是消极的，对自然环境的消极影响又反作用于人与社会，因而环境问题要求人与社会承担消耗自然资源所产生的责任（义务）。承担责任的具体表现形式就是解决已经造成的环境问题，既然解决环境问题是人与社会应当对自然资源履行的一项义务，那么过去损耗的自然资源在当前时点的价值与当下履行义务所需要投入的成本是等价的。同时，结合会计上资产的价值量的具体表现形式是其自身的成本，那么自然资源的价值量选取标准也就显而易见了，其价值量在实质上与解决环境问题所需要投入的成本是等价的。

（二）水资源资产的离任审计

领导干部水资源资产离任审计，也可简称“水资产离任审计”，其主要是在编制出水资源资产负债表的基础上来分析水资源的变化情况，并对水资源的实物量和价值量进行核对，分析其差额出现的原因，对领导干部在水资源管理、利用与保护等方面是否做到尽职尽责等情况进行监督、检查和评价，并出具领导干部水资源资产离任审计报告（刘文秀和杨体迪，2016）。

从而进一步地完善我国水资源资产的监督管理体制，全面开展好对领导干部的水资源资产离任审计工作，以推动我国水资源环境的生态文明建设与政治、经济、文化、社会建设的相融合，实现国家水资源节约利用的可持续健康发展。

领导干部水资源资产离任审计肇始于资源环境审计问题，而其作为资源环境审计的一个分支，最终的审计目标必然与资源环境审计目标相吻合。由此，可以看出领导干部水资源资产离任审计的审计目标是起源于基于公共受托责任理论。在领导干部水资源资产离任审计中，公共受托社会责任关注受托方即领导干部，履行社会对水资源、水生态环境的保护等履职责任情况，以及对社会发展过程中伴生的水资源、水生态环境等问题的治理效果。

二、水资源资产离任审计的审计目标

根据中共中央办公厅、国务院办公厅于2017月6月印发的《领导干部自然资源资产离任审计规定（试行）》，以及结合开展领导干部水资源资产离任审计工作的具体要求，可以将水资源资产离任审计的审计目标划分为总体目标和具体目标这两类。

（一）水资源资产离任审计的总体目标

根据中央对开展领导干部自然资源资产离任审计工作提出的具体要求，可以将水资源资产离任审计的总体目标主要划分为以下五个方面：第一，地区政策的合规性、合理性，即政策自身的合理、合法性；第二，对政策执行情况是否合法、合理性的审计；第三，在这个政策下环境问题是否得到有效解决；第四，评价并考核领导干部在其任职期间对自然资源的利用效率和效果、审视环境治理和环境保护责任的落实情况；第五，评价财政资金的使用效率和使用范围，确保专款专用、专款专人负责、专人审批。

1. 地区政策。水资源政策如果按照其要求、供给以及规范的特点，它可以被分成三大类，分别是需求型水资源政策、供给型水资源政策以及规范型水资源政策。需求型水资源政策主要是针对水资源保护对污染源的控制，例如制定污染排放标准、水质标准以及排污权交易标准。供给型水资源政策主要是指通过政府的投资补助或者优惠政策，倡导保护水资源，例如国家各类相关水资源基金及补助政策、税收、科技政策、贷款优惠政策都属于供给型水资源政策。规范型水资源政策，主要是国家对水资源保护领域的强制管理。通常，水资源政策与经济相挂钩，通常都是运用“付费原则”来推动水资源政策的执行，通过经济利益约束企业或个人的行为。对领导干部实行水资源资源资产离任审计，审计内容包括对离任领导干部在任职期间制定的水资源保护制度以及做出的重大决策进行审计。水资源相关保护制度的制定需要根据水资源的特性有针对性地制定，因地制宜地执行相关水资源保护制度。由于制度作为水资源保护的准则和依据，水资源保护制度是否合理，直接关系到最终的执行结果。同时还应考虑水资源政策是否有效，是否能不同种类的水资源起到保护作用，改善区域水资源存在的问题。

2. 政策执行情况。对水资源资产的相关政策法规执行情况进行审计，首先，需要了解相关水资源资产目标责任的政策制度，检查离任领导干部在职期间的目标履行情况。其次，审计水资源保护和水资源生态恢复制度的执行情况。检查是否存在不合理的水资源开发情况，同时检查生态修复工程的成果及进度，是否符合生态工程指标，能否促进生态环境可持续发展。最后，审计重大水资源项目的整改情况，检查之前存在的污染问题是否已经及时并彻底地处理，生态环境是否恢复，水资源资产是否继续遭到损害等情况。

水资源相关具体政策的执行可以参考以下几点：一是检查被审计领导干部所在地区是否及时制定贯彻落实水法、环境保护法、防洪法、水土保持法、水污染防治法及其实施细则、城镇排水与污水处理条例、水污染防治行动计划等法律法规和实行最严格水资源管理制度等水资源管理重大政策规定的具体措施、细则、实施办法等，出台的制度措施的内容与国家规定和当地实际是否相符；是否制定了本地区水资源管理、水污染防治、水资源节约和保护考核制度；是否制定了防洪、抗旱等应急预案，是否按照国家法律法规规定及时编制水利发展规划、节约用水规划、水资源开发利用与保护规划、水环境保护规划、河道采砂规划、抗旱规划、防洪规划、农村饮水安全工程规划等并组织实施，检查编制完成的规划是否符合相关法律法规和国家规划确定的原则和要求，是否符合当地实际；是否将禁止性、限制性、约束性政策要求纳入当地国民经济和社会发展规划；检查规划目标和任务分解落实情况、各年度任务和阶段性任务完成情况、监督检查规划实施情况以及规划实施的效果。二是检查用水总量、用水效率和水功能区水质达标率“三条红线”控制指标完成情况。检查是否根据上级下达的用水总量指标和本地区行业用水定额对各用水单位、行业核定用水总量并严格考核；是否存在突破上级下达的用水总量指标、严重超采地下水和超量取用地表水等问题；工业用水大户是否采取了节水措施，是否存在损失浪费水资源问题；农田灌溉是否通过修建防渗漏渠、管道等设施以及采取节水灌溉等措施减少水资源损失，提高用水效率；是否按照水功能区规划要求管理、保护水资源，水功能区有无水质不达标等问题。三是任期内有无地表水和地下水资源数量不足、水质下降等问题，客观分析变动受人为因素和自然因素的影响程度，揭示人为因素造成的水资源数量严重减少、水域面积严重缩小、水质严重下降等问题。四是检查水环境保护情况，饮用水源地、江河湖泊周边是否存在工业企业、医院、规模化畜禽养殖等重大水污染隐患；有无违法设置入河排污口、扩大排污口、增加排污口、超标准排放污水等问题；是否存在侵占江河湖泊面积，以及水环境严重污染、破坏，水短缺或存在城镇和农村饮水安全隐患等问题。五是被审计领导干部所在地区水务（水利）、环境保护等主管部门是否严格组织水资源监督监测执法并对违法问题依法及时处理，有无监管和问责不到位的问题。

3. 水资源问题是否得到解决。审计人员往往对落到实处的水资源治理质量以及水资源政策效果关注较少，例如政策实际效果，社会大众满意度情况以及该环境政策所带动的产业经济发展情况等。现阶段，我国环境政策审计所发现的问题不够深入，只停留于政策本身的执行规范性，缺乏对环境治理质量以及效果的考评。应该更多的关注政策执行后之前的环境问题是否得到解决，自然环境是否得到改善；水资源治理项目是否达到预期的功能；区域水资源质量是否得到改善，是否存在水污染转移的现象。这样才能使水资源资产离任审计从问题出发又回归到问题本身，也符合“坚持依法审计、问题导向、客观求实、鼓励创新、推动改革的原则”。

4. 评价、考核领导干部在其任职期间对水资源的利用效率和效果。基于受托责任观同时结合我国自然资源产权制度，领导干部既承担着自然资源资产的行政管理职责，又代表全体国民行使国有自然资源资产的所有权，行使着大量的资产管理职能。因此，对水资源的利用效率和效果也是重要的审计目标，具体可以参考如下标准：一是约束性指标、生态红线考核指标、有关目标责任指标。主要包括：用水总量、万元工业增加值用水量、农田灌溉水有效利用系数、水功能区水质达标率、城镇（乡）供水水源地水质达标率、水域纳污容量、供水管网漏损率、主要污染物排放总量、城乡污水处理率、城市污水处理回用率、城镇（乡）生活垃圾无害化处理率、水土流失面积、水资源开发利用率等。二是在摸清被审计领导干部任期内所在地区水资源量和水质变化基本情况以及上级政府和主管部门涉水的考核检查结果和重大处理处罚情况的基础上，重点审计目标责任状签订情况和目标责任完成情况，核实指标数据的真实性，检查相关数据来源、生成过程的真实性和合规性，有无数据不规范甚至人为调整和擅自修改结果数据、虚报瞒报目标完成数据等问题，重点审查各类约束性指标的完成情况，关注突破红线约束、突破控制指标等问题。三是审查被审计领导干部所在地区是否将水资源资产开发利用管理和水环境保护工作纳入地方政府绩效考核目标，作为对领导班子和领导干部综合考核评价的重要依据；是否将考核指标分解落实，责任制内容是否全面，措施是否明确，是否组织对目标责任完成情况开展考核，并依据考核结果和《党政领导干部生态环境损害责任追究办法（试行）》进行问责。

5. 评价财政资金的使用效率和使用范围，确保专款专用、专款专人负责、专人审批。评价用于水资源资产领域的财政资金是否在渠道内，是否存在挪用、截留、占用、滞留等违规现象；在对水资源进行开发利用、保护和生态恢复的过程中，资金落实和资金使用情况是否符合财政法规和财政预算以及资金的投入是否取得了应有的生态收益、经济收益、社会收益是利益相关者关注的重点。水资源财政资金具体表现在：水资源资产收费和上级下达、本级预算安排的专项资金管理使用情况。与水资源资产相关的专项资金主要包括：中小河流、防汛、农田水利、抗旱、水利工程、污染防治、环境治理、安全饮水、湿地保护等专项资金。重点检查相关水资源收入是否全额纳入财政预算管理，是否按规定安排使用；上级下达和本级预算安排的各项涉水专项资金是否及时安排拨付使用，有无挤占挪用专项资金问题；是否建立起水资源节约、保护和管理投入保障机制，按规定提取的各项农田水利建设基金是否足额提取并安排使用；各项资金使用是否达到预期效果。

除了与水资源相关的财政资金，同时应重点关注水资源资产相关基金和收费征收管理情况。与水资源资产相关的基金和收费主要有：水利建设基金、水资源费、水土保持补偿费、河道工程修建维护管理费、河道采砂管理费、河道砂石资源费、占用农业灌溉水源及灌排工程设施开发补偿费、排污费、污水处理费、垃圾处理费等。重点审查各项收费是否足额征收，有无违规减免、少征、缓征、降低标准征收等问题；是否存在漏缴、欠缴或少缴情况；是否按规定征收超标排污费和自备水源污水处理费；是否按入库级次足额缴入本级国库和上级国库，有无违反“收支两条线”规定截留坐支收入问题。

（二）水资源资产离任审计的具体目标

基于受托责任观的审计理论，同时结合我国国情和实际情况，各级党政机关领导干部和国有企事业单位的主要领导人员，是代广大人民群众行使公众对我国水资源资产享有的权利主体。同时，被审计水资源资产的管辖主体就应当代为承担对水资源资产的监管责任、履行职责等相应的义务，并接受审计鉴证、监督和评价。也就是说在水资源资产离任审计中，与水资源资产相关监管活动的主体是被审计单位领导干部，客体也就是被审计范围内的水资源资产本身。那么在了解相关活动信息的前提下，就可以得出水资源资产离任审计的具体审计目标，并以此作为审计工作的入手点。此外，需要注意的是，水资源资产离任审计的具体审计目标确立是离不开水资源资产本身特性的。其主要是围绕水资源资产的特征，同时结合水资源资产的保护利用、开发治理等相关监管权利与责任义务的理念，对应的水资源相关人为活动就是“利用”与“治理”这两类。其中最具代表性的就是上文所提及的“水资源利用”与“污水治理”这两类活动。由此可见，根据总体目标并围绕对水资源资产本身及其相关活动，领导干部水资源资产离任审计的具体目标，可分为以下几点：

1. 被审计单位水资源资产相关活动实施产生的生态价值的真实性、可靠性。对于水资源的生态环境保护和水资源资产管理活动来说。其中，监督被审计单位关于水资源资产活动的真实性，主要保证相关信息是否真实、客观地反映了领导干部在水资源资产方面具体的履职履责情况。同时，这也是保证水资源资产相关实际问题能够得到充分反映的基础；所以鉴定与水资源资产活动相关的信息的真实性，是水资源资产离任审计具体目标中的首要前提；而对相关信息可靠性的鉴定，则重点在于选取水资源资产会计核算的政策依据是否恰当可靠；水资源资产相关活动信息的可靠性主要保证了后续收集审计证据的适当性，从而保证对领导干部水资源资产离任审计得出的审计结果不会有失公允。

2. 被审计单位水资源资产管理工作的有效性评价。这一目标主要是针对水资源资产相关活动本身而言的，管理活动是体现权利与义务如何实现的过程。在这个具体实施过程中，整体的质量高低决定审计结果能否达到活动的预期效果的好坏；实质上，对水资源资产管理活动本身的有效性也取决于被审计领导干部在进行水资源资产管理等方面工作的履职、履责情况。因此，对被审计单位水资源资产管理工作的有效性评价也反映了被审计领导干部在其任期内对于被所管辖范围内的水资源生态环境与水资源资产，代为履行相关责任和义务的工作成果，这也是判断领导干部对于水资源生态环境保护和水资源资产管理的具体生态环境履职履责情况评价的重要指标。

3. 被审计单位水资源资产管理工作方针、政策实施方面的合法性。这一具体目标，是针对水资源资产相关活动开展的客观背景，同时也在法律法规和政策措施的实施上，界定了领导干部对于水资源资产监督和管理等工作的职责。2019 年 4 月，中共中央办公厅、国务院办公厅印发了《关于统筹推进自然资源资产产权制度改革的指导意见》的重要文件，该通知指出要“健全水资源资产产权制度，根据流域生态环境特征和经济社会发展需求确定合理的开发利用管控目标，着力改变分割管理、全面开发的状况，实施对流域水资源、水能资源开发利用的统一监管。完善自然资源资产分等定级价格评估制度和资产审核制度。”这也说明领导干部在开展水资源资产相关管理活动的同时一定要将中央的政策落实到实际工作当中去，同时也要符合关于水资源资产相关的法律法规的规定，比如《中华人民共和国水法》《中华人民共和国水土保持法》《中华人民共和国水污染防治法》《中华人民共和国环境保护法》等。如果对于水资源资产的管理活动本身就不符合相关法律法规，那么可能就会出现只追求结果不注重总体原则的情况，不仅会严重违反法律规定，而且造成了顾此失彼的现象。因此，评价被审计单位水资源资产管理工作方针、政策实施方面的合法性也是对被审计领导干部在生态环境保护方面作为监管主体责任的判断尺度之一。

（三）水资源资产离任审计具体目标的分类

具体的审计目标是从已确定的总体目标中，筛选出其中的重要因素作为具体的审计目标，这也是后续开展领导干部水资源资产离任审计的审计内容的具体起点。只有确立了详细的离任审计具体目标，水资源资产离任审计工作才能由一个划转变成一项具体实践。在具体目标概括的基础之上，可以将水资源资产离任审计的具体目标分为以下几类：

1. 与水资源资产相关活动产生的价值信息及实物量信息真实性、可靠性相关的具体离任审计目标。既然该活动的价值量信息与实物量信息是权利与义务的主、客观体现，那么也应当围绕权利与义务来确定与真实性和可靠性的具体审计目标：

（1）与水资源资产相关的问题是否存真实存在（责任、义务）；

（2）针对水资源资产相关问题所开展的活动是否真实存在（责任、义务）；

（3）含有水资源资产相关活动价值信息的材料是否客观、公允（权利、责任与义务）；

（4）对水资源资产实物量的统计是否科学、全面（权利、责任与义务）；

（5）选取的用以核算水资源资产价值量的依据是否客观、真实、公允；

（6）最终形成的水资源资产的价值量是否客观、恰当（权利、责任与义务的价值表现形式）。

之所以选取以上六个方面作为一类具体审计目标，主要是为了保证核算水资源资产价值量的真实性与可靠性。这也是领导干部水资源资产离任审计工作与开展传统审计工作具体目标与内容上最大的不同，一般的审计是在已有的、与会计信息相关的认定基础上确立的具体审计目标；而领导干部水资源离任审计，实质上是对水资源资产管理权利与义务的审计。因此，审计人员必须亲自通过对自然资源资产进行实物量与价值量的认定，将会计核算与计量的方法作为开展离任审计工作的手段之一。具体为将抽象的权利与义务逐步具象化，并最终凝结在自然资源资产的价值量中；因此水资源资产离任审计的具体审计目标选取原则必须要能保证相关信息的真实性与可靠性。

2. 与被审计单位水资源资产管理活动有效性的具体审计目标。与水资源资产相关管理活动有效性主要反映的是领导干部责任履行情况的质量，也是对领导干部职责履行情况最终进行定性评价的审计证据来源之一，同时管理活动本身的绩效也是有效性主要组成部分。因此可以将这一环节的具体审计目标确定为以下几点：

（1）水资源资相关产管理活动是否具有环保性；虽然相关管理活动的出发点是积极的，但是不能因为为了解决水资源资产的相关问题去危害其他的自然环境，否则会造成顾此失彼的后果。

（2）对水资源资产进行的管理活动是否具有效率性；管理活动本身一定会投入一定的人力、财力及其他资源去实现管理活动的预期，在使用投入的各类资源时应当力求投入最少，收效最大，因而对于这些资源的配置是否合理有效也成为衡量管理活动效益性的标准之一。

（3）水资源资产管理活动是否具有经济性；水资源资产相关管理活动在实现预期时的同时，是否将活动的成本控制在了合理范围，做到所耗费的资源最少、成本最低。在判断活动是否具有经济性时不能只围绕活动的预期来进行，同时还要紧密结合活动所针对的问题，通过“问题—预期—实际”这样的关系来整体判断经济性才更为合理。

（4）水资源资产管理活动是否具有效果性；合理配置所投入活动的资源并不能保证一定能得到预期的效果，因此还需对活动预期的实现程度是否理想进行判断。同样对活动效果的判断也应当紧扣实际中对应的问题，因为活动最终产生的效果是对问题的回应，所以对效果的判断不能脱离问题的实际。

（5）水资源资产管理活动的执行是否充分、适当；活动中配置所投入资源的过程并不是管理活动的全部，此外还应将其他与活动相关的过程纳入审计范围，以判断活动整体执行的充分性与适当性，以保证活动能够达到预期。

（6）针对水资源资产管理活动是否建立了相关控制体系；这是对活动的监督体系，是活动对自身有效性的保障，合理的水资源资产管理活动应当自始至终接受来自活动执行方内部的有效监督。

3. 与水资源资产管理工作方针、政策的合法性的相关具体审计目标。

水资源资产相关管理工作既要符合问题导向的原则，也要落实国家相关的方针、政策，同时还应当遵循国家相关的法律法规。以这一前提确定的具体审计目标有：

（1）水资源资产管理活动是否落实了国家相关的方针、政策；

（2）水资源资产管理活动是否符合地方性政策的要求；

（3）水资源资产管理活动是否遵守了国家相关法律及地方性法规；

（4）水资源资产管理活动是否尊重了活动发生地的公序良俗；

（5）水资源资产管理活动是否遵循了活动所涉及的相关行业的准则及标准。

综上所述，对于领导干部水资源资产离任审计三层审计目标的设定，实际上是一个把最终审计目标从抽象转化的具体的过程，将一个宏观的最终审计目标一步步落实到可着眼、可入手的具体方面，如此一来，水资源资产离任审计的实践工作才真正具备了起点，只有确立了具体审计目标，审计内容才能得以充实，尤其是对审计证据的采集具有重要意义，换言之，具体审计目标为审计证据的收集提供了明确方向，而审计内容实质上也就是对审计证据的采集范围的确立。此外，具体审计目标的合理确定也为环境重置成本法在审计工作中的运用提供了切实可行的目标。

第三节 水资源资产离任审计内容、方法与程序的确定

一、总体思路

审计机关开展领导干部水资源资产离任审计的总体思路，应当是围绕其审计目标来设计的。在对水资源资产的审计中，应紧扣被审计单位对于所管辖范围内的水资源开发、利用以及自然水的生态环境的修复与治理中的职责。要始终坚持政策与资金并重，重点审查领导干部在任职期间对履行水资源宏观管理与调控、财产性收益的征收与使用等职责情况；反映和揭示为了政绩而盲目透支与利用、无效开发水资源等问题以及无序排污、破坏水资源生态环境等行为；资金征收管理使用较混乱、铺张浪费、效益性不高等问题；搞权力寻租、损害国家利益问题等。主要评价领导干部对于水资源资产的相应责任，并从体制机制等制度层面来分析问题原因并提出相关建议；推动建立水资源生态环境损害赔偿责任追究制度、完善水资源环境治理和水资源生态修复等制度，帮助被审计领导干部树立好正确的政绩观，为实现经济社会建设与自然资源治理之间的均衡健康与可持续发展做出重要贡献。

二、基本原则

首先应当明确，水资源资产离任审计的审计内容是其具体审计目标由点到面延展而来的，核心还是反映被审计领导干部代为行使的水资源资产管理权利与应当承担的责任和履行的义务，所以主要围绕以下这几点原则来确定：

第一，与实际全面相关的原则。水资源资产在社会经济发展以及国民日常生活中具有举足轻重作用。要对领导干部“利用”与“保护”水资源的履职情况做出全面准确评价，首先应当选取与水资源资产存在的实际问题相关活动作为审计内容，然后全面地对领导干部任职以来水资源开发利用、财产性收益征收使用等情况进行审计，以此界定责任、客观评价、促进发展与水资源资产实际中存在的问题相关；这也是问题导向、政策导向所要求的。

第二，与审计具体目标相关的原则。水资源资产离任审计不能脱离其具体的审计目标，具体审计目标规划水资源资产审计的范围，因此在水资源资产离任审计中应当反映出其具体的审计目标，这样才能保证审计效果没有偏离预期。

第三，试点推进原则。水资源资产离任审计是个新课题，极具开创性和挑战性，目前还没有成熟的经验可以借鉴。在进行水资源离任审计是，审计人员应当边摸索边推进，边总结边调整，循序渐进，不断完善，利用环境重置成本法得出水资源资产的价值量信息。

第四，因地制宜原则。自然资源资产具有鲜明的地域性、差异性，水资源资产离任审计的内容、方式方法、指标体系要结合实际，因地而宜，突出特点。

第五，统筹协作原则。水资源资产离任审计专业性、技术性较强，在目前审计队伍专业结构较为单一的情况下，涉及资源、环境具体业务方面的审计仅靠审计组是难以完成的。因此，在实际工作中，要充分借用有关职能部门和高等院校、科研院所的专业技术力量，科学谋划，共享资源，互相协作，共同搞好水资源资产审计。

三、水资源资产的受托责任人

基于受托责任观可知，水资源资产离任审计是一种特殊的审计控制手段或审计形式，是国家审计机关代表水资源资产的所有者对其受托责任人承担的公共受托责任进行的审计。以期达到合规性、经济性、效率性、效果性和环境性的审计目的，其审计对象主要是承担特定水资源资产受托责任的行为人。按照蔡春教授提出的关于审计关系人的理论观点，水资源资产离任审计中的审计行为发生由审计人、被审计人和审计委托或授权人这三方面的关系人的行为构成；其中，被审计人是水资源资产的受托责任者。

根据公共受托责任理论分析可以看出，在水资源资产离任审计中被审计人是水资源资产离任审计评价的主要对象，而被审计人所承担的水资源资产监管的相应职责则是水资源资产受托责任的分解和具体化。由于水资源资产的公共受托责任具有层级性，因此被审计人存在一定的层级性，可分为地区领导干部、相关部门负责人和相关企业负责人三大类。

被审计人的相应职责虽然是水资源资产受托责任的分解和具体化，但是本身还是不够具体化。结合水资源资产的会计属性可知，被审计人相应职责其实就是两个方面：一方面是“权利”；另一方面是“责任和义务”。所以从受托责任观的角度来看，开展自然资源资产离任审计的最大的优点在于将自然资源和人之间抽象的“权利”以及“责任和义务”通过价值量转化来表现，将抽象问题化为具体情况来对待。

四、重点内容

基于上述对水资源资产审计的关键点概述可以将水资源资产离任审计内容确立为以下几个部分：

（一）财政审计部分

该部分内容主要对水资源资产活动相关财政资金使用的真实性、合规性采集审计证据，并做出相应判断，通过被审计单位财政专项资金的使用情况反映领导干部在履行职责时是否存在问题。

（二）经济责任审计部分

该部分直接将领导干部作为责任人，重点审查水资源资产相关活动所产生的经济责任的履行情况，通过经济责任审计也能够直接反映出领导干部与水资源资产相关的部分责任。

（三）绩效审计部分

该阶段内容主要指财政绩效，即与水资源资产相关财政资金投入的经济性、效益性和效果性所进行的审计，也是用以评价水资源资产质量是否通过相关活动得到改善的重要标准。

（四）水资源资产审计部分

该部分是水资源资产离任审计的核心，也是区别于前三项传统审计最主要的特征，传统审计都是直接针对活动或者资金进行的，并未能直接将水资源资产实物作为审计对象，这样就无法直观地反映出领导干部与水资源资产之间的权利与义务的关系，而水资源资产离任审计既要服务于水资源资产存在的问题，又要针对领导干部应当履行的责任与义务。

五、审计方法

这部分的主要内容就是对水资源资产本身的实物量与价值量进行计算。开展水资源资产离任审计内容的实施可以分为两个阶段：

第一阶段内容，主要是关于水资源资产实物量方面的信息。首先，应当界定清晰被审计领导干部在所管辖范围内所负责的所有水体合理分类，并统计各类水体当下存量，比如地表水（河流、湖泊）、地下水以及水库水等。其次，统计一定期间内各水体实物量的变化量，比如因人为工程而产生的与区域外的交换水量、天然降水所产生的水量以及社会经济用水量（主要为用水、耗水、退水）。最后，统计一定期间内水体的被污染量以及被恢复的水资源量。对水资源资产实物量的统计，不仅是为了后续水资源资产价值量的核算做准备，同样还是对水资源资产所存在问题的客观反映，也是领导干部职责履行情况的事实根据。

第二阶段内容，因为水资源资产实物量信息只能反映出“权利与义务”导致的现象，并不能体现导致现象的结果。所以该阶段主要是通过核算水资源资产的价值量信息，并编制相应的水资源的资产负债表。首先，在统计清楚水资源资产相关实物量的基础上，根据水资源资产的实物量判断其客观存在的问题。其次，根据实物量的类别，将已收集到的与水资源资产及其活动相关的价值信息，分门别类的分摊至具体的水资源资产类型。最后，分别核算不同水体的水资源资产的价值量并编制出水资源资产负债表。此外，还应当收集与被审计水资源资产、被审计领导干部在履职履责情况方面的相关法律法规政策，还有对水资源资产的各类监测数据。

审计方法是实现审计内容的途径，应当根据水资源资产离任审计已确定的审计内容来确定，具体审计方法如下：

第一，对内容中财政审计部分、经济责任审计部分以及绩效审计部分而言，应当在传统的审计方法的基础上紧密联系水资源资产存在的实际问题与相关领导干部的职责，具体可以采用横向和纵向相结合的方法来开展工作。横向方面，着重审计水资源资产管理部门间职责的履行情况；纵向方面，重点审计涉及水资源资产管理单位组织实施水资源资产相活动的具体情况，以政策的下达与落实为起点，重点审计水资源资产相关项目的资金投入、项目运营、项目与企业之间的利益关系等。

第二，对于水资源资产审计部分而言，核心在于利用环境重置成本法计算水资源资产的三层成本并最终完成对水资源资产实物量的统计以及价值量的核算，所以审计方法重点围绕环境重置成本法所需的价值信息凭据来确定。同时鉴于水资源资产审计面临水源地域宽、区间环境复杂、涉及部门多、专业人才少等限制条件，因而审计方式方法不能拘泥于传统审计的形式，应当秉承一切从实际出发的原则来具体规划审计方法：

（一）成立离任审计工作协调小组

开展领导干部水资源资产离任审计工作，其所需信息的来源必定会涉及许多相关部门机构，因而开展水资源资产离任审计的国家审计机关审计人员必须要具有一个良好的组织与协调能力。所以，成立离任审计工作协调小组的意义在于能保证合理的审计范围不受影响，避免因审计工作受到限制而导致审计失败的风险。具体工作主要有：实时把握离任审计的工作进展，及时掌握相关调查情况并向审计人员提出指导性意见；统一调配各类审计资源；

研究解决疑难问题；对外沟通协调，打通获取水资源资产信息的壁垒等。

(二) 抽选重点项目的审计方法

对于水资源资产相关活动所形成的价值量信息，是水资源资产形成最终价值量核算的重要凭据。因此，在选取目标时应当做到不重不漏，将重要的信息收集到位。而在审计过程中，对于某方面的评价是否重要的判断取决于活动的目的、政策、涉猎金额等因素。另外，按照水资源资产管理活动的类型，可以将价值信息分为三类，即水源的开发与保护工程、水污染防治项目、水资源环境的日常监管经费。

(三) 多渠道收集资料的审计方法

为了避免出现信息不对称的情况，应当从多方面来收集信息，以确保水资源资产价值量核算依据所含的信息真实有效。具体包括以下几个方面：一是询问有关部门和单位，主要围绕部门职责及在水资源的监管职责履行中存在的问题与困难进行调查，并检查相关的书面财务信息、财务凭证；二是实地观察，主要针对水资源资产相关信息不充足或者存疑方面的问题。只有深入现场、实地查看，才能取得第一手真实资料；尤其是对于水资源环境污染相关的问题，需要实地考察其污染源情况，必要时还需进行现场取证。

(四) 采取自学与向专家请教相结合的审计方法

虽然在审计过程中要核算水资源资产的价值量，但是其中具体的计算细节也离不开与水资源资产相关的专业知识。水资源资产离任审计乃至整个自然资源资产审计当中，审计人员应主动“充电”学习，跨越专业界限，突破传统审计的思维局限，本着“缺什么补什么”的原则，采取自学和向专家请教相结合的方法，加强水资源利用及污水防治方面的专业理论知识学习，围绕具体资源的类型，拓宽知识面，更新知识结构，这样得出的最终水资源资产价值量才能对领导干部离任审计具有意义。

（五）采用综合分析的审计方法

水资源资产的价值量并非能够全部反映领导干部与水资源资产相关的权利与责任，还有一部分“其他信息”无法用价值的形式表现，但是在环境重置成本法下，这些信息的归宿同样是水资源资产负债表（体现在报表附注中）。由此可见，环境重置成本法在水资源资产离任审计中起到分析程序的作用，而且本身就是一种综合分析的方法，贯穿于整个水资源资产审计的过程，这也是在具体审计工作中最主要的综合分析法。此外，水资源资产离任审计还应当结合具体问题，多方论证这样才能保证最终形成的审计结果坚实可靠。

（六）运用大数据审计方法开展水资源资产离任审计

领导干部水资源资产离任审计涉及国土资源、农林牧水、环境保护、测绘、卫生等专业部门以及财政、工商、税务等经济业务管理部门，数据分散、复杂，对这些分散在各部门的数据信息需要整合分析。因此，要树立大数据审计理念，努力推广“总体分析、系统研究、发现疑点、分散核实”的数字化审计模式，收集水资源资产和水环境保护相关管理系统数据，组织专业人员对这些数据进行分析，掌握水资源资产实物量和质量变化情况，通过对用水总量、万元工业增加值用水量、农田灌溉水有效利用系数、水功能区达标、水源地水质监测、污水和垃圾处理、在线监测数据等业务数据以及财政资金管理系统、企业工商登记信息系统、税务信息系统、统计信息系统、建设项目信息系统等数据信息进行比对分析，研究各种数据之间、财务数据与业务数据之间的内在联系，对各项基础数据的结构和变动趋势进行分析，查找水资源保护、水资源开发利用、水权转让、水害防治、水土流失、涉水收费、专项资金管理使用等方面存在的疑点，核实水资源开发利用、水环境保护、资金管理使用等方面存在的问题，做出审计评价。审计机关还应当建立规范化、标准化的自然资源资产审计信息平台，搜集各类自然资源资产数据信息，统一管理，汇总分析，有效利用。

六、审计程序

开展领导干部水资源资产离任审计工作的审计程序设置，是紧密结合一般审计方法为基础的。因此，重点围绕环境重置成本法并参照传统审计流程，可以将领导干部水资源资产离任审计程序分为四个阶段，即审前调查、制定审计计划、审计实施、审计评价与结果运用。

（一）开展领导干部水资源资产离任审计的审前调查

在审前调查阶段，核心是布置开展领导干部水资源资产离任审计的前置审计工作，具体包括以下几点：

1. 重点调查与水资源资产相关的活动。比如，检查当地重大水利建设工程、重点中小河流治理、病险水库除险加固工程、水污染防治工程、污水处理厂及管网建设、垃圾处理场、农村饮水安全工程、水土保持与河湖生态修复项目、小农水及灌区改造项目，以及其他重大水资源开发利用保护项目的规划和建设情况。重点关注项目建设资金是否严格按照批复的总体规划、实施方案或初步设计确定的建设内容和标准安排使用，有无挤占、截留、骗取、挪用、贪污、私分等问题；水利重点项目申报是否真实，有无重复申报、虚假申报，骗取资金等问题；项目实施是否按批复的实施方案和作业计划实施，项目建设管理程序是否合规，有无未公开招投标、偷工减料、未按设计能力建设等问题；是否存在因投入不足造成建设项目任务未完成、设施年久失修、水污染未得到有效治理等问题；有无被审计领导干部利用职权插手或干预工程建设、物资采购等问题。项目后期管护是否到位，有无设施严重损毁、无法正常运行，带来工程隐患、环境污染及其他后续管护问题。

2. 重点调查被审计对象的能力建设与执法情况。比如，在水资源保护和开发利用过程中，主管部门的履职至关重要。因此，首先应审查被审计领导干部所在地区水利（水务）、水政、水文、渔业、环保、卫生、水业公司、污水处理、垃圾处理等相关部门、单位的机构设置、人员配备、仪器设备配置、信息数据系统等是否达到国家规定的标准并满足实际工作需要；部门、单位运行经费是否有保障；是否建立水资源资产管理和水环境监测信息数据系统，系统运行和维护是否正常，数据是否安全可靠，是否存在人为调整数据的问题，是否存在系统软硬件闲置浪费、使用效率不高，未充分发挥功能等问题。还要关注有关部门在具体执法中的履职情况，通过查阅执法部门的档案材料和举报系统信息，检查评价执法是否严格，执法记录是否全面完整，履职是否到位，有无屡查屡犯问题。

（二）制定领导干部水资源资产离任审计计划并实施

在制定审计计划与审计实施阶段，本阶段主要以编制出水资源的资产负债表以及对水资源资产的实物量与价值量的核算与计量为核心展开的。主要分为四个步骤：第一是采集已确定的被审计范围内的水资源资产实物量统计数据，并编制水资源资产负债表的实物量表；第二是收集并选取能够用以核算水资源资产价值量的数据信息，结合实物量信息并运用环境重置成本法来计算出水资源资产的价值量；第三是整合水资源资产实物量信息、价值量与非价值量信息，统一编制出水资源资产负债表；第四是构建出领导干部水资源资产离任审计的审计评价指标体系等。

1. 水资源资产的实物量统计。采集已确定的被审计范围内的水资源资产实物量统计数据，这是对领导干部开展水资源资产离任审计工作的核心步骤之一，结合前文涉及的“水资源资产权利”与“水资源责任、义务”的表达，在此先要明确出水资源的资产、负债及所有者权益的概念。

“水资源资产”，是作为水资源所有者权益主体所拥有的水量或水权或其他关于水的债权；个人、团体或利益相关者集体可获得进一步的水资源权益。要作为水资源资产并能够核算，需具备以下三个条件：第一，党和国家行政机关或国有企事业单位拥有其产权；第二，能够用货币计量其资产的价值量；第三，可以被现有的技术获取和利用，预期未来能够给权益主体带来经济利益。根据陈燕丽、左春源、杨语晨在2016年发表的《基于离任审计的水资源资产负债表构建研究》一文中提到的除了水资源本身，水资源资产还包括生态补偿机制中政府产生收入的部分，比如与水资源资产有关的债权，即政府出于保护水资源的目的而向特定的超载使用、资源破坏行为收取费用的权利。排污权，即将排污的权利作为一种特殊商品，由政府作为代表以配额的形式出售给排污企业，不是简单粗暴地禁止排放，而是在一定范围内进行调剂。

而“水资源负债”可以视作为了修复被破坏的水资源生态环境、治理并修复已发生的水污染、恢复水资源资产原有的数量和质量，所需要付出的代价总和。通过合理、科学的估值方法，核算人类不当行为所导致的损失以及由于不可控的自然因素造成的损失，是过去行为引致的现时义务。

2. 环境重置成本法。可以将关于水资源资产的治理与维护成本、费用和投入，采用环境重置成本法对其分别进行计量和汇总并最后形成水资源资产负债表中的价值量。

环境重置成本法中，对水资源的恢复层成本以及维护层成本往往包括：应付污染治理成本、应付超载补偿成本、应付生态恢复成本和应付生态维护成本。这些都可以视为水资源负债的构成部分。此外，政府在进行水资源资产的管理、水资源的生态环境保护也会产生成本，类似于企业日常经营活动中发生的管理费用，这部分成本也应纳入水资源负债中核算，可以反映出政府水资源管理工作的预算支出和决算效率，这有助于对领导干部在水资源生态环境保护和水资源资产管理方面的履职履责情况进行监督、检查、考核和评价。以最终达到保护水资源生态环境的目的。除此之外，还有政府向生态破坏者收取的生态补偿税、生态补偿费、生态补偿保证金等。

当然，也有学者认为应该使用净资产而不是所有者权益来描述与水资源的相关权益更为贴切。首先，水所有者的概念值得商榷。主张使用所有者权益描述的学者认为所有者可以分为三个层级，即国家和集体，被授权的部门管理者和生产经营者，对应资产负债表的主体、核算主体和执行主体。但是除外购的自然资源外，多数情况下投资者是自然界本身。其次，无法计算“水资源所有者”最初的投入和最终留存了多少权益，只能通过“水资源资产－水资源负债＝水资源净资产”的会计等式来核算。水资源的净资产反映的是，国家作为水资源所有者，也就是水资源的权益主体来对水资源进行的最终掌控量，这体现了水资源的权益主体对水资源的剩余权益。（陈燕丽、左春源、杨语晨等，2016）水资源的净资产增加，体现为被审计领导干部在任期间对于水资源的生态环境的履职履责工作绩效良好，水资源资产是实现保值增值的；相反，如果水资源的净资产减少，说明领导干部在任期间，其所管辖的水资源生态环境受到严重破坏和损害，使得水资源资产发生了减值。

3. 水资源资产负债表。根据资产负债表的内涵，水资源资产负债表是在依据水资源资产账户核算形式的基础上，对全国某一范围或者某一地区的水资源资产期初、期末以及核算期间的增减变化情况进行的动态反映。水资源资产负债表，主要就是由水资源资产负债表实物量表和水资源资产负债表价值量表这两部分组成的。对于已经存在的水资源资产实物量数据，应以统计为主；对于还未存在的水资源资产实物量应当采取相应的方法计量出水资源的实物量。然后通过环境重置成本法核算出相应的水资源资产价值量信息。

水资源资产的价值量核算。对于水资源来说，水资源的资产是指以自然形式存在的、可计量的、能够通过一定技术手段获得，并预期能为水资源的所有权主体带来经济利益或生态效益的稀缺性自然资源。水资源作为我们人类日常生活中的必需品，人们可以直接或间接使用的这部分水资源拥有成熟的交易市场，如居民生活用水、工农业生产用水等水资源的价值可以使用其市场价格进行计算（刘越迪，2017）。除此之外的其他水资源资产和水生态环境在遭到超过其自净能力的破坏和污染时，生态环境状态与生态系统服务功能就会下降，也就是说，其价值被降低和破坏。

所以，在核算被消耗、被污染的自然资源资产及自然生态环境的生态价值、资产价值时，可以使用环境重置成本法。根据环境重置成本法核算核算出的三层成本之后，就可以编制水资源资产负债表，具体分为两步：第一是通过价值量分配表将三层成本中的价值量信息分别归置到相应的“水资源资产”“水资源负债”“水资源所有者权益”的科目当中。第二是汇总编制出水资源的资产负债表，如表 6 - 1 所示。

表 6－1　　××地区的水资源资产负债表

年度：		数量单位：			制表人：			
制表日期：		价值量单位：			复核人：			
水资源资产	期初		期末		水资源负债	期初		期末	
	数量	价值量	数量	价值量		数量	价值量	数量	价值量
一、地表水					法定水负债				
河流水					水硬度				
湖泊水					水质量				
沼泽水					水产品				
地表水合计					法定水负债合计				
二、地下水					地下水负债				
上层滞水									
潜水									
承压水					地下水负债合计				
地下水合计					水资源负债合计				
					水资源所有者权益合计				
水资源资产合计					水资源负债及水资源所有者权益合计				

以上就是编制审计计划和审计实施阶段的全部内容，可以说该阶段主要运用环境重置成本法在水资源资产离任审计进行水资源资产价值量的核算，这也是在编制水资源资产负债表当中最核心的手段之一。

（三）审计评价与结果运用

在审计的完成阶段，主要是对于水资源资产离任审计的审计结果进行运用并评价。在确定了水资源资产离任审计的依据之后，就可以开展审计评价与结果运用。这一阶段主要内容有：第一，通过运用评价方法及指标体系得出最终的水资源资产离任审计的结论；第二，运用审计评价结论严谨推定领导干部的职责履行情况以及水资源资产存在的现实问题。

1. 评价指标的构建。领导干部自然资源资产离任审计评价指标，应当依照国家法律、政策法规、制度以及领导干部职责权限和干部管理监督需要设定。审计评价指标应当体现推进生态文明建设履职重点和自然资源资产管理重点。

审计评价指标的设定依据一般包括：法律法规、规章制度和相关的规范性文件；中央和地方各级党委、政府有关生态环境保护、加大自然资源利用和推进生态文明建设、加强自然资源资产管理等的重大决策部署；国民经济和社会发展规划纲要和各类专项规划；责任制考核目标；国家统一的财政、财务管理制度；国家和行业的有关标准、统计指标及其他相关依据等。

离任审计评价指标的设置，应当符合目标明确、指标全面、可行实用、易于操作的原则，主要能反映出水资源本质特征与发展规律，便于对不同时期的水资源资产进行对比。对于同一类别、同一层级的领导干部在履行水资源资产监管责任等方面的情况，其评价指标选取应当具有一致性和可比性。同时还要以水资源的数量、质量为切入点，围绕水资源环境的开发、利用和保护情况等重点的离任审计内容来设置评价指标及体系。

2. 选取水资源资产离任审计的评价指标。领导干部水资源资产离任审计评价指标主要包括定量评价指标和定性评价指标。

定量指标是指涉及具体数值、可以量化的指标，比如用水总量、万元工业增加值用水量、污水处理率等指标；将审计查证取得的数据与领导干部任职期间责任目标或计划规划指标、历史指标、其他地区指标等进行量化对比，评价领导干部履行水资源资产监管责任的情况。

定性指标是指在水资源资产的监管责任等方面涉及性质、特点、发展变化规律、不易量化的评价指标，如对水资源资产进行开发利用、保护和管理的合法合规性、监管数据的真实性、履职履责工作的绩效性等方面的指标。所以，将定量指标与定性指标相互结合、互相补充；将二者结合起来进行综合评价，可以客观反映出领导干部履行水资源资产责任的具体情况，评价指标体系如表6－2所示。

表 6－2　××地区领导干部水资源资产离任审计评价指标体系

一级指标	二级指标	三级指标	权重	评分		
政策的制定和执行情况	水资源政策法规制定情况	本地区已制定的具体措施、实施细则、目标责任考核制度数量				
		水资源资产管理制度建设情况				
		水资源资产规划控制情况				
	水资源政策法规执行情况	水资源资产开发情况				
		建设项目环保政策执行情况				
		排污许可证制度的实施情况				
		污染物总量控制制度的实施情况				
		水污染限期治理制度执行情况				
		取水许可执法监督检查指标				
		排污口监督检查指标				
	涉水考核目标完成情况	防汛、抗旱目标完成率				
		农村饮水安全工程目标完成率				
		城镇污水处理目标完成率				
		城市生活垃圾无害化处理目标完成率				
		水污染限期治理执行到位率				
资金管理	水资源资金管理使用合理性	资金及时足额到位率				
		资金专款专用率				
		财政资金引导率				
	水资源资金管理的安全性、效益性	水资源费征收率				
		排污费征收率				
		水利建设基金征收率				
		资金拨付进度符合率				
		违规资金比率				
		水土保持补偿费征收率				
		资金拨付进度符合率				

续表

一级指标	二级指标	三级指标	权重	评分		
治理与保护	水资源治理开发情况	水污染限期治理执行到位率				
		单项工程合格率				
		项目成本节约率				
		设计功能达成率				
		计划工期完工率				
		新建项目环保准入率				
	检查水环境保护情况	投资完成率				
		已完工项目运营率				
		设计功能利用率				
		污水处理率				
		水功能区水质达标率				
		工业废水达标率				
		水资源浪费率				

第四节　领导干部水资源资产离任审计评价

一、评价方法

（一）水资源资产离任审计评价

领导干部水资源资产离任审计的审计评价，本质上是一种对自身审计目标的回归。因为水资源资产离任审计的审计目标，就是用“问题导向”来概括关于水资源资产的合理利用、监督管理、开发保护等问题，以及监督、评价和鉴证相关领导干部对其所管辖范围内的水资源资产履职履责等情况的问题。

（二）水资源资产离任审计评价的方法

根据开展领导干部水资源资产离任审计的审计目标和审计结果，对于水资源资产离任审计最终的审计评价，也应当紧扣问题、结合主要内容，确定出水资源资产离任审计评价标准。

从而对水资源资产离任审计做出客观有效的定性评价与定量评价，以评价被审计单位领导干部在其所管辖的水资源资产监管情况；对于水资源生态环境的保护利用、合理开发的履职履责情况；以及评价用于水资源资产方面的财政、财务收支等情况的真实性、合法性和效益性。具体评价方法如下：

1. 权重分配评价。在确定评价指标体系后，要给每个指标赋予不同的权重。指标权重的确定可分为主观、客观两大类：主观法包括专家调查法、层次分析法等；客观法主要有主成分分析法、熵值法和数据包络法等。要特别注意的是评价权重的分配会因不同阶段、发展优先事项和不同项目而异。

2. 确定各项指标的标准值评价。各项指标的标准值可参照国家水利部发布的标准《水资源资产规划规范》来进行确定；对于难以确定的各项定性指标，标准值可采用恰当的描述。

3. 汇总评价。针对定量指标，可根据实际值和赋予值的权重，计算出各项指标的分值；对定性指标，则可直接进行赋分。后将定量指标、定性指标的分值进行汇总，从而得出整个水资源资产离任审计的审计水平。

二、对水资源资产离任审计评价结果的运用

经过各项审计程序，得出的领导干部水资源资产离任审计的审计结果。一方面期望能够促使有关领导干部树立正确的生态环境保护政绩观；另一方面还需在以下几个方面继续发力。

（一）坚持“权责一致”

2019 年 7 月 7 日，中共中央办公厅和国务院办公厅联合印发了《党政主要领导干部和国有企事业单位主要领导人员经济责任审计规定》，该文件准

确界定了对于领导干部水资源环境保护和水资源资产管理的履职、履责在经济责任方面的规定；还应依据现行的，于2015年8月17日中国政府网公布中共中央办公厅、国务院办公厅印发的《党政领导干部生态环境损害责任追究办法（试行）》等法律法规，依法、客观界定领导干部水资源资产离任审计的责任，对领导干部在任期间的各类生态环境损害问题进行责任追究。

同时在责任界定时，需遵循“权责一致”原则，并充分考虑客观因素对水资源资产及其环境的影响。根据水资源资产的实物量、价值量和生态环境质量状况的变化等情况，科学界定被审计单位政策制定、执行情况与被审计领导干部应承担的责任。对于被审计自然资源资产所管辖的几任领导干部形成的、长期得不到解决的生态环境损害问题，要以被审计领导干部任期内对于生态环境修复的程度效果来进行认定。

（二）构建事先预警机制

力争实现同步审计。水资源资产离任审计只是一种手段，而非目的。为了更精准地对领导干部在水资源资产的履职责任方面进行界定，除了事后的追责更应该建立健全事先预警机制。对于水资源资产的责任审计应始终贯穿于领导干部的任前、任中和任后，将审计工作与重大事项实施同步进行，开展任中审计、离任审计，更好地让领导干部树立正确的政绩观。

在领导干部上任前，明示其所管辖区域必须承担的水资源生态环境责任、水资源资产履职履责和公众对于生态环境的期许。在领导干部上任后，定期检查领导干部作出的各项重大决策部署，及时发现和纠正不适当的行为；调高政绩考核中对于水资源资产绩效审计的权重并作为其奖惩、调任、升职等的依据。形成一个“审前预警、审中同步、审后运用”的强大审计机制，用以评价和认定各级领导干部的生态环境履职责任。

（三）建立责任档案

建立健全生态环境损害责任追究机制，尤其是对于水资源生态环境，为应对领导干部水资源环境责任的长效制约机制，需要建立一个水资源资产保护、管理问责追踪档案。该档案详细记录被审计领导干部在任期内对水资源资产的开发、利用、污染、治理等情况，同时还要严格记录其任期内的政策主张对水资源环境造成的影响。该档案还应作为领导干部个人档案的一部分，并作为评价领导干部政绩与组织人事关系调动、职务职级升迁等的依据。通过制定“水资源生态环境责任追踪档案”，即便在领导干部离任后也能及时发现其在水资源资产方面存在的重大问题。核对后显现的问题也可根据问责追踪卡片追踪到责任主体，依法追究相关领导干部的具体责任。坚持水资源环境损害责任终身问责制，拓宽追究期限，消除一些领导干部“以牺牲水环境为代价，换取经济的短期增长”的错误念头。

（四）强化审计结果运用

还应对领导干部水资源资产离任审计的审计结果进行广泛运用，并拓展审计报告的整体应用范围。随着全社会人们对生态环境保护的意识提升，更多的管理部门需要运用对水资源资产离任审计的结果，使水资源离任审计结果在不同部门之间都具有共享性。比如，对于纪检监察部门、组织人事部门、生态环境部门来说，可以参考对领导干部自然资源资产的离任审计结果，来对被审计领导干部的政绩、生态环境保护履职责任等方面进行考核；自然资源部门、林业和草原部门、水利部门等还可凭借该审计结果对地方各级政府的生态环境保护、水源地保护、自然资源的合理开发利用等专项行动落实情况做出考核。

为了更好地利用该审计结果，对水资源资产离任审计结果的各使用者应进行充分沟通、信息共享，对相关审计问题的整改、建议的采纳等情况进行定期回访。审计结果呈现的审计报告是科学评价和考核被审计单位和领导干部的重要依据，必须强化审计结果的运用；通过公告通报制度、实施各类监督查办；实现生态环境损害责任终身追究制，大力推动我国生态文明建设，为实现“两个一百年”奋斗目标、实现中华民族伟大复兴的中国梦而提供强大助力。

作为我国生态文明建设的重要助推器，对领导干部开展水资源资产离任审计的工作，成为了解决当前社会对于水资源生态环境保护的利用与修复治理等问题的一项新举措和创新模式，大大促进了水资源资产节约集约利用和自然生态环境稳定。界定领导干部在水资源资产保护和水资源生态环境维护方面的履职责任，可以促进对我国水资源的高效利用和有效监督管理；还可以促进国家在政治、经济、文化、社会、生态文明等方面建设的相统一，从而打造世界人类命运共同体、实现我国可持续健康发展。

第七章

领导干部森林资源资产离任审计

第一节　我国森林资源利用与森林资源生态修复

一、森林资源

（一）森林资源概念

1. 森林。广义的森林资源是指林区范围内森林，林木，林地以及依托森林，林木，林地生存的野生动物，植物和微生物称之为森林资源。狭义的森林资源仅指以林木，林地为主的森林植物。

森林包括乔木和竹林。乔木是指树身高大的树木，由根部发生独立的主干，树干和树冠有明显的区分，有一个直立主干且高度在6米以上的木本植物为乔木。通常见到的高大的树木如白桦，水曲柳，云杉等。与乔木相对应的就是灌木，灌木是指那些没有明显的主干，呈现丛生状态，成熟植株在3米以下的多年生木本植物。常见的灌木有小叶丁香等。

林地是指郁闭度0.2以上的乔木林地以及竹林地疏林地，采伐迹地，未成熟造林地，苗圃地和县级以上人民政府规定的宜林地。

2. 森林资源。森林资源，包括森林、林木、林地以及依托森林、林木、林地生存的野生动物、植物和微生物。狭义的森林资源主要指的是树木资源，尤其是乔木资源。广义的森林资源指林木、林地及其所在空间内的一切森林植物、动物、微生物，以及这些生命体赖以生存并对其有重要影响的自然环境条件的总称。按物质结构层次划分：可分为林地资源，林木资源，林区野生动物资源，林区野生植物资源，林区微生物资源和森林环境资源六类。不同国家、不同国际组织确定的森林资源范围不尽一致。按照国家林业和草原局颁布的《全国森林资源连续清查主要技术规定》，凡疏密度（单位面积上林木实有木材蓄积量或断面积与当地同树种最大蓄积量或断面积之比）在 0.3 以上的天然林；南方 3 年以上，北方 5 年以上的人工林；南方 5 年以上，北方 7 年以上的飞机播种造林，生长稳定，每亩成活保存株数不低于合理造林株数的 70%，或郁闭度（森林中树冠对林地的覆盖程度）达到 0.4 以上的林分，均构成森林资源。在联合国粮食及农业组织世界森林资源统计中，只包括疏密度在 0.2 以上的郁闭林，不包括疏林地和灌木林。

森林资源是地球上最重要的资源之一，是生物多样化的基础，它不仅能够为生产和生活提供多种宝贵的木材和原材料，能够为人类经济生活提供多种物品。更重要的是森林能够调节气候、保持水土、防止和减轻旱涝、风沙、冰雹等自然灾害，还有净化空气、消除噪音等功能；同时森林还是天然的动植物园，哺育着各种飞禽走兽和生长着多种珍贵林木和药材。森林可以更新，属于再生的自然资源，也是一种无形的环境资源和潜在的“绿色能源”。反映森林资源数量的主要指标是森林面积和森林蓄积量。

（二）我国的森林资源

1. 我国森林资源的状况。

（1）森林类型多样，树种资源丰富，珍贵、稀有树木繁多。我国地域辽阔，自然条件复杂多样，从北到南跨越的五大气候带，适生着不同种类的森林植物，形成了中国森林类型多样，森林植物种类繁多，绚丽多彩的特色，在世界植物宝库中占有重要地位。全国由北向南依次分布有寒温带针叶林、温带针叶与落叶阔叶混交林、暖温带落叶阔叶林、亚热带常绿阔叶林、热带季雨林和雨林等多种森林类型。据统计，世界上有木本植物约两万余种，中国约有八千余种，其中乔木树种即达两千余种。

（2）森林资源面积蓄积数量大，居世界前列，但人均占有量小，资源分布极不均衡。从全国第四次森林资源清查统计数据可知，无论是森林面积还是蓄积，其绝对数值是很可观的，在世界上占有一定地位。1995 年联合国粮农组织公布的“世界森林资源 1990 年评估报告”，中国森林面积居第五位；林木总蓄积列第八位。其次，按人均占有量分析，全国人均占有森林面积 0.114 公顷，相当于世界人均占有量 0.64 公顷的 17.8%。全国人均占有森林蓄积为 8.622 立方米，相当于世界人均占有量 71.8 立方米的 12%。

（3）森林资源结构不够合理，亟待调整。森林资源结构状况，客观地反映了森林资源的特点，从全国森林资源清查资料分析，无论是林种结构和林龄结构均存在不尽合理的林业用地分布差异大，林地利用率、生产力低，单位面积蓄积量小，残次林比重大。林业用地分布不均，占土地面积比重差异大。林业用地占土地总面积比例，表示可能用于发展森林资源的土地潜力。全国林业用地面积共 2.63 亿公顷，占国土总面积 27.4%。林地利用率低，有林地所占比重小。我国现有 2.63 亿公顷林业用地面积中，有林地面积仅 1.34 亿公顷，占林业用地面积的 50.9%。

（4）森林生产力较低，单位面积蓄积量小。全国林业用地每公顷平均蓄积为 41.81 立方米。林分每公顷平均蓄积为 83.65 立方米，相当于世界平均 114 立方米的 73.4%。森林经营管理粗放，残次林比重较大。我国现有森林除西南地区的滇西北和川西、藏东南部等林区还有成片原始林分布外，其他大部分地区已逐步演替为次生林（人工造林除外），其中相当部分森林，由于经营粗放，管护不当，森林资源屡遭不合理采伐，有些受自然灾害破坏后，形成了低价的残次林分，次要树种占据优势，树木生长稀疏，单位面积蓄积很低。

（5）人工林面积大、发展快，但质量有待提高，扩大森林资源有潜力。新中国成立以来，由于大力发展绿化造林事业，经 70 余年努力，人工林建设取得了巨大成绩，除了中间有部分已达采伐利用期的森林进行了主伐外，现保存的人工林面积达 3 425 万公顷，占全国现有的有林地面积 26.7%，超过了四分之一。其中人工林林分面积达2 137万公顷，占全国林分面积的19.7%，近五分之一；人工林林分蓄积7.12亿立方米，占全国林分蓄积的7.83%。

2. 我国森林资源的现状。根据第六次全国森林资源清查（1999—2003年）结果，全国森林面积17 490.92万公顷，森林覆盖率18.21%，活立木总蓄积136.18亿立方米，森林蓄积124.56亿立方米。我国森林面积居世界第5位，森林蓄积列居世界第6位。全国除香港特别行政区、澳门特别行政区和台湾地区外，林业用地面积28 280.34万公顷，森林面积17 278.70万公顷，活立木蓄积量132.59亿立方米，森林蓄积量120.98亿立方米。天然林面积11 576.20万公顷，蓄积105.93亿立方米；人工林面积5 325.73万公顷，蓄积15.05亿立方米，全国人工林面积高居世界首位。全国经济林面积2 139.00万公顷，竹林面积484.26万公顷，灌木林面积4 529.68万公顷。

二、我国森林资源的利用

我国的森林占地面积小，森林资源本身就缺乏。然而在经济利益驱使和市场行为下，我国森林资源开发利用过程中还存在着一些问题。

（一）森林覆盖率低，人均占有量小

我国森林面积居俄罗斯、巴西、加拿大、美国之后，列第5位，森林蓄积量仅次于俄罗斯、巴西、加拿大、美国、扎伊尔、印度尼西亚，列第7位。但是我国森林覆盖率居世界第130位，仅相当于世界平均水平的61.52%；现有森林资源面积1.30亿hm^2，仅占世界总面积的3%至4%；森林资源人均占有量小，人均森林面积0.132hm^2，居世界第134位，不到世界平均水平的四分之一；人均森林蓄积9.421m^3，不到世界平均水平的六分之一，居世界第122位；活木蓄积量小，仅占世界林木蓄积量的3%，占世界人均林木蓄积水平的13%；森林覆盖率和森林资源人均拥有量均低于世界平均水平；全国林木平均蓄积量只有84.73 m^3/hm^2，相当于世界平均水平的84.86%，居世界第84位。

（二）森林资源过度开发

尽管国家一直要求人与自然协调、可持续发展，但是出于经济利益的考虑，部分地区仍然大规模、过度无节制地开采森林资源，我国当前大多数林业产业为了获得更大更多的经济效益，有些地区仍然只是一味地大幅度大规模砍伐森林，节制程度低下，导致出现了一系列生态环境破坏问题。

（三）森林资源培育利用不当，资源利用率低下，导致大量的资源浪费

可能由于节能减排意识不足或者森林资源利用技术落后，部分地区森林利用程度低下，并且在产业加工利用过程中不对资源进行反复利用，资源浪费、利用率低等现象普遍存在，这不仅极大地破坏了自然环境，阻碍了资源的有效再生，更影响了产业的可持续长远发展。

（四）森林资源的利用形式太单一化

对森林资源利用上不仅需要拓展对资源认识的广度，还要拓展对资源利用的深度，开展多元化的森林资源的利用。森林资源的永续利用要求必须对森林资源进行多功能开发，实现“以林养林”，解决林业生态建设的资金短缺问题。充分利用林木、林地和森林公园为主体的自然资源，开发生态旅游和森林景观资源，充分发挥森林的多种功能，提供林区旅游、保存原始林，实行林经结合；提供动植物生活环境、保护生物多样性等，实行林农牧结合；生产木材及林产品，开拓林业资源发展空间，合理利用非木质森林资源，鼓励和推动利用再生资源和再生能源，提高经济效益，大力发展清洁产品生产，维护管理好现有的森林环境，搞好森林资源的合理利用。我们必须冲破旧经济体制的束缚，以市场需求为导向，以森林资源为依托，以林产工业为龙头，进一步开发新的森林景观资源，满足国民经济的发展和人民生活水平的提高，建立和完善林业、工业、副业、贸易结合和经营一体化的新型产业结构，在我国有限资源的情况下达到森林资源的永续利用。提高森林经营的综合效益，优化森林结构，增加森林资源，不断提高森林资源质量，真正搞好森林资源的管理，使森林资源达到永续、高效利用，即合理保护和利

用森林资源，实现森林资源、森林生态系统的良性循环。维护森林生态环境的平衡，重视森林生态系统在我国生态系统中的核心地位，使林业不仅为经济建设提供各种林产品，而且为社会经济发展提供良好的生态环境和其他社会服务。

（五）缺乏可持续的理念

在对森林资源进行不断地开采后，我国森林资源的数量出现了明显不足的问题，在发展林业的过程中，不能只重视经济效益，还要具有节能环保的理念，但是很多开采单位都缺乏可持续的理念，使得森林的数量不断退减，生态环境堪忧。

（六）开发与建设不平衡

林业发展不但是对森林资源的利用与开采，更重要的是造林与护林技术，要加强对森林资源的保护，但是在当前政策下，很多开采单位为了提高经济效益，对森林资源进行了大力的开发，而且没有采用可持续、环保的技术，使森林破坏严重。我国森林资源大部分是人工林，无法发挥出森林最大的作用，林业开发与建设不够平衡，不利于实现林业的可持续发展。

（七）执法力度不强

在对森林资源进行保护时，需要参照国家相关森林法律体系，但是我国森林法律体系并不完善，对乱砍乱伐的破坏行为没有进行严厉的处罚，这不利于对我国林业资源进行保护。在当前社会，破坏森林的行为时有发生，这对森林资源有着极大的损耗，但由于对破坏者的执法力度不强，所以无法从根本上阻止这类事件的发生。

（八）森林资源受火灾和病虫害威胁严重

火灾和病虫害防范作为林业资源管理过程重要部分，也是最难控制的问题，基于这两种因素，在现阶段，其管理存在一些不足，其中火灾的破坏能力最大，一旦发生林业火灾，就是巨大的资源破坏，在此过程中，预防能力有待提高，同时相关的防火技术也需要强化。此外，在病虫害防治工作上，相关人员的巡查工作需要强化，在此过程中，只有部分单位能够真正做好火灾与病虫害防治工作，这非常不利于林业资源的保护与管理，相关工作的开展有待进一步加强。

三、我国森林资源的生态修复

（一）历史背景

随着我国工业化、信息化、城镇化和现代化的高速发展，我国创造了一个又一个举世瞩目的奇迹，但是随着国内资源过度消耗，伴随而来的环境污染和生态破坏问题日益突出。环境污染和生态破坏打破了生态系统原有的平衡，使得土地荒漠化、盐碱化，雾霾，沙尘暴，水资源短缺等生态危机频发，这不仅影响了生物多样性和人类生命健康，而且成为束缚我国现阶段健康平稳发展以及未来可持续发展的阻碍。改变这种状况，刻不容缓。

党的十八届三中全会提出："建设生态文明，必须建立系统完整的生态文明制度体系，实行最严格的源头保护制度、损害赔偿制度、责任追究制度，完善环境治理和生态修复制度，用制度保护生态环境。"为我国生态修复工作顺利开展提供了强大的保障。特别是在党的十五大将"依法治国，建设社会主义法治国家"作为治国基本方略和奋斗目标，因此，推动我国生态修复法律制度的建设和实践探索，将生态修复纳入法制轨道，也是我国建设社会主义法治国家的重要内容之一。

（二）出台政策

1996 年，国务院颁布了《国务院关于环境保护若干问题的决定》，在文件中规定了"污染者付费，利用者补偿、开发者保护、破坏者恢复"这一重要原则。

2000 年，为进一步保护和改善我国生态环境，国务院发布了《全国生态环境保护纲要》。其中明确提出了"建立生态功能保护区，实行严格保护下的适度利用和科学恢复”。并要求“各级环境保护部门要积极探索行之有效的生态环境保护监管体系，做好综合协调与监督工作，主动与计划、农业、林业、水利、国土资源和建设等部门配合，共同做好自然资源开发的规划和管理，做好生态环境保护与恢复治理工作。”《纲要》的发布，不仅加速了我国生态修复立法的进程，也使我国生态修复实践的开展有了明确的政策方向。

2014 年我国最新修订的《环境保护法》对生态修复问题，在第三十二条中明确提出“建立和完善相应的调查、监测、评估和修复制度”，这对我国生态修复立法而言无疑是一个重大的进步。当然，生态修复一词早在《环境保护法》修订前就已经出现在《水土保持法》等环境单行法律中了，还有一些环境法律如《海洋环境保护法》则使用了“整治和恢复”这样的词组来表达生态修复。

2015 年，中共中央办公厅、国务院办公厅印发了《生态环境损害赔偿制度改革试点方案》，明确要求“通过试点逐步明确生态环境损害赔偿范围、责任主体、索赔主体和损害赔偿解决途径等，形成相应的鉴定评估管理与技术体系、资金保障及运行机制，探索建立生态环境损害的修复和赔偿制度，加快推进生态文明建设。”

我国针对各不同领域的不同状况，也制定了诸多的法律法规进行规范。森林资源相关法律有《森林植被恢复费征收使用管理暂行办法》《退耕还林条例》《造林质量管理暂行办法》《关于加快林业发展的决定》，其中《森林植被恢复费征收使用管理暂行办法》这是我国第一个关于森林生态修复经费制度的规定，对于保障森林生态恢复意义重大。

（三）森林资源生态修复的意义

1. 生态环境建设是经济可持续发展的基础。森林和林地是世界上最丰富的生物基因库，有着丰富的多样性。人类的一切活动包括一切经济活动都依赖于自然生态系统这个基础。经济与生态，自古以来的关系就是相辅相成、水乳交融。双方互创条件，互相促进发展。经济取之于自然而求得发展，取之过度则强迫经济来偿还。我国全国每年因为自然灾害造成的直接经济损失高达2000亿元。因此，生态系统制约着经济活动。在各种天然系统中，森林总的利用率和生物生产力是最高的。和其他生态系统相比，森林生态系统更为复杂。其空间结构和营养结构都更为丰富。比如，和草原的调节作用相比，可以说，森林系统的自身调节能力就要远高于草原。无论对于长波辐射，还是对于短波辐射，森林都具有相对高的吸收率和相对低的散射率。此外，森林系统中还具有相当高的可利用的净辐射。

2. 森林生态系统是防洪保土的根本。我国每年因洪灾造成的经济损失高达数千亿元，江河泛滥造成的损失很大，受灾人口数亿人。而追究洪水泛滥的根本原因和森林系统有关。首先，洪水迅猛而下是因为森林系统遭到破坏，土地失去植被，导致雨水不能进行截留。其次，土地失去植被，造成水土流失，这就使河床、库区、湖底和泄洪区出现淤积，自然又会出现河床抬高、库容减少的现象，泄洪能力也减弱。

四、我国森林生态修复的具体措施与路径

根据因地制宜的原则，并综合分析森林资源的实际情况，森林生态修复与保护工程采取人工造林、幼林抚育、森林抚育、封山育林、天然林人工促进萌芽更新等五项措施同步实施。

（一）人工造林

人工造林是扩大森林资源、改善生态环境和缓解中国木材供需矛盾的主要途径之一。人工造林作为森林生态修复的主要措施之一，应选择水热条件好、立地指数高的宜林地和采伐迹地中进行。在树种选择上，以乡土用材树种为主，主要营造树种为杉、马尾松、南方红豆杉、山乌柏、香樟、银杏、木荷、枫香等，营造方式为混交。

（二）幼林抚育

幼林抚育是为提高造林的成活率和保存率，促进幼树生长和加速幼林郁闭而在造林后的前3—5年采取的各种技术措施。主要包含除草、割灌、松

土、培蔸、施肥、除萌等措施。新造幼林，在造林后的头几年树体矮小，根系入土浅，生长缓慢，易遭各种不良环境因子的侵害，其成活和生长均不稳定。因此，实施幼抚育，不断排除不利因子的干扰，是提高造林质量、巩固造林成果的一项重要措施。该项措施主要针对新造林在郁闭之前实施，一年两次，分为春抚和秋抚。

（三）森林抚育

森林抚育是指幼林郁闭后到主伐利用前围绕培育目标所采取的营林措施。其目的是调整树种组成与林分密度，平衡土壤养分与水分循环，改善林木生长发育的生态条件，缩短森林培育周期，提高木材质量与价值。主要技术措施包含：除草、割灌、修枝、抚育采伐等。及时进行合理的森林抚育工作是巩固造林成果，加速林木生长的保证。

（四）封山育林

封山育林是利用森林的天然更新能力，在自然条件适宜的山区，实行定期封山，禁止垦荒、放牧、砍柴等人为的破坏活动，以恢复森林植被的一种育林方式。是培育森林资源的一种重要营林方式，具有用工少、成本低、见效快、效益高等特点，对加快绿化速度、扩大森林面积、提高森林质量发挥着重要作用。通过封山育林形成的林分植被种类繁多，保持了生物多样性，涵养水源、保持水土的能力强，具有很强的抵抗森林病虫害能力。该措施适用于分布有珍贵、稀有树种，且有培育前途的地块及人工造林困难的高山陡坡、岩石裸露地，经过封育可望成林或增加林草盖度的地块。

（五）天然林人工促进萌芽更新

天然林人工促进萌芽更新是针对灾后自我恢复困难的天然林进行的一项营林措施。其技术措施主要包含除草、割灌、幼苗移植、萌芽条培育等。2008 年的特大冰冻雨雪灾害，给我国的森林资源带来了重大的损失。对这些林分，不可能全部进行伐倒重造，但纯粹的自我更新又比较困难，只能对其进行人工促进萌芽更新，以加速其恢复。

第二节 领导干部森林资源资产离任审计目标

森林资源资产离任的审计目标是森林资源资产离任审计的出发点和归宿，对森林资源资产离任审计的实践活动起着导向作用。这使得确定适合的森林资源资产离任审计的审计目标显得非常重要，确定森林资源资产离任审计的审计目标应以森林资源资产离任审计的问题为导向，即一切以如何正确、合理、科学地评价、鉴定领导干部森林资源资产的环境保护、环境治理责任的问题为导向来确定森林资源资产离任审计的审计目标。森林资源资产离任审计的审计目标可分为三个层面：国家层面即是终极目标；社会层面即是最终目标；项目层面即是具体目标。

一、森林资源资产离任审计的总体目标

森林资源资产离任审计的终极目标主要是从宏观层面来把握，即从可持续发展理论角度出发来考虑，森林是陆地生态系统的主体，是国土生态安全的重要保障，为经济社会可持续发展提供丰富的森林产品与服务。生态林业的内涵是指遵循生态经济学和生态规律发展的林业，是充分利用适当的自然资源和环境促进林业的发展，并为人类生存和发展创造最佳生存状态环境的林业生产体系。生态林业是自然动态平衡重要的核心枢纽系统，因地制宜，把眼前和长远利益有效地结合，构建了林业立体工程，充分展现了森林的原有的效应和相互协调的功能，保护了自然资源利用下的永久平衡，促进了生态效益和经济效益的同步发展。生态林业的主要功能是涵养水源、保持水土、防风固沙、调节气候、净化空气等，对水利工程使用寿命有巨大作用，对农牧畜高产、稳产起到屏障作用。生态林业建设是生态经济多样化和生态平衡的环境基础，是生态文明的重要载体，在人与自然和谐相处中发挥着不可替代的基础作用。再者加强生态林业建设，是人与自然相互和谐的基本要

求，加强生态林业建设，是科技文明发展的重要组成部分，是人与社会、自然环境和谐发展不可取代的基础作用。加强生态林业的建设，可以有效地保护森林和野生动物，恢复生态系统的平衡。同时林业也促进了生态经济的发展，生态经济的建设也使自然界的生物链得以生存，生态林业经济建设是人们生活天然无公害的重要保障。领导干部作为森林资源的责任主体，对领导干部的离任审计显得尤为重要，森林资源资产离任审计尤其强调效益目标，即应评价森林资源资产受托管理过程中产生的经济效益、社会效益和生态效益，特别是生态效益。因而从宏观层面把握，森林资源资产离任审计的终极目标一是人、社会与大自然的和谐可持续的发展；二是实现森林资源的生态效益，维护国家的生态安全。

二、森林资源资产离任审计的具体目标

《领导干部自然资源资产离任审计规定（试行)》第七条："审计机关开展领导干部自然资源资产离任审计应该坚持依法审计、问题导向、客观求实、鼓励创新、推动改革的原则。"审计署负责人就《领导干部自然资源资产离任审计规定（试行)》答记者问时指出"审计试点坚持'问题导向'，重点探索揭示自然资源资产管理和生态环境保护中存在的突出问题""各级审计机关在领导干部自然资源资产离任审计实践中，要树立大数据审计理念，推进'总体分析、发现疑点、分散核实、系统研究'的数字化审计方式"。《领导干部自然资源资产离任审计规定（试行)》第十七条规定："审计机关应当根据查证的事实……研究建立健全评价指标体系，将定性评价定量评价相结合，对领导干部履行自然资源资产管理和生态环境保护责任情况做出客观公正、实事求是的评价。"《领导干部自然资源资产离任审计规定（试行)》第二十七条规定："被审计领导干部所在地区、部门（单位）违反国家规定的财政收支、财务收支行为，依法应当给予处理的，由审计机关在法定职权范围内做出审计决定。"《领导干部自然资源资产离任审计规定（试行)》第二十八条规定："对审计发现的人为因素造成的严重损毁自然资源和破坏生态环境的责任事故等问题线索，需要由有关部门调查处理或追究

相关人员责任的，审计机关应该依纪依法移送有关部门处理……”

上述文件虽然没有具体地指出自然资源领导干部审计的总体目标这个词，但是从上述条款的内容来看，事实上就是确定领导干部自然资源环境责任审计的总体目标。而森林资源做为自然资源的一部分，因而自然资源领导干部审计的总体目标对森林资源也是适用的，所以本书将森林资源领导干部审计总体目标划分为五个方面：

（1）地区政策的合规性、合理性，即政策自身的合理、合法性。

（2）政策执行情况是否合法、合理性的审计。

（3）在这个政策下森林资源问题是否得到解决。

（4）评价、考核领导干部在其任职期间对自然资源的利用效率和效果，审视环境治理和环境保护责任的落实情况。自然资源资产离任审计可以促使自然资源资产经济责任和环境责任融合，将履行相关责任的情况与领导干部、国企高管的奖惩和任免挂钩，促进资源节约型和可持续发展型社会的加速形成。

（5）评价财政资金的使用效率和使用范围，确保专款专用、专款专人负责、专人审批。

森林资源资产领导干部的审计区别于一般的森林资源环境审计和森林资源经济责任审计的关键点在于它强调森林资源的资产属性及相关的经济责任。森林资源资产的概念强调森林资源是具有经济价值、产权清晰的经济资源，要求领导干部尽职履行国有森林资源资产的出资者职能与监管者职能，实现森林资源资产的保值增值，提升森林资源资产开发、利用和管理的综合效益。森林资源资产离任审计的总体目标是对领导干部任期内森林资源资产经济责任的履行情况进行客观、准确的评价，促使领导干部更好地履行其资源环境责任，促进领导干部实现经济、社会、生态环境的协调、可持续发展。

第三节 森林资源资产离任审计内容、方法与程序的确定

一、森林资源资产离任审计内容

森林资源资产的复杂性、广泛性决定了森林资源资产离任审计的内容不应是千篇一律的，应根据不同地区的森林资源的不同特性，确定森林资源资产离任审计的审计内容，使得森林资源资产离任审计的审计内容具有灵活性、可调节性、可选择性。根据领导干部森林资源资产离任审计的具体、实际的审计问题和审计目标出发，确定了以下的森林资源资产离任审计的审计内容：

（一）森林政策的合规性、合理性，即政策自身的合理、合法性

党和国家为保护森林资源，发展林业生产而制订的行动规范和准则。林业政策是国家经济政策的组成部分，是政府在林业方面的施政目标。各级林业部门根据林业政策指导、干预和影响林业的发展方向，协调解决林业发展过程中存在的问题。有些政策还可以法律形式固定下来，成为国家的法规，在执行过程中具有强制性。

林业政策按业务性质可分为森林永续经营政策、森林权属政策、造林政策、森林保护政策、木材利用政策、木材及其他林产品供需政策、林业劳动政策、林业科学研究及林业教育政策等；按经营过程可分为林业生产资源政策、林业生产政策、林业经营政策、木材及其他林产品的价格和流通政策、林业财政及税收政策等。我国针对各不同领域的不同状况，也制定了诸多的法律法规进行规范。森林资源相关法律有《森林法》《森林植被恢复费征收

使用管理暂行办法》《退耕还林条例》《造林质量管理暂行办法》《关于加快林业发展的决定》等。

（二）森林政策执行情况是否合法、合理性的审计

在确定地方政府党政负责人森林资源资产离任审计的内容时，必须分析责任对象所承担经济责任的性质与特征。地方政府党政负责人对于辖区内森林资源资产的开发、利用、管理和保护承担着首要的经济责任，一个地区发生森林资源的过度消耗、浪费或破坏，往往是因为地方政府党政领导人的经济发展理念与态度出了问题。地方政府党政负责人森林资源资产离任审计内容安排上需要重点审计其在本辖区内贯彻落实国家森林资源重大政策、战略、规划的情况。

第一，关注森林资源资产，特别是所管辖区域内的森林资源资产保护政策是否落实到位，落实用途管制，有关生态保护的政策是否纳入当地国民经济发展及社会发展规划，是否落实各项森林资源有关的重大决策及执行情况等。

第二，在这个政策下森林资源问题是否得到解决，即对执行该政策下森林资源的生态效益的审计。主要指负有监管义务或责任的政府及其相关部门组织专门机构和人员，监督相关部门、企事业单位落实森林资源资产政策或规划，以保护环境和维护公共利益的行为。包括政府督促监管部门严格依法开展监管工作，以及监管部门采取有效措施，落实国家法律、法规和政策要求，督促相关部门和单位履行责任，确保完成森林资源资产管理工作目标等情况。

第三，评价、考核领导干部在其任职期间对森林资源的利用效率和效果，审视环境治理和环境保护责任的落实情况。责任对象不同责任对象所承担的经济责任不同，森林资源资产离任审计的内容也应有区别。森林资源资产离任审计的三大责任主体，即地方政府党政领导人、政府自然资源主管部门负责人和资源型国有企业负责人，其审计内容既有共性又有特性。从共性的角度来看，无论责任主体如何，其审计均为一种包括财政财务审计、合规性审计和绩效审计在内的综合审计。从财政财务审计的角度来看，森林资源

资产离任审计主要关注森林资源相关的财政收入是否及时足额收取，财政资金是否按规定的用途和拨款进度拨付到自然资源相关的项目。同时，财政财务审计还应检查评价自然资源统计信息、会计信息的真实可靠性；从合规性审计的角度来看，森林资源资产离任审计检查评价领导干部对于森林资源相关法律法规、战略、规划和政策的贯彻落实情况，以及领导干部在履职过程中是否存在重大失职、渎职和腐败行为真实、有效。从绩效审计的角度来看，森林资源资产离任审计主要检查、评价领导干部履行森林资源资产所有权职责和公共管理职责所实现的经济效益、社会效益和生态效益。

第四，评价财政资金的使用效率和使用范围，确保专款专用、专款专人负责、专人审批。从财政财务审计的角度来看，森林资源资产离任审计主要关注森林资源相关的财政收入是否及时足额收取，财政资金是否按规定的用途和拨款进度拨付到森林资源相关的项目，确保专款专用、专款专人负责、专人审批。再者对森林资源资金的筹集、分配、管理和使用整个过程是否合理、合规的审计。

森林资源资产离任审计内容的确定，其审计内容有交叉、重复的部分，但不会影响森林资源资产离任审计的效果，相反森林资源资产离任审计内容在审计过程中相互验证的作用，使得审计的结果更具有准确性。森林资源资产离任审计的内容在不断发展和逐步完善。

二、森林资源资产离任审计方法

森林资源资产离任审计是以森林资源资产负债表为依据，而森林资源资产负债中的森林资源资产和负债采用环境重置成本法作为价值计量的方法，将森林资源修复与维护的成本、费用与投入分成三个层次的成本分别进行计量并最后汇总。

（一）森林资源恢复层成本

该层次成本基于对发生火灾、病灾、虫害及过度砍伐、滥砍滥伐的森林的恢复成本以及退耕还林、植树造林所发生的成本。恢复被破坏的森林资源的工作有造林、抚育和改培。根据《造林技术规程》《森林抚育技术规程》及《天然次生地产低效林改培技术规程》规定，造林、森林抚育及改培的主要支出包括采购树苗支出、技术支持支出、人工栽种支出、人工修枝支出、林地施肥支出、林地灌溉与排水支出等。具体计算公式为：

$$P_1 = C_{造} + C_{抚} + C_{改}$$

其中，P_1 为生态环境恢复层成本，$C_{造}$ 为造林投入费用，$C_{抚}$ 为将郁闭后的幼林抚育至主伐利用期所投入的费用，$C_{改}$ 为对天然次生低产林改培投入的费用。

（二）森林资源维护层成本

根据《森林经营方案编制与实施方案》规定，该层次成本包括森林火灾、病虫害及过度砍伐、滥砍滥伐的预防费用、森林经营基础设施维护、野生动植物保护及自然区保护费用、湿地保护费用及棚户区改造费用。具体计算公式为：

$$P_2 = C_{预} + C_{设施} + C_{棚改} + C_{其他}$$

其中，P_2 为生态环境维护层成本，$C_{预}$ 为林火灾、病虫害及过度砍伐、滥砍滥伐的预防费用，$C_{设施}$为森林经营基础设施维护费用，$C_{棚改}$为国有林区内棚户区改造费用，$C_{其他}$为其他没有具体列支的为保护森林资源所支出的费用，即为维护森林资源实施的人工造林、封山滩育、中央财政补贴造林、中幼林森林抚育和公益林等。

（三）生态保护战略层成本

该层次成本主要基于为保证必要的森林生态功能质量而放弃的经济发展权力来考虑，即充分使用森林资源发展经济所能产生的额外收益。为了保证森林资源质量，就森林资源保护对经济发展产生的影响包括农业生产、工业制造、能源耗费、餐饮服务等诸多行业，范围涵盖第一、第二、第三产业，所以采用宏观经济指标国民生产总值（GDP）进行计算。具体计算公式为：

$$P_3 = \sum_{i=1}^{3}（GDP_A^i - GDP_L^i）\times W_{林}^i \times W_L^i \times W$$

其中，P_3 为生态保护战略层成本，GDP_A^i 为近十年国家第 i 产业的国民生产总值的平均值，GDP_L^i 为当年 L 某地 i 产业的国民生产总值，$W_{林}^i$ 为 L 某地林业在第 i 产业所做的贡献在林业产业总值中的比重，W_L^i 为当年 L 某地第 i 产业的生产总值占当年生产总值的比重，W 为该类森林面积所占森林总面积的比重。

三、森林资源资产离任审计的程序

（一）森林资源资产离任审计的审前调查

在对森林资源资产审计相关部门的前期调查中，从该部门内部情况入手，即先调查了解该部门的职能、组织机构、日常工作、业务工作等，从“里”入手。鉴于森林资源资产的特殊性，其相关部门的工作也有着特殊性，即其业务工作的成果必然会反映到自然资源的表象上，因此在掌握了部门机构运行的程序和规律后，重点关注会直接影响到森林资源实物量、质量变化的业务工作、一线工作，把“表”（即表象）作为落脚点，从而进行进一步的审计调查。由于森林资源有大致集中、相对分散的特点，这些森林资源资产的相关部门往往会由比较分散的分支机构组成，这些分支机构又自成一体，掌握着最新的森林资源在实物量和质量的方面的数据，且与其主体部门在空间和时间的同步上会有一定的延迟，因此利用这 点审计人员更易获得一些关键信息，在掌握关键信息之后“向上调查”，即对森林资源主体部门相关工作，找到之间的差异、前后矛盾之处，放入审计的疑点库中，为下一步工作队的开展提供对比的依据。

在经过第一阶段的“向上调查”过程后，审计人员从相关部门获得数据的同时，与主体部门的相关工作进行了对比，找出矛盾和差异之处，此时将表象数据与主体部门职能、组织机构、日常工作、业务工作进行关联，找出主体部门在机构管理、业务工作、组织工作中——即“里”，存在的不足和疏漏，找出普遍存在的、对一线业务、对森林资源资产的实物量、质量有直接影响的方面，进行向下对比，从而揭示森林资源资产相关部门在机制、体制方面存在的疑点问题。

在掌握表、里两方面的资料、数据之后，可以将二者结合起来，建立二维关系表，用列举法，将表象问题、内部机制体制问题分别作为二维关系表中行和列，进行交叉分析，将二者之间有联系的部分进行标记，通过横向和纵向的观察，分别将横向中重叠部分最多的行，及纵向中重叠部分最多的列，提取出来，即可找到反映问题最集中的表象问题对应的机制体制问题，及反映问题最集中的机制体制问题所对应的表象问题，从而确定了审计重点、疑点，以便下一步工作的开展。

将关系表中确定的重点、疑点进行提炼和分类汇总，对同类问题纵向深挖，个性问题横向扩展，将所需要核实的问题铺展开来，做成现场审计调查表格，再按照实地核实的实际情况进行切割，以单个调查事项命名，在实地核实地点的选取上，尽量以问题反应集中、涉及问题类型多样的自然资源资产相关企事业单位、现场为一阶段实地调查的对象，从而达到事半功倍的效果，节约时间、人力成本且查而有物的目的。

审计取证以四方及以上签字为要求，由于自然资源资产审计涉及领域广、专业性强，是超越以往审计范畴的全新工作，是对传统审计方式、方法的颠覆与创新，因此必须以专业部门的专业知识、技术为依托，这就要求现场取证签字方面要有专家签字，同时还需被审计单位、主管部门、审计部门三方签字，形成了四方签字，有时甚至为了现场取证的严密性，还需被审计单位现场人员进行签字，从而形成五方签字，从程序上保证了审计证据的可靠性、权威性，也有利于防范审计风险，为后续责任划分提供参考。同时证据载体也是多样的，在审计调查表格方式的基础上，拍照、录音、座谈、走访、设备检测等都可以为审计证据的形成提供有力支持，并且尽量做到第一时间取证，以防证据灭失。

（二）森林资源资产离任审计的审中计划

森林资源资产离任审计的审计计划要包括被审计单位的基本情况，审计目的和审计范围及审计策略，重要性和审计风险的评估，审计组的构成和审计时间的分配与预算安排，对专家和外部审计工作结果的利用。森林资源资产离任审计的审计计划应当包括下列基本内容：

1. 被审计单位、项目的名称和基本情况。主要包括被审计单位所属森林资源经营特点；被审计单位的林业资源历史沿革、业务性质、组织结构、经营规模、经营情况及经营风险；财务会计机构及其工作组织；关于森林资源重大会计政策的选用及其变动情况；以前年度对森林资源审计的情况等。

2. 森林资源审计目标和审计范围。

（1）森林资源审计目标是对被审计单位森林资源资产负债表编制的合法性、公允性及会计处理方法的一贯性发表审计意见。

（2）审计范围一般不应限于只对森林资源资产负债表的有关事项审计，还要依据森林资源资产负债表对领导干部的离任审计。凡是与被审计单位森林资源资产负债表有关和可能在审计过程中作出专业判断产生影响的所有方面，均属于森林资源资产离任审计的审计范围。

3. 森林资源的重要会计问题及重点审计领域。

（1）森林资源资产负债表的编制原因。党的十八届三中全会要求改革和完善干部考核评价制度体系，推行自然资源资产离任审计。自然资源资产离任审计的推出，可谓是迫在眉睫。再者为推进生态文明建设，有效保护和永续利用自然资源提供信息基础、监测预警和决策支持，摸清我国自然资源资产“家底”及其变动情况，经党中央、国务院批准，开展探索编制自然资源资产负债表工作。

（2）森林资源资产负债表编制。首先根据账户的记录确定森林资产增减变动的数量，再依据数量结合环境重置成本法计算的相应数量森林资源的价值量，用所得数据编制森林资源资产变动表；然后将森林资源现状与国家森林资源的各项法规标准或者上一年度该地区森林状况又或者该地区相关文件中计划要达到的森林面积增加量相比较，编制负债明细表；最后由资产变动表中的数据填列资产负债表中的资产项目数据、由负债明细表中的数据填列资产负债表中负债项目的数据，形成完整的森林资源资产负债表。

①森林资源变动表。按照“期初量 + 本期增加量 - 本期减少量 = 期末量”的等式关系填制森林资源资产变动情况，表格结构如表 7 - 1 所示。

表 7-1 **森林资源变动表** 单位：公顷

项目 \ 年度	20××年	20××年
森林资产增加		
其中：有林地增加		
Ⅱ级有林地		
Ⅲ级有林地		
Ⅳ级有林地		
疏林地增加		
Ⅱ级疏林地		
Ⅲ级疏林地		
Ⅳ级疏林地		
灌木林地增加		
Ⅱ级灌木林地		
Ⅲ级灌木林地		
Ⅳ级灌木林地		
未成林地增加		
Ⅱ级未成林地		
Ⅲ级未成林地		
Ⅳ级未成林地		
苗圃地增加		
Ⅱ级苗圃地		
Ⅲ级苗圃地		
Ⅳ级苗圃地		
无立木林地增加		
Ⅱ级无立木林地		
Ⅲ级无立木林地		
Ⅳ级无立木林地		
宜林地增加		
Ⅱ级宜林地		
Ⅲ级宜林地		
Ⅳ级宜林地		

续表

项目 \ 年度	20××年	20××年
林业辅助生产用地增加		
Ⅱ级林业辅助生产用地		
Ⅲ级林业辅助生产用地		
Ⅳ级林业辅助生产用地		
森林资产增加合计		
其中：Ⅱ级森林资产		
Ⅲ级森林资产		
Ⅳ级森林资产		
森林资产减少		
其中：有林地减少		
Ⅱ级有林地		
Ⅲ级有林地		
Ⅳ级有林地		
疏林地减少		
Ⅱ级疏林地		
Ⅲ级疏林地		
Ⅳ级疏林地		
灌木林地减少		
Ⅱ级灌木林地		
Ⅲ级灌木林地		
Ⅳ级灌木林地		
未成林地减少		
Ⅱ级未成林地		
Ⅲ级未成林地		
Ⅳ级未成林地		
苗圃地减少		
Ⅱ级苗圃地		
Ⅲ级苗圃地		
Ⅳ级苗圃地		

续表

年度 项目	20××年	20××年
无立木林地减少		
Ⅱ级无立木林地		
Ⅲ级无立木林地		
Ⅳ级无立木林地		
宜林地减少		
Ⅱ级宜林地		
Ⅲ级宜林地		
Ⅳ级宜林地		
林业辅助生产用地减少		
Ⅱ级林业辅助生产用地		
Ⅲ级林业辅助生产用地		
Ⅳ级林业辅助生产用地		
森林资产减少合计		
其中：Ⅱ级森林资产		
Ⅲ级森林资产		
Ⅳ级森林资产		
森林资产净变动		
二、森林负债变动		
森林负债增加		
森林负债减少		
森林负债净变动		
三、净森林资产变动		

②森林资源资产负债表。利用关系式为："森林资产 = 森林负债 + 森林净资产"，列报披露森林资源资产负债信息，同时利用环境重置成本法将森林资源实物量转化为价值量，反映资产负债表日所属区域内森林资源的基本情况，如表 7－2 所示。

表 7－2　　××地区的森林资源资产负债表

年度：		数量单位：				制表人：			
制表日期：		价值量单位：				复核人：			
森林资源资产	期初		期末		森林资源负债	期初		期末	
	数量	价值量	数量	价值量		数量	价值量	数量	价值量
有林地					法定森林负债				
疏林地									
未成林地									
苗圃地									
无立林地									
宜林地									
林业辅助生产用地					森林资源所有者权益				
森林资源资产合计					森林资源负债及所有者权益合计				

4. 森林资源审计工作的进度及时间、费用预算。审计师对各种审计程序的实施时间及进度作出规划。特别是审计师要明确有时间限制的审计程序（如林业资源实地调查、访问等）何时实施。同时，对审计全过程各个级别审计人员所需的工作时间应做出合理预计，并按照有关收费标准，确定应予收取的审计费用。

5. 审计小组组成及人员分工要求。在确定审计小组成员，特别是确定项目负责人时，应充分考虑其有关的审计经验、胜任能力及独立性，并根据各自特长合理分工。

6. 森林资源审计风险的评估。审计师应当根据被审计单位的行业类别、经营性质、营运状况等具体情况，运用其专业判断和审计经验，选择净资产或总资产等作为计量基础，确定森林资源的总体水平，并分配于各森林资源资产负债表的项目，对已了解的被审计单位的基本情况的初步评价，对森林资源审计风险作出评估。

7. 编制森林资源审计工作底稿。领导干部森林资源资产离任审计结果，是指审计机关根据有关规定，依法对领导干部履行森林资源资产管理和生态环境保护责任情况审计后形成的结论性审计文书。审计结果主要包括：审计机关向本级党委、政府，审计委员会，本级人民代表大会和上级审计机关提交的、对领导干部履行森林资源资产管理和生态环境保护责任的审计意见及结果报告；向被审计的领导干部及其所在单位（部门）出具的审计意见和审计决定；向司法机关、纪检监察机关和有关主管部门提交的移送处理书、审计建议书等。审计实施过程中产生的审计信息，也是重要的审计结果。

领导干部森林资源资产离任审计结果运用，是指由各级审计委员会负责统一协调，各级纪检监察、组织人事、审计、财政、森林资源资产和生态环境管理等有关部门（单位）根据各自职能，在领导干部监督管理、选拔任用、表彰奖励、目标考核、行政管理等工作中或在做出组织处理、纪律处分、行政处罚、奖励表彰等决定时，将审计结果作为重要依据。

第四节 森林资源资产离任审计评价

2015 年 11 月，中办、国办印发了《开展领导干部自然资源资产离任审计试点方案》。《方案》提出，要根据领导干部任期和职责权限，对其履行自然资源资产管理和生态环境保护责任情况进行审计评价，界定领导干部应承担的责任。这就需要构建领导干部自然资源资产离任审计评价指标体系，完善并推行自然资源资产和生态问责制度。从森林资源资产入手，构建了领导干部森林资源资产离任审计评价指标体系，丰富了领导干部森林资源资产离任审计的理论成果。

森林资源资产离任审计评价是对森林资源资产的使用、保护和管理情况从真实性、合法性与绩效性角度进行分析判断，以及对领导干部进行有关森林资源重大经济决策、森林资源项目的建设和管理水平等进行评价，对违规违纪责任进行合理划分、明确直接责任与主要责任，并得出审计意见的行为，是森林资源资产离任审计的重要组成部分。

一、森林资源审计结果的运用

各级审计委员会应积极完善审计结果运用机制，将审计监督与党管干部、纪律检查、追责问责结合起来，把审计结果及整改情况作为考核、任免、奖惩领导干部的重要依据，把领导干部森林资源资产离任审计结果和审计发现问题的整改情况作为领导班子成员述职述廉、年度考核、任职考核的重要依据。纪检监察、组织人事和相关部门应结合实际，充分运用审计结果，及时把运用审计结果情况反馈给审计部门，建立干部监督管理长效机制，避免审计结果运用滞后。进一步健全环保督察巡视与审计机关的协调机制，加强资源环境信息共享，审计机关为环保督察巡视提供问题线索，同时也应向审计机关反馈相关信息。做好数据共享顶层设计，加强与森林资源资产和生态环境管理部门的联系，自上而下地建立数据共享平台，为审计机关开展大数据审计创造条件。

二、森林资源资产离任审计评价

各级审计机关要根据主体功能区划、国民经济和社会发展规划、自然资源资产禀赋和生态环境状况，遵循客观性原则、准确性原则、完备性原则、互斥性原则和重点性原则，建立动态、开放的森林资源资产审计评价指引。审计人员在具体实施中应因地制宜地选择和细化审计评价指标，对审计对象及其所在部门给予恰当的评价。审计机关也应引入科研机构、高等院校的专家学者参与审计，对审计发现的问题进行研究剖析，找准根源，为审计结论提供第三方意见，增强审计结论的说服力。同时，相关部门也应建立与森林资源资产审计评价相配套的奖惩制度，使总体评价的权威性得到保证，提高森林资源资产离任审计的审计结果的公信力。

第八章

领导干部矿产资源资产离任审计

第一节　我国矿产资源利用与矿区环境治理问题

一、矿产资源

（一）矿产资源的概念

矿产，泛指一切埋藏在地下（或分布于地表的、或岩石风化的、或岩石沉积的）可供人类利用的天然矿物或岩石资源。矿产可分为金属、非金属、可燃有机等类别，是不可再生资源。中国矿产资源是指中国境内的存于地壳内部或地表埋藏于地下或出露于地表，呈固态、液态或气态的，并具有开发利用价值的矿物或有用元素的集合体。矿产资源属于非可再生资源，其储量是有限的。目前，世界已知的矿产有160多种，其中80多种应用较广泛。按其特点和用途，通常分为四类：能源矿产11种；金属矿产59种；非金属矿产92种；水气矿产6种。共有168种矿种。中华人民共和国成立后，通过对矿产资源的大规模勘查，到1990年年底，中国已发现162个矿种，探明储量的矿种有148个。主要有：

1. 能源矿产：煤、石油、天然气、油页岩、铀、钍等。

2. 黑色金属矿产：铁、锰、铬、钒、钛等。

3. 有色金属及贵金属矿产：铜、铅、锌、铝、钨、锡、镍、铋、钼、钴、汞、锑、金、银、铂等。

4. 稀有、稀土和分散元素：铌、钽、锂、铍、稀土族元素、锗、镓、铟、镉、硒、碲等。

5. 冶金辅助原料非金属矿产：熔剂石灰岩、熔剂白云岩、硅石、菱镁矿、耐火黏土、萤石、铸型用砂、高铝矿物原料等。

6. 化工原料非金属矿产：硫铁矿、自然硫、磷、钾盐、钾长石、明矾石、硼、芒硝、天然碱、重晶石、钠硝石等。

7. 建筑材料及其他非金属矿产：云母、石棉、高岭土、石墨、石膏、滑石、水泥用原料、陶瓷黏土、砖瓦黏土、玻璃用砂、建筑用石材、大理石、铸石用玄武岩、珍珠岩、沸石、蛭石、硅藻土、膨润土、叶蜡石、刚玉、天然油石、玉石、玛瑙、金钢石、冰洲石、光学萤石、蓝石棉、压电水晶等。

（二）我国矿产资源现状

随着人民生活水平的提高，开始日益注重生活品质，因此对环境的要求更加严格，环境问题也由此更受关注。十九大报告中提出建设生态文明是中华民族永续发展的千年大计，实施重要生态系统保护和修复重大工程，优化生态安全屏障体系，构建生态廊道和生物多样性保护网络，提升生态系统质量和稳定性；在环境保护中开展国土绿化行动，推进荒漠化、石漠化、水土流失综合治理，强化湿地保护和恢复，加强地质灾害防治；此外，还要完善天然林保护制度，扩大退耕还林还草；严格保护耕地，扩大轮作休耕试点，健全耕地草原森林河流湖泊休养生息制度，建立市场化、多元化生态补偿机制。这些举措把环境保护提到了一个新的高度，环境是人类生存和发展的必要条件，随着我国经济的不断发展，加剧了人们对环境的使用和破坏程度，使当前我国的环境压力越来越大，环境形势愈加严峻。

矿产资源的开发具有两面性，它不仅促进了我国的经济的高速增长，同时也造成了环境的严重破坏。首先，植被森林覆盖面积减少、土表层的损失、环境平衡被破坏。这些年由于我国对矿产资源的持续开发，土地资源受到了严重的破坏，矿产资源在开发的过程中还破坏了很多的土地，造成土地的复耕率只有 10%，发达国家的复耕率为 60%，由于采矿活动的日益增多及开采后的土地还耕率程度低，造成绝大部分矿区的生态环境受到了不同程度的破坏。其次，地质环境问题也变得越来越严重。矿山在开采利用的过程中会造成地表下沉、塌陷、岩体破坏、山体滑坡等不同损害程度的环境问题，紧接着产生很多塌坑，乃至塌陷群，严重的还导致几百米间断的塌陷带。还有，工业性生产产生的固体废气物无法处理。矿产资源在开发利用过程中产生的废石主要有煤矸石、冶炼渣、粉煤灰、炉渣等，这些生产产生的废弃物堆积在矿区周边，使得大量的土地资源被占用。再者，对水资源的污染比较严重。由于矿山地下开采对水资源的抽放，造成不同地区的地下水位连续下降，导致地表水和地下水的动态平衡状态遭到损害，进而产生了水源的枯竭甚至某些河流出现断流。矿产资源开发和生产过程中也会伴随大量的废水产生，在一些生产设备比较落后、技术水平相对低下的中小型矿区，很多矿区没有污染水的处理机构，由于选矿产生的废水在没有经过处理的情况下不得随意排放，否则就会造成水质和土壤的污染。最后，空气污染。在矿山开采过程中，除了会产生大量废水、废渣以外，还会产生大量的污染性气体，比如硫化物、氮化物和碳化物等很多有毒有害的气体，除此之外在矿山开采和掘进的过程中还会产生大量的粉尘，这也会对环境造成污染。

矿产资源开发带来严重的环境破坏，这就给中国的经济带来了巨大的损失。根据相关部门的统计，由于环境污染每年给我国造成的经济损失约 540 亿美元，生态环境的破坏产生的灾害损失和对破坏进行治理的成本大概占据整个国民经济总产值的 5%。由于生态破坏每年造成的经济损失高达 860 亿元，此外水污染对工业、农业、市政工业和人体健康等方面每年给我国造成的经济损失约 2 400 亿元。目前不仅工矿业导致的废弃场地土壤污染的环境问题日益严重，而且耕地土壤的环境质量也不容乐观。目前，土壤污染的防治行动计划正在制定，有关环保部专家估计，对于土壤污染的防治将花费数十亿元。

二、矿产资源利用

（一）矿产资源利用对环境的影响

工业化过程必然导致矿产资源需求的大量增加，矿产资源的利用是实现经济增长或经济发展的重要手段。人类在利用矿产资源获得惊人收益的同时，也在肆意破坏着环境，威胁着人类的生存空间。矿产资源利用的环境问题是指矿产资源在利用过程中（包括开采、运输、加工和消费）对生态平衡和环境的影响问题。矿产资源利用对环境的影响主要反映在以下几个方面：

1. 矿产资源开采对环境的影响。

（1）地面不均匀沉降。矿产资源地下开采造成的地面沉降是严重的，特别是岩性较软的矿产如煤炭、高岭土、膨润土等，据全国煤炭工业产区的资料显示，凡开采在5年以上的煤矿区，均存在严重的地面不均匀塌陷。地面不均匀塌陷致使地面建筑物出现裂隙，甚至倒塌，出现大面积积水，交通道路破坏等问题。

（2）破坏地表地下生态平衡系统。一般露天开采均需对地表土层进行剥离，这破坏了地表植被和水系，使当地生态环境恶化，是滑坡、地震、泥石流等自然灾害发生的诱因。地下开采使地应力平衡变差，常诱发地震。

（3）对地下水资源产生破坏性影响。一方面，破坏地下蓄水层，地下水流失，导致水源地紧张；另一方面，又污染了部分水源，加剧了紧张状况。如开采硫化物矿床会使地表地下水体含硫量明显增加，并常因含超量的砷、铅、铜等元素而不能饮用。

（4）污染空气。主要表现在两个方面：一方面，是开采爆破所用炸药对空气的污染和爆破土石产生的尘埃对空气的污染；另一方面，是矿石层所夹含的有害气体因开采释放对空气的污染（如煤层瓦斯、石油伴生 H_2S 气体等）。

（5）废石污染。开采过程中必然有大量废石产出，这些废石大多与矿石一道被运到地表，占用耕地和土地，污染环境，破坏生态系统。如开采黑色页岩矿床时，由于围岩和夹石中常含有一定量的放射性元素，一方面废石占用土地；另一方面放射性元素产生放射性污染。

（6）噪音污染。开采产生的噪音常迫使一些动物转移栖息地，影响生态平衡；在居民生活地区，则严重影响人体生物节律和神经系统，产生疾病。

2. 矿石运输对环境的影响。我国矿石运输主要有开放式运输和封闭式运输两类。开放式运输如汽车运输、火车运输、轮船运输等，在运输过程中矿石与大气直接接触，矿石粉尘会飘浮到大气中去污染空气。因雨淋渗漏、颠落而污染运输沿途的土壤、水体则是常事。如河北庞家堡、宣化市区街道、道路及其两旁常被染成赤红色，此乃赤铁矿矿石（粉）运输遗落造成的。据计算，一般块状矿石的运输损失都在2%以上，造成的污染是严重的。

封闭式运输主要为管道运输形式，这种运输形式也会因管道的接口不严或腐蚀而致气体逃逸、液体渗漏、固体跳落，直接污染运输途经地区的空气、水体和土壤。此外石油伴生水中还含有放射性元素（如镭）的溶解物，会对管道途经区域产生微弱的放射性污染。某些矿石的运输和中转堆放过程中，还会产生自燃、升华，也会对环境造成污染。

3. 矿石加工过程对环境的影响。物理粉碎对环境的污染。大多数金属和非金属矿石在进行进一步加工前都要经过粉碎的环节，对周围空气、水体及土壤的污染是相当严重的，因粉碎飘散到空气中的粉尘随外力掀动（如风吹）反复进入空气中，是造成生产工人和当地居民的矽肺病和肺癌发病率增高的直接原因。

4. 选矿对环境的污染。常见的选矿方法有重选、浮选、磁选、电选、化学选矿等，这每一种选矿方法都会造成一定程度的环境污染。例如，用水力旋流器进行高岭土的分选是一种重选方法，常因粉粒太细随水流入河流，污染地表水体造成鱼虾死亡，河湖床底淤积。若分选介质换成重介质，则介质本身也会造成一定的污染。再如浮选是一种有效的选矿方法，但浮选一般都要添加一定量的浮选药剂，浮选药剂对环境的污染是浮选的最大缺点之一。煅烧是一种化学选矿方法，许多矿石是经煅烧来加工的，有些矿石的煅烧对环境的危害不大，但大多数矿石的煅烧对环境的污染是严重的，如硫磺矿区炼硫，主要采用烧取法（也可在蒸气压力釜内用蒸气加热精制硫磺），煅烧过程中排出的气体造成周围环境寸草不生是普遍现象。

5. 矿石冶炼和深加工对环境的影响。冶炼和深加工对环境的污染和生态破坏是广泛存在的。如石油加工过程中产生瓦斯、H2Z、CO、CO_2 等废气，产生酸渣、碱渣、添加剂渣等废渣，无一不对土壤、空气、水体和生物造成污染。再如炼钢产生的废气、废渣已成为钢铁城市的公害之一。

6. 矿产消费过程对环境的影响。矿产消费包括作为生产资料消费和作为生活资料消费两类。消费在获得利益的同时也对环境造成污染。如汽车使用汽油、柴油作为动力，同时会产生许多致癌气体和物质，对人体特别是城市居民产生严重威胁。再如大量无机合成化学肥料和农药的使用，破坏了土壤的天然土质，致使生产的粮食作物、蔬菜的营养成分发生细微变化，且随水流渗透到地表地下水体中的化肥被人体直接或间接地吸收，是癌症发病率增高的原因之一。

7. 其他如酸雨、动物重金属污染、生物绝种等环境问题，大多也是由于矿产品的生产和使用造成的污染引起的。而矿产资源在开采、运输、加工和利用过程中，由于自然灾害、人为因素等引起的意外事故和战争对环境造成的侵害虽不是普遍现象，但一旦发生，其危害是相当巨大的，典型的例子如前苏联切尔诺贝利核电站的核泄漏、海湾战争的原油污染等。

（二）我国矿产资源利用环境问题的特点及对策

1. 我国矿产资源利用环境问题的若干特点。我国是世界矿产资源大国，已发现 163 种矿产，其中探明有一定储量的有 149 种，45 种主要矿产资源的探明储量价值在世界上居第三位。

但是，就人均占有量来说，我国又是资源小国，人均量不到世界人均量的一半，排名第 80 位，且贫矿多、富矿少、共（伴）生矿多，单一矿少，中小型矿多、大型矿少，这就使我国矿产资源在利用时引起的环境问题具有某些不同于别国的特点，主要如下：

（1）我国矿产资源利用最大的环境问题是煤炭环境问题。矿物能源是最重要、用量最大的矿产资源。国际上矿物能源主要是石油，而我国石油资源一直比较紧张，因而传统能源矿产——煤炭在一次商品能源产品总产量和总消费量中始终占有 70% 以上的比例。在我国经济发展过程中，煤炭占着举足轻重的作用，是工业的粮食。然而煤炭作为能源，其污染问题比石油要严重得多，据统计，燃料燃烧排放的污染物中有96%是来自煤炭，如烟尘的9%、CO的97%、SO_2的93%、氮氧化物的87%是直接来自煤炭的燃烧。因此，煤炭环境问题是矿产资源利用中最大的环境问题，解决得好与坏直接关系到矿产资源利用环境问题的解决。

（2）我国矿产资源采掘量大、利用率低，是污染和生态破坏的直接原因。我国矿石采掘总量居世界第三位，为矿石采掘大国。随着我国经济建设保持在一个合适的高速度上，对矿产资源的需求将继续增加，矿石采掘总量也将继续增加。大规模的采掘必然带来环境污染总量的上升和恶化。资源利用率低则从另一方面增加了环境污染的机会。由于选矿冶炼回收率低、金属二次回收利用率低，产生大量的废石、选尾矿、具一定品位的未利用矿石、加工；遗弃矿石、金属边角料和“废品”、废旧金属物资等，它们均会对生态和环境造成严重的影响。如我国金属二次利用率只20%左右，而西方发达国家一般都在60%以上。

（3）矿产分布较广，大型、特大型矿床较少，环境保护投资分散，影响投资效果。我国矿产资源地域分布较广，矿床、矿点星罗棋布，这是中小矿业能够得到大发展的重要资源基础。但矿产分散同时也带来较严重的环境问题，特别是环境管理困难和投资分散的问题。我国大型、特大型矿床较少，如铜矿床只有江西德兴铜矿和西藏玉龙铜矿可称为世界级大矿，玉龙铜矿的大规模开采还不是近期的事。这种资源状况一方面制约经济的发展，另一方面，也使环境投资分散、环保不力，环境恶化加剧。此外，中小矿业总体上注重的是企业经济效益，在法律法规尚不十分健全、对环境恶化尚没有充分认识的我们这样一个发展中国家，管理上也必然会存在许多问题。

（4）人口压力下的矿产资源超量开采，加剧了矿产资源环境问题。我国有13亿人口，在这巨大的人口压力下，要快速发展经济，矿产资源的超量利用成为必然，矿产资源的环境问题愈加突出。如我国矿产开发利用形成的钢城、煤城、铜都、锡都等，都存在较严重的大气污染、水污染、固体废弃物污染、噪音污染、土地占用等环境问题，直接影响人民生活质量，制约经济持续发展。

（5）缺乏资源环境综合管理。我国矿产资源管理与环境管理是分部门的多头管理，宏观上缺乏综合管理，这造成我国在矿产资源环境管理上的矛盾现象：一方面是矿产资源生产和管理部门注重资源效益、经济效益，另一方面是环境部门注重环境效益。全局利益与局部利益的冲突没有统一的部门去协调，综合管理力量相当弱，导致资源环境问题日益突出。

2. 我国矿产资源环境的发展趋势及对策。我国实行社会主义市场经济体制后，经济发展速度将会加快，经济增长对矿产资源的需求必将进一步增长。据测算，21 世纪末，我国需要年产煤 14 亿—15 亿吨，石油天然气 2 亿吨，钢铁 900 万吨以上，才能满足发展的基本需要。显然在环保技术尚不十分过关的我国，若不给予足够的重视，矿产资源环境总体水平将进一步恶化，矿产资源环境问题将成为制约经济增长的主要问题之一。以下是关于矿产资源利用环境问题的几点对策与建议。

（1）加强资源开发的长远目标规划，保证资源持续利用。矿产资源的超量开采一方面是在吃子孙后代的粮食，另一方面也给子孙后代留下垃圾，所以必须采取措施加强资源开采的长远目标规划，保证资源的持续利用。只有持续利用才能使资源利用的环境效益、生态效益、经济效益、资源效益统一，达到最优化。

（2）适当引进国外优质资源，限制低品位、复杂组分的矿产开采。引进国外优质资源既可降低低品位、复杂组分矿产利用时带来的环境问题，又是一种提高经济效益、资源效益的手段。在这个问题上，闭关自守的“自力更生”不是一个好办法。

（3）加强矿山土地复垦工作。矿山土地复垦是一项造福人类的工程，应加强这方面的研究和推广工作。

（4）加强环境影响的预测和评价工作。“凡事预则立”。没有预测，一切工作将陷入盲目性。加强资源环境影响的预测和评价工作，可以为制定相应的对策打下坚实的基础。

（5）加强资源环境的综合评价、综合管理。矿产资源与环境关系密切。从宏观上讲，资源开发利用是短期效益，环境保护是长期效益，过分偏重于一方均不合适，最佳目标是在环境污染减弱、生态趋于平衡条件下的资源利用增强，这就要加强资源环境的综合评价、综合管理工作。建议大中型矿区的开发与环境管理统一起来，如成立矿区管理委员会等。

（6）搞好科技攻关。科技是第一生产力，同时又是环保的主要要素。加强无污染采选冶技术的开发，加强煤炭资源环境污染治理技术开发，搞好环保科技攻关、复垦技术攻关等，是解决资源环境问题的根本途径之一。

（7）健全资源环境法律法规。从某种意义上来说，市场经济就是法制经济。把资源开发与资源环境问题结合起来考虑，建立健全相应的法律法规，是市场经济条件下国家处理资源环境问题的主要办法之一。

（8）建立中央、地方、企业，国家、集体、个人一齐治理环境的制度。环境治理是一个公共项目，仅靠中央财政的力量是很难奏效的，必须中央、地方、企业、国家、集体、个人一齐出力，才能解决资源环境保护投资不足和投资分散的问题，搞好资源环境保护管理。另外，还必须加强宣传工作，树立全民资源环境意识。

第二节　矿产资源资产离任审计目标

一、矿产资源资产离任审计的内涵与定义

（一）矿产资源资产

矿产资源资产是政府或政府委托、让渡的主体对矿产资源投入劳动、技术、资金等生产要素而形成的。鉴于我国的基本国情，在“党委领导、政府负责”的责任制框架下，党委作为重大政策措施的决策者，政府作为矿产资源的代理所有权者，在开发利用保护中起主导或引导作用，都承担着重要职责，党委和政府履职情况各有侧重，党委更重要的是决策，政府更重要的是执行。

（二）矿产资源资产离任审计

所谓矿产资源资产离任审计，是指对党委、政府及相关部门单位主要领

导干部任职期间履行矿产资源宏观管理与调控、财产性收益的征收与使用职责情况的审计监督。通过审计，正确评价领导干部履职的合理性、有效性，反映存在问题，界定相关责任，转变以破坏生态环境为代价的经济发展方式，促进矿产资源资产可持续发展。

矿产资源资产离任审计是自然资源资产离任审计的一部分，2013 年 11 月党的十八届三中全会通过的《中央关于全面深化改革若干重大问题的决定》这一纲领性文件首次提出了自然资源资产离任审计，2014 年 7 月中央纪委机关、国务院国资委和审计署等部门联合印发《党政主要领导干部和国有企业领导人员经济责任审计规定实施细则》，在地方各级党委主要领导干部经济责任审计的主要内容模块中，增设“自然资源资产的开发利用和保护、生态环境保护以及民生改善等情况”。自然资源资产离任审计作为促进生态文明建设的一大制度创新，迅速成为审计理论和实践的关注热点。从理论研究看，研究成果主要体现在：自然资源资产离任审计被认为是经济责任审计的进一步深化和细化，自然资源资产离任审计视为广义自然资源产权制度的有机组成部分，自然资源资产离任审计的目标在于发挥审计的产权保护功能。自然资源资产离任审计是政府审计的类型之一，其产生的根本原因是受托经济责任。一些学者对自然资源资产离任审计的目标进行了研究，提出了国家治理观、资源管理观等；在审计方式方法上包括自然资源资产负债表审计观和经济责任审计观点，耿建新等认为自然资源资产负债表的编制和审计工作仍然任重而道远，另一些学者考虑根据目前较为成熟的经济责任审计和资源环境审计理论和实践，通过移植、拓展或嫁接的方式应用到自然资源资产离任审计上。实践上，审计署积极推进自然资源资产离任审计工作的开展，在对部分省市领导干部的经济责任审计中审计署重点关注土地资源、矿产资源的审计，在多个地区，开展了海洋、森林、矿产、土地和水资源的专项审计。

二、矿产资源资产受托责任与矿产资源资产离任审计目标

矿产资源资产受托责任的界定是开展矿产资源资产离任审计的首要工

作，也是矿产资源资产离任审计工作的难度与重点。《党政主要领导干部和国有企业领导人员经济责任审计规定实施细则》，明确规定领导干部的责任包括“直接责任、主管责任和领导责任。”矿产资源资产的公共受托责任主要包括以下几个方面：①矿产资源政策受托责任，是指矿产资源资产政策的制定、执行、决策和废除，关注的是政策评价和公共需求的相关性；②矿产资源规划受托责任，是指矿产资源资产中长期规划和确定、实施和监测反馈等，侧重规划目标实现的效果和效率；③矿产资源资产绩效受托责任，是指由于矿产资源资产受托责任产生的各项活动或者事项按照预定规划和要求实现的程度，侧重矿产资源资产相关活动实现的经济性和效益性；④矿产资源管理过程受托责任，是指应用适当的方法、程序来衡量各项活动计划、分配和管理业绩，关注对程序的遵循程度；⑤矿产资源资产正直及合法受托责任。确保矿产资源资产按照法律法规的要求正确使用，是梯形受托责任中最底层的形式。

矿产资源资产离任审计的目标是国家审计理论的一部分，服务于国家治理的最终目标。矿产资源资产离任审计目标是自然资源资产离任审计目标在矿产资源领域的具体化表现形式。在公共受托责任理论下，自然资源资产的离任审计更加关注自然资源资产的开发利用和保护情况，是对受托责任人自然资源资产相关责任履行的鉴定。“矿产资源资产的受托责任包括政策受托责任、规划受托责任、绩效受托责任、过程受托责任和正直合法受托责任，矿产资源资产离任审计的目标是评价、鉴证受托责任人在环境、生态与矿产资源资产管理等方面履行相关受托责任的真实性、合法性和有效性。加之矿产资源资产属于国家所有，受政策影响较大，因此矿产资源资产离任审计的总体目标为：合规性、经济性、效率性、效果性、环境性。

合规性主要评价被审计对象与矿产资源资产相关的政策制订和履行是否符合有关法律、法规、制度、预算、合同和程序等的要求；经济性指在矿产资源开发利用中的资源投入水平，其目的确保资源使用的合理性和成本节约的水平，使矿产资源的成本最小化；效率性主要评价矿产资源资产相关活动的投入产出水平，关注最优投入产出；效果性是指开发利用矿产资源时实际成果在多大程度上实现了预期目标的；环境性即可持续发展性、环境生态性，它追求矿产资源的合理利用和生态环境的有效保护。

矿产资源资产离任审计的目标可以分为五个层次，第一层次为合规性，是矿产资源资产离任审计最基本的目标，也是首先要达到的目标；第二层次到第四层次按照经济性、效率性和效果性递增，这也是绩效审计最重要的三个方面，在保证合规性的基础上，努力追求矿产资源资产开发利用的绩效审计；最后一个层次是环境性，是最为重要的一条，矿产资源资产的开发利用应在保护环境的前提下进行，体现可持续发展的思想。

矿产资源资产离任审计的总体目标来源于文件《领导干部自然资源资产离任审计规定（试行）》，文件将自然资源资产的总体目标划分为五个方面：①地区政策的合规性、合理性，即政策自身的合理、合法性；②政策执行情况是否合法、合理性的审计；③在这个政策下对环境问题是否得到解决；④评价、考核领导干部在其任职期间对自然资源的利用效率和效果，审视环境治理和环境保护责任的落实情况。自然资源资产离任审计可以促使自然资源资产经济责任和环境责任融合，将履行相关责任的情况与领导干部、国企高管的奖惩和任免挂钩，促进资源节约型和可持续发展型社会的加速形成；⑤评价财政资金的使用效率和使用范围，确保专款专用、专款专人负责。

现阶段我国矿产资源审计的具体审计目标包括以下七个：①摸清行业基本情况。摸清矿产资源勘探、开发、利用的基本情况，发现行业中存在的问题，完善管理制度，补充相关法律法规。同时，只有摸清行业在管理、政策执行、权益保护、存在状况等各方面的现实状态之后，才能初步鉴别报送资料的真实性。②保障国有资产安全。资源安全问题直接影响到国家经济良好运行、社会稳定发展，矿产资源审计是为国家治理而服务，所以矿产资源审计的直接目标就是维护资源安全，防范资源危机。防止资产流失，查处重大违法违纪案件；震慑苗头性、倾向性问题。③改善矿产资源管理状况。矿产资源审计应对被审计单位执行内部控制测试，发现被审计单位内部控制中存在的问题和制度中存在的漏洞，并对发现的问题予以指正和提出完善内部控制的建议。实质性测试应以业务审计为主线，确保现行矿产资源政策、法规、标准的贯彻执行，揭露矿产资源相关管理部门违反政策、法规、标准的行为，促使矿产资源管理工作更加完善。④检查相关资金的情况。审计机关应审查矿产资源相关税费、财政资金的收支情况，专项资金、资产的使用情况，掌握项目与资金资产管理的方式和特点，通过揭露在计划安排、专项资金使用和成果综合利用上存在的突出问题，促进完善体制，改进专项预算管理，提高资金资产使用效益和专项成果的应用。⑤健全矿产资源法律法规。通过对矿产资源的审计，发现相关法律法规中规定不合理的内容和没有相关法律法规体系支撑内容，针对这些情况提出完善矿产资源法律法规的建议。⑥审查环保措施的执行情况。检查矿产资源勘探、开采、加工现场的环境情况及环保措施的执行情况，同时应重点检查矿山恢复治理情况，以促进矿产业的环境保护工作。⑦探索绩效审计评价体系。根据矿产资源审计总体审计目标的要求，审计机关在执行矿产资源审计时有相当一部分内容是需要进行评价或者评估的，但是目前我国对矿产资源审计的研究还处于起步阶段，相关的绩效审计评价指标并不完善，如果在实践不足的情况下直接拟定评价指标，很可能会出现所拟指标不符合实际情况的问题，这样不仅不利于矿产资源审计发挥其效用，甚至会出现反效用。因此，根据矿产资源不可或缺性、不可再生性的特点，和社会发展对政府采取绩效审计的要求，审计机关在执行矿产资源审计时，应注意积累经验，逐步建立起一套灵活、适合中国矿产资源基本情况的绩效审计评价体系，为审计机关将来开展矿产资源绩效审计打下基础。

第三节　矿产资源资产离任审计内容、方法与程序的确定

一、总体思路

审计中紧扣当地在矿产资源开发与保护中的职责，坚持政策与资金并重，重点审查领导干部任职期间履行矿产资源宏观管理与调控、财产性收益的征收与使用职责情况，反映和揭示为了政绩而盲目透支环境、超前开发资源的问题，无序开采、破坏环境等行为，资金征收管理使用混乱、浪费、效

益性不高等问题，搞权力寻租、损害国家利益问题，评价领导干部的相应责任，并从体制机制制度层面分析原因和提出建议，推动建立自然资源损害赔偿、责任追究制度、完善自然资源治理和生态修复制度，帮助领导干部树立正确的政绩观，促进“资源节约型，环境友好型”社会建设，实现经济社会建设与自然资源治理之间均衡发展。

二、基本原则

（一）全面系统原则

矿产资源资产在该市经济发展中具有举足轻重作用。要对被审计对象开发与保护矿产资源的履职情况做出全面准确评价，就必须系统地对领导干部任职以来矿产资源开采消耗、财产性收益征收使用等情况进行审计，以此界定责任、客观评价、促进发展。

（二）试点推进原则

矿产资源资产离任审计是个新课题，极具开创性和挑战性，目前还没有成熟的经验可以借鉴。在推进这项工作时，审计组边摸索边推进，边总结边调整，循序渐进，不断完善，先将资源环境责任作为经济责任的重要补充和拓展，而后结合经济责任审计，同步实施、单独运行。

（三）因地制宜原则

自然资源资产具有鲜明的地域性、差异性，矿产资源资产离任审计的内容、方式方法、指标体系要结合实际，因地而宜，突出特点。

（四）统筹协作原则

矿产资源资产离任审计专业性、技术性较强，在目前审计队伍专业结构较为单一的情况下，涉及资源、环境具体业务方面的审计仅靠审计组是难以完成的。因此，在实际工作中，要充分借用有关职能部门和高等院校的专业技术力量，科学谋划，共享资源，互相协作，共同搞好资源资产审计。

三、矿产资源资产受托责任人

矿产资源资产离任审计是一种特殊的审计控制手段或形式，是国家审计机关代表矿产资源资产的所有者对受托责任人承担的公共受托责任进行审计，以期达到合规性、经济性、效率性、效果性和环境性的审计目标，其审计对象是承担特定矿产资源资产受托责任的行为人，矿产资源资产离任审计中审计行为的发生由审计人、被审计人和审计委托或授权人三方面的关系人的行为构成，其中，被审计人是矿产资源资产的受托责任者。

在矿产资源资产公共受托责任人关系图中，被审计人是矿产资源资产离任审计评价的对象，被审计人所承担的矿产资源资产相应职责是矿产资源资产受托责任的分解和具体化，由于矿产资源资产公共受托责任”具有层级性，因此被审计人存在一定的层级性，可分为地区领导干部、相关部门负责人和相关企业负责人三大类。

四、重点内容

（一）宏观管理与调控

第一，审查贯彻执行国家和省、市有关政策情况，查看是否制定了政策意见、制度措施、总体规划，是否编制了采煤塌陷地治理方案，审查其合规性、方法合理性、与既有政策法规的协调性和可操作性。第二，审查推进措施实施情况，是否加强了组织领导、规范了管理行为、强化了监督监察，是否建立了节约集约利用制度、空间规划体系。第三，审查各项政策措施和总体规划执行情况，以政策意见、制度措施、总体规划、治理方案中的目标任务为参照系，审查是否达到预期目的。第四，审查矿产资源领域行政执法的效益性，是否建立了综合管理体制、准入机制、淘汰退出机制等。

（二）财产性收益的征收与使用

第一，审查矿产资源财产性收益是否按照规定及时足额征收，征收的范围标准是否符合国家有关规定，通过延伸抽查有关缴费单位，重点检查有无任意扩大征收范围、擅自提高征收标准或漏征、少征等问题，有无不履行收费职责、应收不收、隐瞒、更改基数等问题。第二，审查财产性收益是否按规定及时足额上缴国库、纳入财政预算，重点检查有无拖欠、截留、坐支、隐瞒或私设“小金库”等问题，是否存在违规制定执行收费政策，乱收费的问题等。第三，审查财政、国土、煤炭局等部门是否按国家规定的用途安排使用财产性收益，有无挪用或用于补助经费支出的问题，审查年初财政预算是否编制矿山环境保护和治理资金。第四，审查资金使用单位是否按规定的用途使用，支出是否真实，有无挤占挪用、随意扩大开支范围、用于基本建设的问题，审查重大政府投资的效益性、安全性。第五，审查财产性收益是否在保障和改善民生方面发挥了作用，重点关注失地人员补偿等方面情况，是否按国家标准发放压煤搬迁补偿费，有无人为降低补偿标准行为；压煤搬迁村庄建设情况，基础设施配套建设是否到位，有无挪用压煤搬迁资金问题。对于该市的情况，审计组还审查了财产性收益在土地及塌陷地治理方面发挥的作用情况，通过抽查部分塌陷地治理项目，关注了项目建设程序、建设过程，以及已完工的治理项目，是否完成预期的目标和任务，以及项目完工后发挥效益情况，有无挪用专项资金行为，确保财产性收益取得最大的效益，维护国家的利益。

（三）矿产资源资产离任审计内容

不同受托对象承担着不同的矿产资源资产受托责任，矿产资源资产离任审计的内容也应有所区别。论文认为矿产资源资产离任审计的三大责任主体，即地方政府党政领导干部，政府矿产资源主管部门负责人和矿产资源国有企业负责人，其审计内容既有共性又有特性。从共性角度看，无论其责任主体如何，其审计内容中均包括矿产资源资产的合规性、经济性、效率性、效果性和环境性审计；从特性角度看，各个层级责任人的目标不一样，所承担的具体受托责任不同，审计的侧重点不同。在矿产资源资产公共受托责任关系链中，每一层次的受托人构成了矿产资源资产离任审计评价的对象。在确定各级受托责任人矿产资源资产离任审计的内容时，必须分析责任审计对象所承担的责任的性质与特征。

矿产资源国有企业负责人是矿产资源政策法规的具体实施者，对其矿产资源资产离任审计内容更侧重微观层面，关注矿产资源资产的取得是否合法，矿产资源资产相关的核算是否真实、准确和完整等。

矿产资源资产的主管部门主要是国土资源部及其垂直管理的国土资源厅和国土资源局等部门，以及主管矿产资源资产税费的财政部及其垂直管理的下属部门，对政府矿产资源主管部门负责人开展离任审计时，需要考虑不同部门的相关受托责任性质和特征，矿产资源主管部门负责人的矿产资源资产离任审计更侧重具体职务职责，关注其在职责履行过程中财政收支的合规性、财务信息的可靠性、权力运用中的合规性等，其审计内容是地方党政领导干部审计目标的具体化。

地方政府党政负责人肩负自然资源行政管理职责和资产管理职责，对于辖区内矿产资源资产的开发、利用、管理和保护承担着首要的责任。行政管理职责主要是指政府以资产管理人的身份制定自然资源相关的政府法规，并确保自然资源的开发、利用、管理和保护符合政策法规的规定，资产管理职责是指政府代行所有者的权利，履行资产用途规划分类、资产登记、确权发证、统计核算、出让转让、收取出让金或使用费等职责。一个地区党政领导干部政策导向和发展理念出现问题，势必导致矿产资源资产的过度消耗、浪费和破坏；其次，地方党政领导干部对于辖区内经济和社会的发展承担着全面的责任，因此矿产资源资产的开发、利用、管理和保护应与社会发展密切相关，应关注矿产资源与社会、环境的协调发展情况。地区领导人的矿产资源资产离任审计应融入常规审计中，将每期的常规审计结果作为离任审计的参考依据。因此，地方政府党政领导干部矿产资源资产离任审计的内容更侧重宏观层面，重点审计矿产资源资产开发利用和保护等相关政策法规的有效落实和完善，矿产资源资产所承担的受托责任重点关注主管责任或领导责任，其审计评价的数据来源更多依靠权威统计部门等发布的数据。

1. 审计矿产资源资产政策法规制定和执行情况。矿产资源资产相关法规的制定情况体现在矿产资源资产政策是否科学、合理；制定的矿产资源资产相应政策、规划、制度、措施、办法是否完备齐全；是否与其他政策规划相协调。矿产资源资产相关法规的执行情况主要包括：一是审计执行矿产资源规划和核定煤炭产能情况、检查资源配置项目与国家矿产资源工业发展规划是否相符、是否按照批准的勘查实施方案施工、是否符合最低勘查投入标准表、重大违法违规案件相应的管理责任及案件本身处理处罚的合规性、适当性等内容。二是审计生态保护和修复制度的执行情况，加强生态功能保护区和自然保护区建设与管理情况。三是审计重大环境治理项目的建设情况。

2. 审计矿产资源开发利用情况。矿产资源开发利用情况审计首先检查矿产资源资产的总量、结构和变动情况，摸清矿产资源资产规模储量；其次审计矿产资源资产的开发利用和监管情况，重点审查“大矿小开”，采富弃贫，乱开滥采等问题；最后从矿产资源开发利用水平、选矿回收利用程度及矿产资源开发利用效益等方面，设置能够反映领导干部任期内受托责任完成情况关键指标。

3. 审计矿产资源矿业权的审批出让变更。矿业权是指矿产资源使用权，包括探矿权和采矿权，矿产资源矿业权的审批出让变更环节是矿产资源资产离任审计的重要环节。2014 年，审计署对山西、内蒙古、河南等 14 个省部分探矿权采矿权（合称矿业权）进行审计发现：地方矿产主管部门违规审批办理矿产权登记，涉及 716 宗矿业权；地方矿产主管部门、地勘单位或国有矿业企业违规定价出让转让或收购矿业权及相关股权，涉及 90 多宗矿业权。矿产资源矿产权的审批出让离任审计，从“采矿权”“探矿权”两方面加以考虑，重点审计矿业权中“招、拍、挂”出让情况，审计矿产资源开采勘查中无证勘查、越界勘查、非法转让探矿权等情况。

4. 审计矿产资源资金的征收管理情况。审计矿产资源资产相关资金的征收管理使用情况，是矿产资源资产离任审计的重要部分。根据国土资源部关于印发《中央所得探矿权采矿权使用费和价款使用管理暂行办法》的通知，审计内容涉及矿产资源资产相关资金征收情况、管理情况、使用情况、财政投入资金使用绩效情况。检查矿产资源资产相关资金支出是否合规，有无挤占、挪用、贪污和损失浪费现象，审计财政、国土等部门收支账目，检查财政投入资金使用情况，评价资金使用绩效。

5. 审计矿产资源环境保护情况。矿产资源环境保护情况包括：一是调查矿业权区域内因矿业开发而引起的矿山地质环境破坏的种类、程度、损失及产生的影响，了解所在地区地方政府及有关部门、单位和人民群众的反应和看法；二是审查矿山地质环境保护和监管情况，重点关注是否建立并落实了新建（改扩建）矿山地质环境评价制度和矿山地质环境恢复治理保证金制度，关注历史遗留矿山地质环境问题的恢复治理情况，有无疏于管理，治理过程缓慢或存在重大安全隐患问题；三是摸清矿山地质环境恢复治理和矿区土地复垦重点工程的种类、规模，检查矿山地质环境资金使用和项目实施情况。

五、组织形式与技术方法

在组织形式上，成立审计小组。通过科学设计审计组的内部职责分工，合理划定审计内容，实现经济责任审计与矿产资源资产离任审计同步进行，“一条线”贯穿经济责任履行情况，“一条线”贯穿矿产资源开发利用保护情况，彻底改变以往矿产资源仅作为审计项目的一个板块、一个分支或一个延伸的格局，赋予矿产资源资产离任审计更加独立的地位。依托审计组，将矿产资源资产离任审计纳入统一的计划安排，下达审计通知书，统一进点，统一时间，同步实施，分类推进。

为确保完成审计内容，达到审计目标，审计组坚持全面性与针对性、系统性与结构性的辩证统一，坚持“灵活多样、重在成效，协调有力、集中突破”的思路，采取了扁平化、模块化等组织形式，实现了一班人马、两线作战、协调推进，做到了矿产资源资产离任审计与经济责任审计融为一体、同步实施。一是专门指定专人负责、专人谋划、专人推进，重大问题直接向审计组组长汇报。二是整合审计内容，减少不必要的交叉重复。审计组依据审计内容和评价体系，将审计内容和领域分成若干个模块，合理地编制经济责任审计的工作方案，由每个审计小组在兼顾总体要求的情况下编制具体的工作方案，确保经济责任审计与矿产资源资产离任审计同步开展。三是在审前调查的基础上，充分征求有关专家、教授的意见，结合地域特点，编制形成有针对性的现场实施方案。建立完善调度机制，及时汇总各个审计小组的进展情况，分析研究目标任务完成情况，通过审计组统一部署，协调推进审计工作。

矿产资源资产离任审计既关注政策又关注资金，审计技术方法必须多样才能扼住要点、抓住本质、实现突破。一是合规审计与财务审计相结合。合规审计主要针对政策领域，是对被审计单位和领导干部遵守国家法律、法规和政策规章情况的监督，确信被审计单位遵守了法定要求和上级政策。这是矿产资源资产离任审计的基础工作。一方面，审计组对该市制定和执行的规划情况进行了合规审计，查看有无与法律、法规及政策规定相悖的地方，确保程序合规性、方法合理性、与既有政策法规的协调性和可操作性；另一方面，审计组全面审查法律法规和政策规章执行效果，重点关注了是否达成了预期目标。财务审计则具体围绕财产性收益的征收、管理与使用情况展开，是矿产资源开发与保护中的关键环节，重点关注资金征收是否足额、管理是否纳入预算、使用是否科学。二是项目审计与绩效审计相结合。总体思路是，不仅审查被审计领导干部任期内决策了什么事情，还审查其经济性、效益性。项目审计针对的是财产性收益投入的具体领域，包括工程项目、民生项目等，这是党委一系列重大决策的具体体现。如在工程项目领域，是否实施了矿山地质环境恢复治理和矿区土地复垦重点工程，是否对历史遗留矿山地质环境问题进行了恢复治理，是否启动了采煤塌陷地治理工程等。绩效审计的主要任务是评价政策措施执行的整体效果，包括预期目标的实现程度，政策实施后对经济发展、生态环境、可持续发展的影响，以及资金投入后产生的效益等。三是传统审计方法与现代审计方法相结合。传统审计方法主要有：审阅法。通过审阅各种与被审计对象有关的文件资料，并从中获取有用信息；访谈法。通过与被审计单位相关责任人的交谈来获取信息。这种方法可以用于掌握情况、发现问题、了解观点、收集信息和证据，探查有关事项的根源和真相等。现代审计方法主要有：对比分析法。通过将被审计单位的若干可比数据进行比较，从中找出差异并发现问题。在审计实践中，既可以将同一时期的数据进行比较，也可将不同时期的有关数据进行比较。这是开展矿产资源资产离任审计的重要手段。要围绕矿山数量和生产规模进行对比分析，抓住本质。案例分析法。以单个或多个典型案例为素材，通过具体调查分析和解剖，找出该案例受政策影响的情况，具体评价其对政策的反应，然后由个体推广到一般情况，找出政策的优缺点，提出改进建议。专家评估法。组织和依靠专家对政策进行评价和判断的方法。由于该办法具有一定的主观性，往往不宜直接作为决策依据，但是其结论可以为决策者提供信息参考，协助审计作出判断。在线监测法。资源环境领域的监测网络目前正在完善之中，如卫星遥感数据接收系统、GPS 全球定位系统、空气监测系统、排污监测系统、GJS 地理信息系统等。这一方法可用于发现违规开采矿山等问题。

六、矿产资源资产离任审计程序的确定

（一）开展矿产资源资产离任审计计划审计阶段

在计划审计阶段，大致分为三个步骤。第一步，拟定审计计划。开展审计工作之前，必须要有审计计划。审计人员要因地制宜、实事求是，明确审计对象。因为我国矿产资源分布不均，有些矿产资源资产是当地的特有属种，所以在拟定审计计划时要充分地考虑究竟要审计哪些自然资源才能综合的评价被审计领导干部；第二步，组织配备审计人员。由于自然资源资产具有很强的专业性，所以在开展审计工作之前，必须要配备具有特殊专业背景的审计人员，如掌握地理信息技术以及谷歌影像技术的专业人才；第三步，下达任务通知书。审计组应当在实施审计工作的三个工作日前，向被审计地方官员所在单位下达任务通知书，同时抄送党委组织部以及上级审计机关。

（二）开展矿产资源资产离任审计实施审计阶段

在实施审计阶段，大致分为四个步骤。第一步，进驻被审计单位。审计组人员要进驻到被审计领导干部所在单位进行实地考察，以方便核实其实际工作情况；第二步，搜集相关审计资料。审计组应向领导干部所在单位索要与当地资源环境相关的一切资料。如当地的自然资源资产负债表、统计表、

环境公报、预算表以及决算表等；第三步，使用不同审计方法取证。在获取了相关审计资料以后，审计组还要通过各种方法去验证所提供资料的真实性。如检查、监察、监盘、询问以及函证等；第四步，进行各种测试。审计组人员通过各种方法的测试，来判断所提供资料的真实性以及离任干部在自然资源资产审计中是否有问题存在。

（三）开展矿产资源资产离任审计报告阶段

在审计报告阶段，大致分为三个步骤。第一步，整理审计工作底稿。审计底稿可以真实的反映整个审计流程，是形成审计结论，综合评价被审计领导干部的重要依据，为进行下一步审计报告打下良好铺垫；第二步，编制审计报告。在依法进行离任审计，整理完工作底稿以后，要客观公正的对地方官员进行综合评价，编制审计报告；第三步，向上级单位报告审计结果。在审定审计报告后，出具审计意见书并向原委托的党委组织部报告审计结果。

（四）开展矿产资源资产离任审计后续审计阶段

在后续审计阶段，大致分为两个步骤。第一步，问责、奖励。对于任期间内，没有对当地资源起到保护作用以及对当地生态造成一定程度破坏的地方官员要进行责任的追究。无论其离任、升迁与否都要进行终身责任追究。在进行责任追究的同时，一定要注意将“离任”和“任中”领导责任，“集体”和“个人”领导责任，“主要”和“重要”领导责任加以区分，从而确定被审计的领导干部究竟应当承担何种领导责任。对于在任职期间对当地自然资源资产起到保护作用以及使当地生态环境得到一定程度恢复的领导干部要实行奖励措施，比方说写进领导干部履历等；第二步，定期进行后续追踪。自然资源资产离任审计不是一次性的审计工作，而是一场持续性的评价地方官员履职情况的重要制度。责任追究并不是开展自然资源资产离任审计工作的初衷。扭转领导干部经济责任观，使生态文明建设落实到每一个政府官员的心中，促进我国生态文明建设良好有序发展才是开展离任审计工作的最终使命。因此，在进行责任追究以后，审计人员还应当就审计过程中发现的问题展开深层次的挖掘，挖掘出造成资源浪费以及生态破坏的症结所在，以便为今后上任的领导干部开展工作敲响警钟。

七、编制矿产资源资产负债表

（一）矿产资源资产负债表编制框架

矿产资源资产负债表体系包含资产账户、负债账户、矿产资源资产负债表和附注四个部分。

1. 矿产资源资产账户。矿产资源资产账户是矿产资源资产负债表资产部分登记的基础，也是综合反映矿产资源信息的重要部分，它包含实物量计量和价值量计量两个方面。矿产资源实物量账户可以系统的反映矿产实物量在一个会计期间内的变化情况，在增减变动中区分人为因素和非人为因素，便于考核使用。

根据矿产特性及其主要用途，分为能源矿产、金属矿产、非金属矿产和水气矿产。

（1）能源矿产。煤、煤成气、石煤、油页岩、石油、天然气、油砂、天然沥青、铀、钍、地热。

（2）金属矿产。铁、锰、铬、钒、钛；铜、铅、锌、铝土矿、镍、钴、钨、锡、铋、钼、汞、锑、镁；铂、钯、钌、锇、铱、铑；金、银；铌、钽、铍、锂、锆、锶、铷、铯；镧、铈、镨、钕、钐、铕、钇、钆、铽、镝、钬、铒、铥、镱、镥；钪、锗、镓、铟、铊、铪、铼、镉、硒、碲。

（3）非金属矿产。金刚石、石墨、磷、自然硫、硫铁矿、钾盐、硼、水晶（压电水晶、熔炼水晶、光学水晶、工艺水晶）、刚玉、蓝晶石、硅线石、红柱石、硅灰石、钠硝石、滑石、石棉、蓝石棉、云母、长石、石榴子石、叶腊石、透辉石、透闪石、蛭石、沸石、明矾石、芒硝（含钙芒硝）、石膏（含硬石膏）、重晶石、毒重石、天然碱、方解石、冰洲石、菱镁矿、萤石（普通萤石、光学萤石）、宝石、黄玉、玉石、电气石、玛瑙、颜料矿物（赭石、颜料黄土）、石灰岩（电石用灰岩、制碱用灰岩、化肥用灰岩、熔剂用灰岩、玻璃用灰岩、水泥用灰岩、建筑石料用灰岩、制灰用灰岩、饰面用灰岩）、泥灰岩、白垩、含钾岩石、白云岩（冶金用白云岩、化肥用白云岩、玻璃用白云岩、建筑用白云岩）、石英岩（冶金用石英岩、玻璃用石英岩、化肥用石英岩）、砂岩（冶金用砂岩、玻璃用砂岩、水泥配料用砂岩、砖瓦用砂岩、化肥用砂岩、铸型用砂岩、陶瓷用砂岩）、天然石英砂（玻璃用砂、铸型用砂、建筑用砂、水泥配料用砂、水泥标准砂、砖瓦用砂）、脉石英（冶金用脉石英、玻璃用脉石英）、粉石英、天然油石、含钾砂页岩、硅藻土、页岩（陶粒页岩、砖瓦用页岩、水泥配料用页岩）、高岭土、陶瓷土、耐火黏土、凹凸棒石黏土、海泡石黏土、伊利石黏土、累托石黏土、膨润土、铁矾土、其他黏土（铸型用黏土、砖瓦用黏土、陶粒用黏土、水泥配料用黏土、水泥配料用红土、水泥配料用黄土、水泥配料用泥岩、保温材料用黏土）、橄榄岩（化肥用橄榄岩、建筑用橄榄岩）、蛇纹岩（化肥用蛇纹岩、熔剂用蛇纹岩、饰面用蛇纹岩）、玄武岩（铸石用玄武岩、岩棉用玄武岩）、辉绿岩（水泥用辉绿岩、铸石用辉绿岩、饰面用辉绿岩、建筑用辉绿岩）、安山岩（饰面用安山岩、建筑用安山岩、水泥混合材用安山玢岩）、闪长岩（水泥混合材用闪长玢岩、建筑用闪长岩）、花岗岩（建筑用花岗岩、饰面用花岗岩）、麦饭石、珍珠岩、黑曜岩、松脂岩、浮石、粗面岩（水泥用粗面岩、铸石用粗面岩）、霞石正长岩、凝灰岩（玻璃用凝灰岩、水泥用凝灰岩、建筑用凝灰岩）、火山灰、火山渣、大理岩（饰面用大理岩、建筑用大理岩、水泥用大理岩、玻璃用大理岩）、板岩（饰面用板岩、水泥配料用板岩）、片麻岩、角闪岩、泥炭、矿盐（湖盐、岩盐、天然卤水）、镁盐、碘、溴、砷。

（4）水气矿产。地下水、矿泉水、二氧化碳气、硫化氢气、氦气、氡气。

根据编制自然资源资产负债表要求分析，本文主要是采用统一的矿产一级类分类标准。

2. 土地资源负债账户。矿产资源负债账户同样包含实物量和价值量两部分，在三类负债项目下，按照土地类别分别进行详细的列示，根据实际情况还可以开设二级账户等细分账户。首先确定矿产资源的实物量部分，然后运用环境重置成本法计算土地资源的价值量。

3. 矿产资源资产负债表。根据矿产会计要素的确认、科目的设置与计量方法的表述，首先根据矿产资源的增减变动情况（包括数量和价值量）编制矿产资产变动表，然后将区域内矿产资源现状与国家矿产资源的各项法规标准相比较，编制负债明细表，再由此形成矿产资源资产负债表，表中各项目都由实物量和价值量两种计量属性表示。矿产资产负债表中，矿产资产项下各科目的数额反映了该区域的矿产资源环境现状；矿产负债项下各科目的数额反映了该区域内矿产资源现状与国家标准的差距，反映了领导干部矿产资源管理责任不到位的情况；以矿产资产减去矿产负债形成的差额作为矿产权益，反映领导干部已切实履行矿产资源管理保护责任的情况。将上述各项综合评判该会计期间领导干部的环境责任履行情况，为自然资源资产离任审计提供依据。表8－1所示为××省（市）矿产资源资产负债表。

表8－1　　××省（市）矿产资源资产负债表

年度：			数量单位：			制表人：			
发表日期：			价值量单位：			复核人：			
矿产资源资产	期初		期末		矿产负债和净矿产资源资产	期初		期末	
	数量	价值量	数量	价值量		数量	价值量	数量	价值量
能源矿产					一、矿产负债				
金属矿产					法定矿产负债				
非金属矿产									
水气矿产									
					矿产负债合计				
					二、矿产资源所有者权益				
					矿产负债和所有者权益合计				
矿产资产总计									

（二）环境重置成本法的三层成本

1. 恢复层成本。恢复层的成本主要是企业对于冶炼过程中造成的固废、废弃、废水、废渣的环保处理所付出的成本，还有环保设备的购买所花费的费用，其目的是为了帮企业恢复到原来的状态。

2. 维护层成本。维护层的成本主要是为了使企业周围环境不再继续恶化，并且使所投入的环保设备发挥作用，如，维持环保设备正常运转的成本，环保研发相关的成本等。

3. 战略层成本。企业的战略层成本可以从两个层面去理解，首先企业用有限的资金进行环保设备的购入和为环保活动所付出的必要支出，开展环保活动等。这些资金的占用使得企业失去了将资金投入到其他领域所获得收入的机会。也可以从资金具有时间价值的角度出发，企业投入的环保资金相当于无偿利用了资金的时间价值。

第四节　矿产资源资产离任审计评价

一、构建矿产资源资产离任审计评价指标体系

（一）指标选择

1. 环境效益指标。矿产资源属不可再生资源，目标是实现可持续利用，矿产资源资产的开发利用在一定程度上影响了当地的社会代谢及生态循环，从而会对矿产资源资产所在地的自然环境的正常演化过程产生影响。为了对领导干部在任期间环境保护和管理责任的履行状况进行评价，设立环境效益指标。根据《矿产资源节约与综合利用专项资金管理办法》《矿产资源战略2035》提升矿产利用效率要求，设立以下指标，具体解释指标包括：

（1）矿产资源储量利用率：已开发矿山占用的矿产资源储量占已探明矿产资源储量的比重；

（2）矿产资源利用率：实际生产的矿产品占所消耗的矿产储量的比重；

（3）矿产资源回采率：矿产资源回采量占矿产资源开采量的比重；

（4）矿产资源二次利用率：通过废杂品回收利用的矿产品产量占该矿产品总产量的比重；

（5）废水处理率：废水治理投资额（万元）/废水排放量（吨）×100%；

（6）废气处理率：废气治理投资额（万元）/废气排放量（吨）×100%；

（7）废物处理率：固体废物治理投资额（万元）/固体废物排放量（吨）×100%；

（8）矿区土地复垦率：矿区已复垦土地面积/矿区土地破坏面积；

（9）历史遗留矿山废弃土地面积治理率：累计恢复治理面积/矿业开采累计占用、损坏土地面积×100%；

（10）矿山次生地质灾害治理率：矿山次生地质灾害治理项目数量/矿山次生地质灾害发生额×100%。

作为不可再生的矿产资源，应依照需求量、可供量来开发，控制其消耗量，使现有矿产资源资产得到充分利用，基于此设置了矿产资源储量利用率和矿产资源开采率；由于矿产资源资产利用的粗放现状，国家大力倡导矿产资源回采政策，设置矿产资源回采率这一指标来体现矿产资源的利用程度；矿产资源利用效率低下是我国经济社会发展所面临的突出问题，为此设置矿产资源二次利用率指标，反映矿产资源的循环利用情况，应重视矿产资源资产循环利用这一技术的开发，发展循环经济，此类举措不仅能节约矿产资源，还能为企业降低生产成本；环境治理费包括矿山复垦费、“三废”处理费等，本研究设置废水处理率、废气处理率、废物处理率三项解释指标来反映“三废”处理情况，可以体现出领导对生态环境的重视程度；土地复垦率是矿区已经复垦土地面积占矿区土地破坏面积的比例，在一定时间内，矿区土地复垦率越大，越有利于生态系统的稳定，促进生态效益的提高。

2. 财政财务指标。财政财务指标包括财务预算情况指标和财务核算情况指标。财务预算情况指标对资金纳入预算管理情况进行评价，能够有效监督领导干部的预算执行情况，财务核算情况指标用来综合评价资产、负债及净资产状况，基本建设资金来源及使用情况。具体包括资产建设和增加情况、资产保护和管理情况、资产使用效率等资产负债情况。

财政财务指标相对应的解释指标有六项，分别是：

（1）预算收入完成率：实际收入额/预算收入额×100%；

（2）预算支出完成率：实际支出额/预算支出额×100%；

（3）资金筹集率：资金实际筹集数/资金应筹集数×100%；

（4）资金使用合规率：［1－（违规金额/审批总额）］×100%；

（5）任期资产保值增值率：（任职期末资产总额－任职期初资产总额）/任职期初资产总额×100%；

（6）资产使用率：在用固定资产额/固定资产总额×100%。

3. 社会效益指标。社会效益指标就是用指标来衡量矿产资源资产给社会大环境所带来的影响。社会效益评价指标应该探讨多个方面的影响：一方面应涉及矿产资源资产带动当地的投资就业情况和经济的贡献；另一方面也不能忽视矿产资源资产给社会带来的消极影响，例如环境方面。为社会效益选择的解释指标有：

（1）矿区所在地人均生产总值：矿区所在地生产总值/矿区所在地总人口数（万元/人）；

（2）能源消耗程度：采矿业综合能源消费量/工业企业综合能源消费量×100%；

（3）矿业就业贡献率：矿业企业员工总数/当地劳动力总数×100%；

（4）矿业企业人均工资水平：矿业企业实际支付的工资总额/矿业企业员工总人数×100%；

（5）矿业环境保护率：矿业环境保护支出总额/销售收入总额×100%。

4. 经济效益指标。从经济角度出发，要运用费用及效益、投资及报酬等的分析来对矿产资源资产的收入和支出进行审查，评估领导干部在任期间矿产资源资产在经济上的利用效率。依据各地区域矿产资源、资源开发利用战略规划等，选择以下六项解释指标来反映经济效益基本指标：

（1）矿业产值增长率：（本年矿业总产值－上年矿业总产值）/上年矿业总产值×100%；

（2）矿产资源国民经济效益系数：GNI（亿元）/矿产品产量（亿吨）；

（3）矿业投资效率：矿业投资增长率/地区生产总值增长率；

（4）矿业投资占工业投资比重：矿业投入额/工业投入额；

（5）矿业产值占工业产值比重：矿业产值/工业总产值；

（6）矿业利润占工业利润比重：矿业利润/工业总利润。

5. 其他指标。其他指标主要是依据中央“八项规定”以及国务院“约法三章”，对领导干部在任期间的个人层面的党风廉政建设、管理表现、是否勤政等方面进行评价。选取基本领导管理水平、个人廉洁自律情况、群众满意度情况三个具体指标，其中：①基本领导力管理水平管理能力从根本上提高组织效率的能力，在矿产资源资产方面的领导管理水平主要体现对矿业发展趋势的整体把握以及领导地区矿业生产往更好趋势发展的能力，对其进行定性评价在矿产资源资产离任审计中具有重要的意义；②廉洁自律情况主要评价领导干部在党风廉政建设以及个人纪律遵守等方面的情况，重点审查党政领导干部是否在任职期间存在“公权私用”的现象，“三公”经费的使用是否符合预算和经费管理办法，以及其他违法违纪问题；③领导干部受托为人民谋福利，要正确认识各级领导干部在人民群众中的地位与角色，不断地增强服务意识，全心全意为人民服务，始终把人民的权利放在首位，才能受到广大人民群众的爱戴，群众满意度的评价就是对领导干部矿产资源资产开发管理民意情况的反映。

综上所述，将以上五个指标进行整合，矿产资源资产责任审计评价指标体系框架，如表8－2所示。

表8－2　　矿产资源资产评价指标体系

基本指标	具体指标
环境效益指标	矿产资源储量利用率
	矿产资源利用率
	矿产资源回采率
	矿产资源二次利用率
	废水处理率
	废气处理率
	废物处理率
	矿区土地复垦率
	历史遗留矿山废弃土地面积治理率
	矿山次生地质灾害治理率

续表

基本指标	具体指标
财政财务指标	预算收入完成率
	预算支出完成率
	资金筹集率
	资金使用合规率
	任期资产保值增值率
	资产使用率
社会效益指标	矿区所在地人均生产总值
	能源消耗程度
	矿业就业贡献率
	矿业企业人均工资水平
	矿业环境保护率
经济效益指标	矿业产值增长率
	矿产资源国民经济效益系数
	矿业投资效率
	矿业投资占工业投资比重
	矿业产值占工业产值比重
	矿业利润占工业利润比重
其他指标	基本领导管理水平
	个人廉洁自律情况
	群众满意度情况

二、结果与应用

审查矿产资源资产离任审计责任履行情况。首先，审计人员可以审查矿产企业环境资金的筹集状况，因为从环保资金的筹集状况来看，不管是国家或当地政府下发的补助，还是向社会公众募集等，都可以看出企业领导自身提高了对环境保护的重视程度，有了环保的意识才可能进行下一步的对于环境的治理和修复工作。审计人员可以审查企业报表中会计科目下设明细中是否有关于环境保护资金的入账，以及是否将环保资金全部如实的用在了关于矿山环境治理和修复的环节上。其次，是对环境资金使用管理状况进行审计，应重点审查矿产企业是否将筹集到的环境资金做了合理的预算规划以及将资金认真落实执行，比如矿产企业领导是否在各种会议上将环保理念融入企业的经营战略之中，是否将国家环保法律法规及政策很好的贯彻落实，是否构建一套完善的预防环境污染的管理系统，是否建立有关处理废水、废弃和尾矿的环保厂房和车间，是否购置净化环境的相关环保除污设备，是否配备专业的环保技术和设备维护人员，是否定期进行植树造林、修复山体等。最后，审查领导干部环境行为履责的情况。重点是审查领导人到底有没有履行环境保护的职责，通过检查非经济资料，包括企业各种会议纪要和企业内设的各种规章制度以及相关的业务流程，查看领导人是否发布号召提升环境治理和排污处理问题的重要性，如果没有发布说明领导人没有足够的重视，没有履行自身应尽的环保责任；同时通过对经济资料的检查，包括年度财务报告、账簿里的有关科目，比如可以查看“管理费用”中有无相关环保业务的支出，还可以查看账簿，如果领导没有审批相关环保费用，那么说明没有相应的环保投入，可能改变了资金的用途，可以认定相关领导人没有很好地履行环保的责任。另外，矿产企业不仅是高污染企业，同时在开采过程中对资源环境的破坏程度也是相当大。如果矿产企业不及时对资源环境进行修复和维护，那么必将加快资源的枯竭速度，不符合我国可持续发展的要求。企业对环境做出一定的修复，包括对开采过后的山体进行植树造林；严格按照国家的标准去处理废水，将有害金属物质降到安全标准以下，建立特殊的排水渠道，与居民生活用水管道分割开来，避免污染水源；还可以对尾矿坝进行绿化，开采一座山，消耗一座山，同时也吐出一座“山”那么这里吐出的就是尾矿堆积而成的“山”，所以对尾矿进行绿化，也是对环境修复的一种方式。对环境进行修复不仅体现企业对环境保护治理的重视程度，还可以体现企业及相关领导干部的履行环境保护行为的尽职尽责情况。

作为矿产企业领导人，在经营管理整个企业的过程中，不仅要将国家规定的环保法律法规政策和地方政府设定的条例办法全面统筹贯彻落实，将环境保护资金合理的规划和投入产出，做好破坏环境的治理工作，建立比较完善的矿山资源环境保护系统，更多的也要多倾听民意，顺从民意。如果一个地区的矿产企业领导人无视周边群众的呼声，依然大肆排放废气废水，没有构建和购置任何治理环境污染的厂房和设备，致使百姓苦不堪言的话，那么将对该区域内的矿产企业的经营都会带来一场行业风暴。比如近几年不断出现石墨矿的居民集体上报石墨厂排放的废水严重影响了群众的生活质量，甚至连央视记者都来采访，其严重程度已经得到了国家的关注，这无疑将会使该区域内整个石墨行业进行停业整顿，企业不能正常运营也就不能产生效益，必然造成损失。所以审计人员可以对矿产企业周边的居民群众进行简单的走访调查，如果周围居民所反映的意见大都是满意的，那么也侧面的反映出矿产企业领导人确实有很好地履行环境保护的职责；反之的话，如果连居民都叫苦连天的话，那么也客观反映出矿产企业领导人没有将环境保护的理念融入日常的经营活动之中。也许在创造经济效益价值上矿产企业领导人可以做到遥遥领先，但是在环境保护工作上却属于玩忽职守，没有恪守其责，审计人员依然要根据事件的严重性追究其相关的责任。

审计人员应善于运用审计成果，放大审计成果效应。加强与组织人事、纪检监察、司法等部门的协调，实现审计结果与领导干部的奖惩相挂钩，作为领导干部提拔重用的参考依据，定性严重的问题，予以组织调整、降职、免职或责令辞职，对严重违法违纪的，应及时移交纪检、司法机关进行立案查处。通过审计，建立责任终身追究制等制度体系，真正起到审计监督的警示作用。第二，应加强审计成果督查调度。对审计结论落实情况、审计建议采纳情况以及移送处理情况实行跟踪督导，确保审计成果落到实处。同时仍存在各种不足需要在以后的研究中逐步完善，特别是矿产资源资产离任审计评价指标体系的建立，仅仅给出矿产资源资产离任审计评价指标体系的框架，尚未建立可操作性的指标体系，指标层尚需要界定具体指标。随着社会经济的发展和理论研究的深入，所确定的指标需要在以后的研究中改进，改进的方向包括指标体系选择的科学性和建立适用某一地区的特色指标体系，以便更好地反映矿产资源资产离任审计情况。

第九章 领导干部草原资源资产离任审计

第一节 我国草原资源利用与草原生态修复问题

一、草原资源

（一）草原资源的概念

1. 草原。广义上来讲，草原是一种自然环境的种类，也是地球的生态系统之一。草原主要有热带草原、温带草原等多种类型，是地球上分布最广的植被类型。而草原的形成原因是土壤层薄或降水量少，草本植物受影响小，使植物无法广泛生长。

从狭义上来讲，草原是一种植被类型，包括在较干旱环境下形成的，以草本植物为主的植被。根据《中华人民共和国草原法》第一章第一条第二款规定：草原是指天然草原和人工草地。天然草原包括草地、草山和草坡，人工草地还包括改良草地和退耕还草地。

草原作为整个地球生态系统大家庭中的一员，是地球上分布最广的植被类型之一。在整个地球生态系统中，草原有着不可或缺的重要意义和作用，草原上的草本植物作为绿色植物，可以通过光合作用实现大气循环，促进空气质量好转。同时，草原光合作用产生的绿色效应也能明显改善大气质量，并且草原还能吸收二氧化碳、制造氧气和防风固沙，还能保持水土、涵养水源、净化水质以及调节气候等，草原生态环境给地球生态系统带来了诸多的好处。

2. 草原资源。草原资源是指草原、草山以及其他一切草类资源的总称；草原资源主要包括有野生草类和人工种植的草类。而草原资源是属于生物资源的一种，其资源实体是各类生长的草本植物。草原资源还作为我国陆地面积上最大的生态系统构成因子，对发展我国畜牧业、保护生物多样性、保持水土和维护生态平衡都有着重大意义。我国草原资源所覆盖的区域大多位于黄河、长江、淮河等水系的源头区和中上游区。

据国家林业和草原局统计，截至 2018 年，我国草原承包总面积已达到 2.87 亿公顷，划定基本草原面积共 2.33 亿公顷，落实禁牧休牧 1.59 亿公顷，分别占草原总面积的 73%、59%、40%。而我国对草原资源的利用也更趋合理，在 2018 年 7 月国家林业和草原局举行的第三季度新闻通气会上发布，截至 2017 年，全国重点天然草原的家畜平均超载率为 11.3%，相比 2010 年降低了 18.7 个百分点；全国草原鼠害、虫害及火灾受害面积较 2010 年分别减少 36%、39%、69%。

（二）我国的草原资源

1. 我国草原资源状况。我国是一个草原大国，现有天然草原面积近 60 亿亩，仅次于澳大利亚，居世界第一位；占全球草原面积的 13%，占国土总面积的五分之二；草原面积是我国的耕地面积的 3.2 倍，森林面积的 2.5 倍。其中，全国可利用草原总面积为 33 亿亩，主要分布在我国东北、西部，遍布内蒙古、宁夏、甘肃、青海、新疆、西藏及川西平原等地。

草原是牧区发展畜牧业的物质基础，受草原分布特征的影响，我国牧区主要集中分布在西部、北部的蒙古、藏、哈萨克等少数民族聚居区。内蒙古、新疆、青海、西藏和甘肃五大牧区是我国面积最大的草原牧区，我国绵羊的饲养就主要集中在上述这五大牧区。

2. 我国草原资源的发展现状。长期以来，由于我国对草地草原采取自然粗放的经营方式，对草原重利用、轻建设、轻管理，使得我国对草地草原资源的合理利用存在过牧超载、乱开滥垦等行为，致使草原生态环境受到了严重破坏。另外，我国对草原资源的发展缺乏统一高效的计划管理，由于对草原资源建设方面投入少、建设速度慢等原因，同时还因草原退化、沙化、碱化面积日益扩大，草原生产力不断下降等一系列因素，导致了我国草原资源的生态环境出现问题。

党的十九大以来，随着我国社会主义市场经济、中国特色社会主义国家治理体系和治理能力现代化的不断完善与发展，我国更加注重对社会生态文明建设的发展，同时也加大对我国自然生态环境的保护力度。草原生态作为我国生态文明建设中的重要组成部分，一直是国家生态文明建设中的重要工程与重要体系。合理开发、积极利用、全面保护、整体覆盖，通过修复和治理好草原生态环境，对我国草原生态文明的建设与发展以及对我国自然生态环境的保护与利用，都有着非常重要的意义。

二、我国对草原资源的利用

（一）我国草原资源的利用状况

根据国家林业和草原局公布的数据表明，截至2018年，我国共有天然草原3.928亿公顷，约占全球草原面积的12%，位居世界第一。相比之下，其他草原面积较大的国家及在全球的占比分别是：澳大利亚的9.76%、美国的7.67%、巴西的5.99%、巴基斯坦的5.73%、俄罗斯的2.84%。而从我国各类土地资源来看，我国草原资源的面积也是占最多数的。我国草原的面积占国土面积的40.9%，还是我国耕地面积的2.91倍、森林面积的1.89倍，更是耕地与森林面积之和的1.15倍。

我国草原80%都分布在北方，20%分布在南方，北方以传统的天然野生草原为主；南方则主要是各类草山、草坡。西藏、内蒙古、新疆、四川、青海、甘肃这六个省（区）是我国最重要的草原省份，其中草原面积共有

2.93亿公顷，占全国草原面积的73.35%。而西藏、内蒙古、新疆的草原面积分别位列全国省份草原面积的前三，我国还有草原面积比重较大的牧业县108个、半牧业县160个，这268个县共有草原面积2.34亿公顷，占全国草原面积的59.57%。

（二）我国草原生态遇到的困境

1. 草原退化问题逐渐明显。虽然从整体上来看，我国草原面积数量众多、分布广泛。但是，随着近些年我国人口的不断增长和社会主义市场经济的不断发展，社会需求也在不断加大，各类家畜养殖数量逐渐增多，农村贫困人口也在持续增长，这也就造成我国草原覆盖地区无法有效地进行自我修复与自我调节，最终导致了大面积的草原被开垦或者撂荒，以至于造成了严重的草原退化等现象。

2. 草原农牧民的生态环境保护意识不足。在草原地区，农牧民对草原资源的利用主要以畜牧养殖为生，因大多数处于偏僻落后、资源匮乏或经济贫困、相对落后等地区，缺少相关的知识教育与培训，这也就造成了该地区的农牧民们对草原生态的保护意识不足，同时也缺乏相应的草原生态保护观念，对草原生态环境保护的各类相关法律和法规不明确、不了解，导致了人们过于看重眼前的经济利益，而忽视了草原环境的长远发展。另外，冬季时期一般草原是处于休养生息的状态，国家规定是不允许随便放牧的，但是个别人为了眼前的利益进行偷牧放牧等行为，严重影响了春季牧草的返青，这也给草原生态带来了巨大的伤害。

3. 草原生态监督管理方面存在漏洞。草原鼠害是草原生态环境保护中存在的重大问题之一，但是对于草原鼠害的应对与治理效果却显得不那么尽如人意。一方面，因人们对鼠、虫害的治理认识不足，从而长期对草原环境使用化学药品制剂，虽然短期内治理效果明显，但是对草原的生态平衡造成很大的影响；另一方面，在对鼠害的治理过程中缺乏有效的科学技术支撑，相应的各种设备也投入不足，致使对草原的监督与管理得不到科学、持续、有效地进行。综上所述，我国草原生态环境存在的问题之一就是缺乏对草原生态环境治理与保护的有效监督和管理。

三、我国对草原生态的修复

（一）历史背景

我国作为世界第二大草原国，草原面积近60亿亩，约占国土面积的40%。曾几何时，我国草原生态受自然、地理、历史和人为活动等多种因素影响，变得日渐脆弱。如今，中国人正用自己的智慧和实践，持续修复和保护着郁郁葱葱的大草原。草原生态的治理与恢复，作为我国草原生态文明建设的重要组成部分，在社会发展中起到越来越重要的作用。习近平总书记曾多次指出，生态文明建设是关系国家和社会发展的根本大计。

党的十八大以来，以习近平总书记为核心的党中央提出了把生态文明建设作为统筹推进“五位一体”总体布局和协调推进“四个全面”战略布局的重要内容，开展了一系列根本性、开创性、长远性工作，提出一系列新理念新思想新战略，生态文明理念日益深入人心，污染治理力度之大、制度出台频度之密、监管执法尺度之严、环境质量改善速度之快前所未有，推动全国生态环境保护发生历史性、转折性、全局性变化。

（二）出台政策

十八大以后，国家出台了一系列相关保护政策与措施，始终坚持生态环境优先发展已经成为我国制定各项重大发展战略的首要原则。例如，像“长江经济带发展战略”“京津冀协同发展战略”“雄安新区发展战略”等重大国家级区域性发展战略，都把生态环境保护放在了优先考虑与发展的位置。2018年6月16日，国家出台《中共中央国务院关于全面加强生态环境保护坚决打好污染防治攻坚战的意见》，意见把“坚持保护优先”作为首要基本原则提出来，强调要“落实生态保护红线、环境质量底线、资源利用上线硬约束，深化供给侧结构性改革，推动形成绿色发展方式和生活方式，坚定不移走生产发展、生活富裕、生态良好的文明发展道路”。

据《2018年国务院政府工作报告》统计，党的十八大召开以来的这五年中，仅中央财政投入的草原生态保护建设资金就超过1 000亿元，在13个省（区）中实施了退牧还草工程，并启动实施新一轮退耕还林还草工程及西南岩溶地区草地治理、已垦草原治理等项目。如今，国家对于草原的保护更是上升到了新的战略高度。党的十九大报告中指出，要统筹山水林田湖草系统治理，实行最严格的生态环境保护制度。“草”第一次被纳入生态文明建设体系，成为建设美丽中国的重要内容之一。

2018 年以来，国家林业和草原局共批准成立了 110 个草原创新联盟，草原生态修复国家创新联盟便是其中之一。在国家层面成立草原生态修复国家创新联盟，目的旨在打造中国草原生态修复科技创新推广应用平台，以全面提升草原生态修复科技水平。2019 年 3 月 22 日，草原生态修复国家创新联盟在内蒙古自治区首府呼和浩特市正式挂牌成立。包括有中国农业科学院草原研究所、北京林业大学、中国草学会以及内蒙古蒙草生态环境（集团）股份有限公司等 40 多家科研院校、社团组织、企业在内的组织都积极申请成为该联盟成员单位之一。

（三）草原生态修复的具体事例

内蒙古自治区作为我国北方区域的重要生态安全屏障，拥有 13.2 亿亩草原资源，约占全国草原面积的五分之一。自 20 世纪 90 年代以来，由于连年干旱、过度放牧、草原建设和保护投入不足等原因，我国内蒙古自治区的草原生态环境出现了部分草原退化、草原沙化等现象，内蒙古草原的生态持续恶化，草原生态问题也愈发严重。

我国内蒙古是具有广袤无垠的草场草原，在黄河的几字湾以西是广袤无垠的阿拉善沙漠，包括巴丹吉林沙漠、腾格里沙漠、乌兰布和沙漠和部分毛乌素沙漠以及阿拉善戈壁滩；以东则是人们熟悉的内蒙古大草原——其中有呼伦贝尔、锡林郭勒、科尔沁、乌兰察布、鄂尔多斯和乌拉特六大著名草原，以及若干的小草场等，这些都是我国生态环境的重要组成部分。近些年，内蒙古加大对草原修复治理研究力度，针对沙化草原、盐渍化草地等，探索出了因地制宜的修复方法和技术。目前，已完成百余项草原生态修复项目，修复面积达 10 万余亩。

2018 年 1 月 8 日，内蒙古自治区政府新闻办召开了“自治区生态建设成效”新闻发布会。会上总结并表示，过去5年内蒙古草原生态已恢复到20世纪80年代中期水平，内蒙古10.2亿亩可利用草原得到了有效保护，其中划定基本草原8.84亿亩。种植保留面积连续多年稳定在5 000万亩以上，草原退化、沙化面积较“十二五”初期减少了671.3万亩，草原生态恶化趋势得到整体遏制，重点生态治理区明显好转，2017年全区草原平均植被盖度达到44%，较2010年提高了7个百分点。

（四）草原资源生态修复的意义

随着近年来，我国提出对自然资源和生态环境实施可持续发展战略，同时国家也对草原自然环境的建设和草原生态保护提出了更高的要求。草原作为自然生态环境保护中最重要的自然资源之一，做好对草原资源的生态环境保护，不仅有利于我国草原草场牧区经济的可持续发展，同时还关系到我国整体自然生态环境和社会生态文明的建设与发展。修复治理好被破坏的草原资源生态，主要能够起到以下几点作用。

1. 可以维持生态平衡。草原能够有效减少水土流失、调节温度和气候，还可以对空气进行净化。一方面，由于草原的草本植物在地面上进行覆盖可以有效提高地面的粗糙度，从而使外部风沙侵蚀地表的强度得到有效降低；另一方面，这些草本植物有着较为发达的根系，可以很好地固定土壤以及流动沙丘，从而保持水土稳固。所以草原生态环境可以有效维持生态平衡。

2. 推动畜牧业可持续发展。草原作为放养牛羊和牛羊肉产出的主要基地，是我国畜牧业发展的重要载体之一，维护好草原生态系统的平衡可以有效推进畜牧业及其相关产业的可持续发展。然而，近年来由于人们缺乏对各类草场的有效保护，使得草原出现了大面积、大幅度的退化以及沙化现象，而随着草地资源质量的降低，极大程度上也影响了牛羊肉的生产力产出，草原生态与畜牧业之间的矛盾日益凸显，这也使得我国对草原资源的利用以及对我国畜牧业的稳定发展等方面，受到了不同程度的影响。

四、我国对草原生态修复的具体路径与具体措施

（一）出台了畜牧业农业经济可持续发展的相关政策

首先，在当前政策的基础上，应根据农牧民发展的实际需求，采取一些有效的措施来实现草原的农牧业、畜牧业经济可持续发展。其次，加大对草原生态的保护力度，通过起草并出台一系列与草原保护相关的制度，完善对草原生态环境的保护。然后，为了有效减少各类非法开垦以及盲目垦荒情况的发生，必须要设计出能够长期执行的方案。最后，在确保科学规划使用草原资源的基础上，提高民众保护草原生态的意识，通过加强对草原法和草原保护的相关政策宣传力度，使草原经济的可持续发展能够得到全面实现。

（二）加强了相关法律法规的执行力

加强草原法律法规以及相关政策的执行力对草原生态环境的保护具有十分重要的意义。一旦缺乏法律以及政策的有效支持，草原的生态就无法得到有效的恢复。因此，必须加强法律法规以及相关政策的执行力度，使其在草原生态系统恢复中充分发挥保障作用，同时也更好地促进草原经济可持续发展。

（三）加快推进了产学研合作体系的建设发展

在草原资源的生态环境保护方面，虽然当前已经具备了一定的较高理论研究水平，甚至一些研究处于国际学术的前沿。然而，对这些草原生态学术成果的推广，却不顺畅，切实需要尽快建设并且完善相关的产学研合作体系，将理论研究与实际发展相结合，使草原生态系统的生态功能能够得到有效恢复。

第二节　领导干部草原资源资产离任审计目标

一、草原资源资产离任审计的内涵与意义

（一）草原资源资产

通常来说，草原资源是指草地、草山及其他一切草类资源的总称，包括野生种植和人工种植的草类，是一种生物性自然资源。而草原资源资产是指在现有的科学技术水平下，由草原资源的所有者在以前的经营交易或各项事项形成的，由所有者拥有或控制的，预期会给所有者带来经济利益的一种草原资源。

（二）草原资源资产的离任审计

领导干部草原资源资产离任审计，也可简称“草原资产离任审计”，其主要是指以国家出台的相关草原资源类法律、法规为依据，以专门的离任审计方法和审计理论为准绳，通过检查中央和地方关于草原资源保护的相关政策，对被审计单位草原资源负责的领导干部在离任时，对其在任期间，就所管辖范围内的草原资源资产的增值保护、合理使用等方面，是否得到了有效贯彻与执行进行检查；以及对国家实施的草原重点工程项目的保护运营以及建设草原所需的相关资金分配、管理、使用等情况进行审计，检查在领导干部就任期间对其所管辖的草原资源资产是否得到了有效执行和保护；掌握草原资源存量结构和总体规模，揭示领导干部就任期间在所管辖范围内对草原资源的保护、草原生态管理和草原资产利用等方面的草原资源资产监督管理责任。开展领导干部草原资源资产离任审计，有效保障和促进了领导干部对草原资源资产的监督管理职责得到了全面有效履行；也推动改革并完善了草原资源资产管理体制；对改善草原自然生态环境，加强草原生态文明制度建

设等方面都具有十分重要的意义。

二、草原资源资产离任审计的总体目标

领导干部草原资源资产离任审计总体目标，其主要是来源于2017年6月由中共中央办公厅、国务院办公厅印发的《领导干部自然资源资产离任审计规定（试行）》，该文件对开展领导干部自然资源资产离任审计工作提出了几点具体要求，规定将自然资源资产离任审计的总体目标主要划分为以下五个方面：第一，地区政策的合规性、合理性，即政策自身的合理、合法性；第二，对政策执行情况是否合法、合理性的审计；第三，在这个政策下环境问题是否得到有效解决；第四，评价并考核领导干部在其任职期间对自然资源的利用效率和效果、审视环境治理和环境保护责任的落实情况；第五，评价财政资金的使用效率和使用范围，确保专款专用、专款专人负责、专人审批。

综上所述，自然资源资产离任审计可以促使领导干部自然资源资产经济责任与环境责任相融合，将履行相关责任的情况与各级党政机关领导干部、各类国有企事业单位高级管理层的奖惩和任免情况挂钩，为加快促进我国资源节约型和可持续发展型社会的形成提供强大支撑。

三、草原资源资产离任审计的具体目标

领导干部草原资源资产离任审计具体目标，其主要是通过对被审计单位的法定代表人在任职期间所承担的草原资源资产责任履行情况进行审计；对草原资源的管理、使用及相关设计、规划、监测等管理活动的经济性、效率性和效果性进行审查和监督。根据总体目标，领导干部草原资源资产离任审计的具体目标，可分为以下几点：

（一）草原地区政策的合规性、合理性

草原地区政策的合规性、合理性即政策自身的合理、合法性。开展领导

干部草原资源资产离任审计的具体目标，主要是规范草原资源资产履职的行为主体的行为，以促进领导干部对草原资源资产的依法依规行政。开展领导干部草原资源资产离任审计，可以促进各领导干部守法、守纪、守规、尽责，保证依法、使草原资源进行有效合理开发、利用和保护有章可循、有法可依，促进草原生态建设，实现林草业和草原农牧业、畜牧业经济健康有序且可持续发展。

（二）对草原政策执行情况是否合法、合理进行审计

通过优化草原资源的管理配置问题，促进草原资源资产公平公正的使用。逐步完善领导干部草原资源资产离任审计制度，建立和形成针对草原资源资产的管理体制，使草原资源资产的所有权人和国家资源管理者相互独立、相互配合、相互监督。摸清草原资源资产的“家底”，实现对我国草原资源的可持续利用，明确草原资源的占有权、使用权、收益权及处分权等。

（三）在这个政策下对草原环境问题是否得到有效解决

通过一系列草原的政策落实性问题，保护好草原环境整体的自然生态，保护好草原资源，以提高草原资源资产的使用效率。过去，因为一些地方对资源的不合理利用，大大降低了草原资源的效用；导致了草原资源的浪费、草原自然环境的破坏以及草原生态的持续恶化，严重影响了我国草原生态文明建设的可持续性发展。

（四）评价并考核领导干部在其任职期间对草原资源的利用效率和效果、审视草原生态环境治理和环境保护责任的落实情况

草原资源资产离任审计可以促使草原资源资产的经济责任和环境责任融合，将履行相关责任的情况与领导干部、国企高管的奖惩和任免挂钩，促进草原资源节约型、生态环境可持续发展型社会的健康发展。通过揭露草原资源资源管理和使用中发生的各类问题，促进建立草原资源资产的核算、补偿、规划和监督制度，最后形成以资源养资源、发展草原资源产业的良性循环，提高其经济效益和改善草原的生态环境。

（五）评价草原财政资金的使用效率和使用范围，确保专款专用、专款专人负责、专人审批

通过审查各级财政是否按计划、按项目预算足额、及时下拨草原财政资金给各级主管部门、用款单位；草原资源专项资金相关核算是否真实、合规与有效，有无滞留、抵扣和挪用草原资源项目资金，是否存在用专项资金平衡预算、弥补单位经费或开支“三公”经费、建楼堂馆所等违规问题。

第三节　草原资源资产离任审计内容、方法与程序的确定

一、总体思路

审计机关开展领导干部草原资源资产离任审计，主要以节约草原资源和保护草原生态环境为目的，采取一定的方式和方法，依法对各级党政机关及相关主管部门、国有企事业单位的领导干部，在保护、开发、建设和利用草原资源方面以及与草原资源资产和草原生态环境保护有关的财政、财务收支及其相关管理活动的合法性、效益性进行审计。以监督、检查党政领导干部对任职辖区内草原资源资产的保护、管理、开发与利用职责履行情况，并根据草原资源资产的特性探索编制草原资源资产负债表，从实物量、价值量和资源质量三方面对领导干部草原资源资产的履职责任进行监督、鉴证和评价。

二、基本原则

首先是合法性原则。对领导干部草原资源资产履职履责情况开展和进行审计工作，必须首先坚持以中华人民共和国审计法、草原法，领导干部自然资源资产离任审计规定，草畜平衡管理办法、草原防火条例等草原资源的相关法律法规、政策制度为依据进行检查评价，加强对领导干部权力运行的监督和制约。

其次是比较性原则。对草原资源资产的审计主要是通过跟踪以前年度的草原资源资产数据变化情况进行比较分析和趋势分析，开展草原资源资产管理的研究性审计工作，揭示领导干部任职前后所负责的草原资源质量、数量及其他相关指标的增减、升降等变动情况；以草原资源资产的保护和利用为主线，将草原资源资产与国家生态文明建设的社会可持续发展战略、自然资源管理规划、生态环境保护政策相关联，促进草原更好更快发展。

再次是外部因素影响性原则。对于草原资源资产的变化要充分考虑地域、气候、季节、生长期差异和自然环境问题的潜伏性、时滞性、外部性等因素，对照被审计单位领导干部的权力清单，调阅历史和当期气象与生态环境资料，剔除气候、自然灾害等非人为因素，以此来监督领导干部在草原资源资产管理和使用方面决策、履职、行权的作用力与影响力。

最后是生态环境损害责任终身追究原则。对于造成生态环境和草原资源严重破坏的，应划分领导干部直接责任、主管责任和领导责任，实行生态环境损害责任终身追究制。领导干部对任职辖区内出现违反生态环境和草原资源方面的政策、法律法规，批准涉及与草原资源的保护、开发、利用、规划或者进行草原项目相关审批或核准的；不顾草原生态承载能力，突破草原资源生态红线，盲目决策造成严重后果的；发生重大草原损害事故，因施工、开矿等造成草原资源毁损、生态破坏和严重环境污染；或者对草原严重环境污染和生态破坏（灾害）事件处置不力的情形应追究相关负责人的终身责任。

三、草原资源资产的受托责任人

领导干部草原资源资产离任审计，是由国家审计机关代表草原资源资产的所有者对受托责任人承担的公共受托责任进行的审计，以期达到合规性、经济性、效率性、效果性和环境性的审计目标，其审计对象是承担特定草原资源资产受托责任的行为人。

根据审计关系人的一般理论假说，草原资源资产离任审计中审计行为的发生由审计人、被审计人和审计委托或授权人三方面的关系人的行为构成。其中，被审计人是草原资源资产的受托责任主体；而被审计人则是草原资源资产离任审计评价的对象，被审计人所承担的草原资源资产相应职责是草原资源资产受托责任的分解和具体化。由于草原资源资产的公共受托责任具有层级性，因此被审计人存在一定的层级性，可分为地区领导干部、相关部门负责人和相关企业负责人三大类。

四、重点内容

（一）草原资源资产法规政策执行与落实情况

对领导干部在草原资源资产方面的政策执行和履责进行离任审计，要重点关注草原资源资产方面的制度建立和实际执行情况。

1. 制度建立方面。审查领导干部关于完成上级出台的草原资源政策法规的贯彻和战略规划的组织情况、政策建立情况。审查领导干部在任期间是否建立健全管理草原资源资产的政策制度体系，并且是否有健全的相关工作机构和相应的专业人员配置等。

2. 制度执行方面。结合上级党委、政府、林业和草原等部门对各草原资源资产管理工作的考核，审查领导干部在任期间对国家、省（自治区、直辖市）、市（自治州）、县（自治县、市辖区、不设区的市）、乡（镇）的草原资源资产方面的战略方针和政策的执行情况。检查草原资源资产管理规划是否符合相关法律、法规、规章、政策以及国民经济和社会发展规划的要求，能否达到相应的草原资源资产保护目标；审查草原资源资产管理规划目标、年度计划目标的落实情况；审查打击违法建设工作成果，抽查关于草原保护宣传设施配置情况、检查巡查队人员配置及上岗情况，检查管理和考核制度落实情况。

（二）草原资源资产重大决策事项

草原资源资产的重大决策事项包括公共政策、涉及草原的资金项目方面的制度等，不仅包括草原资源资产审批、开发、管理及草原资源保护机制，还包括草原资源相关的重大投资、资产处置等工程建设项目和生态建设方面的惩罚机制。审计人员主要是收集领导干部任期内每年的会议纪要、收发文记录、以政府名义发布的草原管理制度、文件等资料，了解领导干部任期内关于草原资源资产的重大决策事项是否合理。同时收集上级政府和农业主管部门制定的法规规章和政策措施，确定有无要求下级部门制定相应规章制度、政策措施的要求，并核实当地是否落实。

（三）草原资源资产的目标责任完成情况

一般常见的问题有，关于推进草原所有权、草原使用权和草原承包经营责任制等常见问题。根据《中华人民共和国草原法》第十条、第十一条、第十三条、第十四条之规定，关于审计草原资源资产的目标责任完成情况，应审查草原承包经营权证核发登记表、草原使用证核发登记表、草牧场承包责任制合同书，并进行入户核实。审阅上级林业和草原主管部门对当地党政领导班子草原工作实绩考核的情况表和结果报告，并询问相关人员。

（四）草原资源资产管理情况

主要关注天然草原资源面积动态，天然草原类型空间分布，以及植被覆盖度、草原生产力、草群平均高度、牧草等级、草原“三化”面积率、草原围栏面积率等问题，还有对于天然草原理论载畜量、现实载畜量、草原平衡、基本草原划定等关于草原资源资产的管理情况进行审计，首先就是审阅天然草原总面积、天然草原可利用面积数据资料，询问相关的人员。进行不同年度间数据比对，关注审计年度植被覆盖度平均值与基期的差值、变化趋势及空间分布。

（五）草原资源资金管理情况

主要审阅相关账簿、凭证等会计档案和会计资料，并询问相关的财务人员。草原植被恢复费征缴，草原被占用，未征缴草原植被恢复费等问题。检查草原专项资金分配使用是否到位，是否存在滞留草原专项资金、挪用草原保护建设专项资金等问题。同时，还要审阅相关补贴资金发放明细表、牧民收款收据，查找禁牧、休牧补贴、牧草良种补贴资金发放及落实情况。

以上这五个方面，针对领导干部在任期内对其管辖的草原资源资产履职尽责情况进行审计。领导干部草原资源资产离任审计内容还包括：草原资源资产的监督和管理、草原生态环境保护的法律法规及政策措施执行情况和效果；草原资源资产的有效增值、资源节约和草原生态环境保护约束性指标与目标责任制完成等情况；草原资源资产开发利用和草原生态环境保护重大决策情况；草原资源资产与草原生态环境保护相关资金的征收管理、使用及项目建设运行等情况；草原资源资产开发利用中发生的重大资源环境事件、环境风险隐患和相关预警机制建立与执行情况等。

五、审计方法

近年来，结合我国国情和实际情况，党的十八届三中全会通过了《中共中央关于全面深化改革若干重大问题的决定》，该决定进一步提出要“探索编制自然资源资产负债表，对领导干部实行自然资源资产离任审计”。国务院办公厅也于 2015 年 11 月 8 日印发了《编制自然资源资产负债表试点方案》（国办发〔2015〕82 号）中规定，自然资源资产离任审计主要检查自然资源资产负债表所反映的自然资源在核算期初、期末的存量水平以及核算期间的变化量；而一般针对自然资源资产负债表的核算期是从每个公历年度的 1 月 1 日至 12 月 31 日。

所以，开展领导干部自然资源资产离任审计的审计方法就是在自然资源核算理论框架下，以自然资源管理部门和生态环境保护部门统计的调查数据为基础，编制出反映主要自然资源实物存量及变动情况的自然资源资产负债表，并对自然资源资产负债表中的信息进行鉴证、对自然资源资产的绩效进行评价。反映在草原这类自然资源方面，就是编制出草原资源资产负债表，通过草原资源资产负债表，可以反映出草原资源资产的分布、使用、变化趋势等信息，为开展领导干部草原资源资产离任审计提供强大支撑。

（一）编制草原资源资产实物量表

要做好领导干部草原资源资产离任审计工作，首先需要建立一个全面而准确的草原资源环境的大数据平台，这是审计人员有效开展对领导干部的草原资源资产离任审计工作的基础。

如今，随着人类科学技术的进步、互联网信息技术的普及以及全球信息化趋势的加强，各类无孔不入的数字化信息，有力地推动了各国经济、政治、文化、社会、生态文明建设的全球化进程加快的同时，人类社会也自此进入全球信息化时代，近年来随着大数据的迅速发展，改变了以往传统审计中存在的方法效率低、易遗漏的缺点。

此外，对于草原自然资源的资产核算难度也较大。国家审计部门应该联合各地方政府生态环境部门、自然资源部门、财政部门、统计局等相关职能部门，依托草原资源环境的大数据共享平台，编制草原资源资产负债表，并及时进行数据更新，以便审计人员能够进行草原资源资产的实物量核算。

（二）运用环境重置成本法进行价值量计算

价值量核算是编制草原资源资产负债表的重点和难点，使用环境重置成本法对草原资源资产进行价值量核算，可以估算出草原生态受到破坏后，为了恢复草原草地的质量和产草量，以便恢复草地的生态功能，同时保持草地合理的载畜量和人口数量等费用。

（三）编制草原资源的资产负债表

草原资源资产负债表即衡量草原资源的现有存量以及在一定时期内所发生的变化，全面综合地反映报告期经济主体对草原资源资产的拥有、利用、损耗以及恢复的内容，并反映出草原资源实物量及价值量增减变动的情况。

（四）构建客观的草原资源资产离任审计评价标准

对领导干部草原资源资产进行离任审计的工作难点，在于如何对领导干部的草原资源资产的履职情况进行有效评价，其根本原因在于缺少客观的评价准则。一般而言，各级审计部门只要求对领导干部的履职情况做定性的综合评价，缺乏与草原资源的资产责任认定挂钩的定量评价。同时，对于草原资源环境恶化来说，通常还存在跨区域性以及滞后性等特点，导致问责界定难度大。

另一方面，对草原生态环境遭到严重破坏的地区，以现状值为基础的评价标准不能反映领导干部为改变恶劣的草原环境做出的努力；同样的对草原环境优良的地区而言，以增量值为基础的评价标准不能反映领导干部为保护草原资源付出的努力。因此，应根据不同地区的实际情况，构建以权重为基础的综合评价指标。

（五）强化审计结果的运用

对领导干部开展草原资源资产离任审计事关重大，为保障其能够有效督促各级领导干部履行保护草原生态环境的责任目标，必须将审计结果与被审计的领导干部自身利益关联起来。如果领导干部确实存在不作为或故意以损害草原生态环境为代价来换取短期经济利益的问题，一经查实，领导干部将被追责问责到底。

所以，草原资源资产离任审计不仅仅是对领导干部的草原生态环境履职行为做出综合评价，在发现问题时还需要根据审计结果对相关责任人实行追责问责制度。同时，还需注重发现在草原生态文明建设中存在的风险隐患及突出问题，要配合当地政府及相关部门制定可行的整改方案，并跟踪离任审计问题的整改落实情况，推动草原自然环境的生态文明建设健康有序发展。

六、审计程序

（一）开展领导干部草原资源资产离任审计的审前调查

1. 草原资源资产离任审计审前调查。

（1）开展审前调查。审前调查是开展草原资源资产离任审计审前准备阶段的一项重要内容，是在对被审计单位下发审计通知书之前，就被审计人的草原资源资产离任审计的审计范围、内容、方式和审计重点，到被审计单位及相关部门进行调查并了解基本情况，以掌握第一手资料信息的一项活动。

（2）审前调查的内容。了解被审计人所处单位的经济环境，如宏观经济形势对草原资源产生的影响、政策因素对草原资源产生的影响、政府部门对草原资源限制性要求等；主要考虑到宏观经济形势对草原资源的影响，如国家产业政策调整，对某些行业进行扶持，对税收等政策的优惠等。

了解被审计人任期内草原资源行业发展的情况，如行业的现状和发展趋势，行业的主要经济指标和统计数据，行业适应的法规，特定的会计惯例等；主要了解该行业是新兴产业还是老牌产业，其前景状况如何，是属于资源枯竭的能源消耗型，还是前景可观的节能效益型；国家对该行业计算的各种经济技术指标、衡量的行业标准等。

了解该草原行业自身的情况：首先是基本情况，如草原财政财务的隶属关系，草原资源管理部门的机构设置及人员编制，草原业务的经营范围、财务状况及经营成果，内部控制状况等；其次是具体执行何种财务会计制度，其核算方法如何，对于草原资源的管理采用了哪些会计原则与方法以及变更情况等；然后是以前年度接受审计的情况，如以前年度发现的审计问题，以前年度离任审计的审计意见和审计决定落实情况、对审计建议的采纳及所带来的草原经济效益等；最后就是了解与草原资源离任审计事项有关的法律法规、规章制度、政策建议和其他相关文件资料等，比如被审计单位采用的具体固定资产的折旧方法，存货发出计价的方法，长期待摊费用的摊销方法，以及国家对此行业的其他特殊规定等。

根据被审计人所从事工作性质的特点，选择并掌握合适的审计方法，为实现离任审计提前做好技术准备；如对草原资源的资产采取何种方式检查，对草原资源的实物量及价值量该如何核算等，以便确定检查的重点审计内容，比如是采取全面审计还是抽样审计；对于某些审计人员不太熟悉的专业领域考虑聘请专家等，以便为顺利完成领导干部草原资源资产离任审计工作做好准备。

（3）审前调查的方法。审计人员可以走访被审计单位上级主管的相关职能部门，比如财政、税务、工商、统计等专业单位，收集有关资料；通过走访各上级主管领导了解草原资源管理的考核目标完成情况；通过走访财务部门了解中央财政草原生态修复治理资金及草原资源资产的收益情况；调阅以前年度的审计档案等途径获取所需要的资料，了解以前年度审计中发现的问题；如果是初次被审计的单位，可比照同行业或同类型离任审计的情况。同时，还可以制定出内部控制制度测试和审计抽样，以确定下一步离任审计采取何种策略。

（4）审前调查的意义。通过审前调查可以总体把握和了解被审计单位草原资源管理的大致情况，为制定好领导干部草原资源资产离任审计的实施方案，做到心中有数。通过与被审计单位主管部门领导和财务负责人谈话中，也可以知道一些苗头性和倾向性问题。根据草原资源离任审计审前调查确定的内容和重点，发现薄弱环节，针对薄弱环节确定该单位制定出内控制度测试表，为符合性测试审计打好基础。通过走访审计局、税务局、财政局、市场监督管理局、中国人民银行以及银保监局、各地方金融监管局等政府部门，以此来了解被审计单位及主体在遵守财政、工商、经济、税收、金融监管等方面的法律法规制度、纳税及抵押状况等。审计人员也可以通过走访被审计单位的上级主管部门来收集有关资料；为进行实质性测试审计确定此次离任审计工作的重点、范围、内容等提供帮助。

审前调查已经成为草原资源资产离任审计准备阶段的重要组成内容。加强审前阶段的准备工作对于确定出审计的重点、范围和内容具有重要的意义。还有利于发现存在的问题，为制定审计方案和制定内控制度符合性测试，打好基础。也能够提高离任审计的效率和质量。综上所述，开展好离任审计审前调查可以起到事半功倍的效果。

2. 草原资源资产离任审计的基础。

（1）草原资源资产的核算。草原资源资产从生态学角度来讲，主要包括草原资源本身的价值和草原生态系统提供的生态服务功能价值这两方面。在此基础上要建立一个草原资源资产的核算指标体系，该指标体系主要包括草原的草地资源、草原生物性资源以及草原环境生态功能资源三个方面，其中草原生态功能资源包括固碳释氧、净化空气、涵养水源和防风固沙这四点。可以通过调查和收集草原生态系统本底信息，运用生态环境学、生态经济学的相关理论，通过生态环境要素的大尺度识别系统方法和空间分析，建立草原生态数据源的分析库，并进行草原资源资产额的核算。

建立草原资源资产核算方法，实现草原综合资产核算有助于对草原资源资产所具有的生态环境自然价值和社会价值进行明确和评估，并以此为基础对其进行资产化管理和核算，与现行国民经济核算中的经济指标相对应并直接比较，大大增加了草原资源节约和生态环境保护工作在政府决策考评体系中的权重，也可以为草原生态环境保护政策的制定提供依据。此外，对草原资源资产价值的核算也能够为草原生态服务市场交易制度、生态转移支付制度、生态补偿制度、生态环境污染责任保险等制度机制的确立提供科学依据，进而有效限制了对草原资源的掠夺性消费和对草原生态环境的无节制破坏。

（2）编制草原资源资产负债表。党的十八届三中全会提出，要“探索编制自然资源资产负债表，对领导干部实行自然资源资产离任审计，建立生态环境损害责任终身追究制”等。通过探索编制自然资源资产负债表，推动建立健全科学规范的自然资源统计调查制度，努力摸清自然资源资产的家底及其变动情况，为推进生态文明建设、有效保护和永续利用自然资源，提供信息基础、监测预警和决策支持。

所以，编制自然资源资产负债表，对完善自然资源统计调查制度提出建议，为制定领导干部自然资源资产离任审计方案提供经验等具有重要意义。自然资源资产负债表，还有利于推动建立健全科学规范的自然资源资产离任审计制度和统计调查制度，它可以描述出各类型自然资源资产在某一时期经济体的流量和存量情况及其变化状态。也可以清楚划分出自然资源资产在管理过程中，其产权所有者、资产使用者和资产管理者所应承担的不同职责，为推进国家生态文明治理与生态文明建设、有效保护和永续利用自然资源提供信息基础与科学依据。

编制自然资源资产负债表，是开展领导干部自然资源资产离任审计的重要依据和基石。在形式上，编制自然资源资产负债表有利于破除和扭转当前一些只看数据和 GDP 等指标说话的发展思想。新时代，为了更好地贯彻新发展理念，贯彻新时代生态文明建设对自然资源与生态环境，乃至对全社会整体的生态文明建设工作形成有效的倒逼机制，编制自然资源资产负债表，能够量化显示自然资源的开发或保育所带来的负债与权益，为优化政府和社会投资提供有效依据。

草原资源的资产负债表，主要是指通过记录和核算草原自然资源资产的存量及变动情况，来全面反映某一时期内或某一时间段的草原自然资源资产的变动情况。主要包括了草原资源各经济主体对于草原自然资源资产的占有、管理、使用、消耗、恢复以及增值等情况，进而依据资产负债表对这一时期的草原自然资源资产实际数量和价值量的变化进行评价。

编制草原自然资源的资产负债表，与对领导干部开展草原资源资产离任审计息息相关。主要是从以下几个方面进行：第一，编制草原资源资产的实物量表，运用环境重置成本法进行价值量计算，编制出草原资源的自然资源资产负债表；第二，确定审计依据，根据审计依据选择合适的领导干部草原资源资产离任审计评价方法与指标体系；第三，评价审计结果，运用草原资源资产离任审计的评价得出草原资源资产离任审计结论。

（二）制订出详细的领导干部草原资源资产离任审计计划

1. 编制草原资源资产负债表。

（1）编制出草原资源资产负债表的实物量表。草原资源的自然资源资产负债表，简称“草原资源资产负债表”（见表 9－1），是由资产负债表实物量表和价值量表共同组成的，它不仅反映了草原资源的自然资源资产存量变化，同时也反映出了草原资源的自然生态价值变化。

表 9-1　××地区的草原资源资产负债表

年度：		数量单位：				制表人：			
制表日期：		价值量单位：				复核人：			
草原资源资产	期初		期末		草原资源负债	期初		期末	
	数量	价值量	数量	价值量		数量	价值量	数量	价值量
防风固沙					应付草原生态恢复款				
涵养水源					应付草原生态损害赔偿款				
固碳价值					应付草原生态维护款				
释氧价值					应付草原监管主体职工薪酬				
吸收 SO_2 的价值					预收草原保护保证金				
水土保持									
草原治理层成本费用									
草原维护层成本费用					草原所有者权益				
草原战略层成本费用					草原生态专项基金投入				
可采集的牧草、药材等资源					盈余公积等				
生态（产品）价值									
其他等									
草原资源资产合计					草原资源负债及所有者权益合计				

第一阶段，主要就是编制草原资源资产负债表的实物量表。根据资产负债表的内涵，草原资源资产负债表是在依据草原资源资产账户核算形式的基础上，对全国某一范围或者某一地区的草原资源资产期初、期末以及核算期间的增减变化情况进行动态反映。

草原资源资产负债表，主要就是由草原资源资产负债表实物量表和草原资源资产负债表价值量表这两部分组成的。而一般根据会计学科的理论体系，在财务会计中，会计核算与计量的基础是依据于“会计等式”，也就是

我们常说的资产 = 负债 + 所有者权益；而草原资源资产负债表的价值量核算也遵循的是“资产 = 负债 + 所有者权益”这个基本会计原则；其中，所有者权益也就是净资产，或者叫股东权益。所以，草原资源资产负债表是通过“草原资源资产 = 草原资源负债 + 草原资源所有者权益”这一基本公式，来计算草原资源资产中净资产的变动量。从而通过对草原资源资产中净资产的变动情况进行分析、鉴证和评价，进一步对领导干部在其任期内所管辖的草原资源资产进行离任审计。

一般来说，由于草原产草量最旺盛的时期是在每年的中旬，而且是在夏季的 7—8 月。所以，对于草原资源资产负债表的设置来说，主要存在以下几个问题：一是如果草原资源资产负债表的会计分期也采用一般的牧业年度来进行划分，就会将这两个具有典型代表性意义的数据月份推后，这会使得草原资源资产负债表的数据产生滞后性。因此，草原资源资产负债表的会计分期应选择传统的日历年度，这样会计分期就能够全面的、准确地反映出报告期内草原资源的存量及价值量变动情况。二是根据草原资源数量的传统计算模式，草原资源资产负债表实物量表的核算单位应该为草原资源的数量单位——公顷或万亩，其主要是用来记录草原资源在自然生长或人工种植等方面以及其他不同用途的增减变动量。所以，根据草原资源的实际核算情况，相应地要在草原资源资产负债表中应设置出草原期初面积、本期增加额、本期减少额、草原期末面积等科目。同时，在草原资源资产负债表中也相应地包含资产、负债及所有者权益这三要素。

编制出草原资源资产负债表的实物量表，一方面要先确定出它的编制主体，对于草原资源来说，一切草原资源的所有权都是归国家所有的，但可以依据法律由全民所有制的单位使用，也可以被集体所有制的单位使用。因此，国家是作为草原资源资产负债表的编制主体。另一方面，从草原资源资产的价值计量来看，草原资源具有生态、经济、社会这三类价值，目前一部分草原的生态价值已经能够采用货币化来进行计量，而草原的社会价值则可以采用条件估值法来计量。

草原资源的资产，主要是指可以明确其所属主体、能够用货币计量、可以在未来为草原权益者带来效用的那一部分草原资源。草原资源的资产主要包括三部分：分别是草原资源的主体明确、可以货币计量和未来可以为草原所有者带来效用。2015 年 3 月 30 日，国家农业部（现农业农村部）畜牧业司发布了《农业部关于开展草原确权承包登记试点的通知》（农牧发〔2015〕5 号），通知指出要贯彻落实党的十八届三中、四中全会以及 2015 年中央 1 号文件和六部委文件精神，稳定和完善草原承包经营制度，积极稳妥开展草原确权承包登记试点，探索建立健全信息化规范化的草原确权承包管理模式和运行机制，更加有效地保障广大农牧民承包经营草原的权益，进一步激发草原改革发展活力。该文件提出了关于草原资源资产所具有的三种属性特征。

草原资源的负债，主要是指某一主体为治理草原资源的自然生态环境系统，使其由被破坏或恶化的状态，恢复到原本的自然状态而需要在未来支付的费用，这些费用预期会导致草原主体的经济利益流出。草原资源负债，是作为明确破坏草原主体的经济责任及潜在的或有义务要素。同时，还需要根据对草原资源资产和负债的分类及确定，对它们进行确权统计，要统计出草原资源的总体数量值以及具体的草原资源资产的数量值。这些数据信息，是编制草原资源的资产负债表实物量表中的基础与重要内容。

草原资源的所有者权益，主要是由草原资源的初始资本价值、保护草原资源专项基金与结转的草原资源产生的利润组成（张心灵，2016）。对于草原资源来说，一方面草原是自然生长而形成的；另一方面则是依靠人工种植和培育等方式形成的；所以，草原资源的监管和保护主体对于草原资源的初始投入资本很少，甚至是没有投入。所以，在草原资源资产负债表中不用列示草原资源初始资本科目。

在编制实物量表时，还需要将草原进行分类，草原资源一般包括：天然形成的草原和人工种植的草地两种。根据张心灵、刘宇晨在 2016 年发表的《草原资源资产负债表编制的探究》一文中提出的编制方法，即在草原资源资产负债表实物量表中一般可以将天然草原大致分成两类：禁牧场与放牧场。禁牧场主要包括那些禁止放牧、开垦以及归入草原生态红线的一类草原；而放牧场则指可以适当放牧以及取得合格草原占用审批手续对其进行开发利用的一类草原。而对于人工种植的草地来说，不仅可以削减对天然草原的耗损程度，而且其种植面积的增减变动，也反映出该地区在草原生态保护方面的投入力度。除以上两类草原资源处，比如改良草地、草种基地等，可全部划分为其他类型。

同时，在实物量表中可以将关于草原资源的影响因素大致分为两类：一种是自然环境条件对于草原生态环境的影响，比如土壤的干旱、地区的降雨量、大气蒸发量以及土壤中的养分状况等，这些自然环境的变动是导致草原资源的增减变动的主要因素；另一种则是人为因素对于草原生态环境的影响，包括草原的放牧、畜牧，草原草地的种植以及人为保护草原、破坏草原资源等影响因素；这些因素影响了草原资源资产数量及价值的变动。例如，过度放牧、城乡区域扩张建设、开垦荒地、自然资源矿产开发、旅游项目开发等行为，都会大幅度地征占草原环境、开发利用草原资源，从而导致草原面积的减少、造成草原生态的破坏。

草原资源的价值量表反映草原资源价值的变动情况以及应付的草原恢复费等，不同类型的草原价值大小是不同的。

（2）运用环境重置成本法进行价值量计算。

第二阶段，就是对草原资源资产进行价值量核算。对草原资源的自然生态环境价值以及对草原资源的自然资源资产负债价值量的核算，可以通过运用环境重置成本法来进行价值量计算，可以构建出草原资源资产价值量的三层成本计量模式。

其主要分析思路是以恢复退化草地的生产力为基础，以草地的质量和产草量为标准，对于草原资源的自然资源资产负债表的价值量核算，可以将计量模式分为三层结构（杨阳，2015）：

第一层为治理草原沙化、退化面积所需要的费用等成本，定义为草原生态环境的恢复层成本，或者称之为治理层成本。主要包括因治理草原而采取的围栏封育、灭鼠以及补播禾草等行为和措施所产生或消耗的费用。

第二层为因草原生态环境而购买一些设备、设施等监测草原成本和开展宣传等工作的成本，定义为草原生态环境的维护层成本。即在对草原生态环境进行维护、监管，还有对草原控制载畜量和因草原生态移民所产生的成本。即在控制草原载畜量的同时，还要对草原农牧民的生活给予一定的补偿成本。因为，一般在进行自然生态环境恢复的过程中必然会引起机会成本，例如为了获得草原的生态服务价值和生态服务功能，以获得草原生态价值或草原生态产品价值；必须通过围栏封育等措施来控制草地的产草量和质量，需要减少来自当地因草原而发展的采矿业和旅游业收入的成本。

第三层为草原生态价值体现与草原生态产业以及未来因草原生态可持续发展等所产生的成本，定义为草原生态环境的战略层成本。因为通常为了恢复退化沙化的草地草原、提高草地质量和草原产草量，都会采用一些像围栏封育的措施。而这些措施必然会对草原资源所衍生的生态旅游业、农业畜牧业、采矿业等行业造成影响。其影响主要表现在以下几个方面：一方面，这会使得草原生态旅游业、草原生态产业以及周边的各大景点景区、各旅行社的经济效益出现亏损；主要包括草原生态旅游景点景区周围的各类商店、餐馆的收入，来自全国各地的旅游者、顾客的消费支出等都会大幅减少。另一方面，如果禁止采矿公司在该地区草原的自然生态环境范围内进行开采，还会导致该采矿业的收入降低等多方面影响；这都大大地制约了当地经济的整体有序、快速平稳、健康向上的发展。

所以，通过环境重置成本法可以有效地将草原资源的自然资源资产价值量进行核算计量，并列入草原资源的自然资源资产负债表价值量表。其作为确定草原资源的自然资源资产价值量核算与计量的有效方法，具有一定的科学性与合理性。

（3）确定出草原资源的自然资源资产负债表。

第三阶段，根据实物量表与价值量表，从而确定出草原资源资产负债表。在编制草原资源资产负债表的实物量表方面，也需要确定出期初的草原面积、明确出草原资源的实际存量，以便通过科学的手段来获得准确数据；在编制草原资源资产负债表的价值量表方面，还需要大量、全面的搜集草原资源所需要的各类基础性数据，这主要是从国家林业和草原局、农业农村部、自然资源部、生态环境部等政府相关部门来获得这些更全面的草原资源存量数据与信息。

最后，通过对草原资源资产负债表进行核验，以检验在编制过程中关于草原资源的各类数据填列口径是否一致、草原资源的自然资源资产价值估算方法是否有效以及草原资源资产负债表是否能够试算平衡等，为开展领导干部草原资源资产离任审计工作打好坚实基础。

2. 确定审计依据，根据审计依据选择审计评价方法。

（1）领导干部草原资源资产离任审计依据。审计依据是审计人员在审计过程中用来衡量被审计事项是非优劣的准绳；更是审计人员提出审计意见、做出审计决定的重要准绳与衡量标准。而开展领导干部草原资源资产离任审计工作的审计依据，可按不同标准进行分类，不同种类的离任审计依据又有着不同的用途。

如果按审计依据来源的渠道分类，主要包括以下几种分类：

一是外部制定的审计依据。包括国家制定的关于草原生态发展、草原建设、草原保护的法律、法规、条例、政策、制度；地方政府、上级主管部门颁发的关于草原生态发展、草原建设、草原保护的规章制度和下达的关于草原生态发展、草原建设、草原保护的通知、指示文件等；以及一些涉外的被审事项，所引国际惯例的条约等。

二是内部制定的审计依据。比如被审计单位所制定的关于草原生态资源经营的方针、任务目标、计划预算、各种定额、经济合同、各项指标和草原资源管理的各项规章制度等。

如果按审计依据性质的内容分类，主要包括以下几种分类：

一是关于草原生态发展、草原建设、草原保护的法律、法规，以及国务院各部委根据法律和国务院的行政法规制定的规章制度；省、自治区、直辖市根据法律和国务院的行政法规制订的规章制度；被审单位上级主管部门和被审计单位内部制订的各种规章制度等。法律是国家立法机关依照立法程序制定和颁布，由国家强制保证执行的行为规范总称，法规是由国家行政机关制定的各种法令、条例、规定等。比如全国人民代表大会及其常务委员会于1985年6月18日发布的《中华人民共和国草原法》；还有就是国务院办公厅于2002年09月16日发布的《国务院关于加强草原保护与建设的若干意见》；以及各省相继出台的符合当地省情的各省草原条例，如2005年8月19日，黑龙江省第十届人大常委会第十六次会议通过的《黑龙江省草原条例》等。

二是关于草原资源保护、利用方面的预算、计划，以及相关合同与业务规范、技术经济标准等。如国家机关、事业单位编制的草原财政经费预算，企业单位对于草原资源使用制定的各种经济计划，被审单位与其他单位签订的各种经济合同等。还包括人员配备的定额、工作质量标准、原材料消耗定额、工时定额、能源消耗定额、设备利用定额等。此外，还有国家制定的等级企业标准、优秀企业的管理条例等。

（2）领导干部草原资源资产离任审计评价方法。领导干部草原资源资产离任审计的长远目标，是监督和检查出违反国家法律法规开发和利用草原资源的行为，更好地督促领导干部在其任期内正确履行好在所管辖范围内的草原资源的管理职责；具体目标是依法、合理、高效地利用各类草原自然资源，加快推进草原生态文明建设，完善并促进国家对于草原自然资源的各项资产保护、开发以及利用和管理等制度落实，实现社会农林牧草业经济的整体健康和可持续发展，以维护国家整体生态安全为目标，为实现全面建成小康社会、实现中华民族伟大复兴的中国梦而努力奋斗。

当前，在进入新时代、全球经济一体化、经济多元化大发展的背景下，人类对于地球自然资源的大肆开发与掠夺式夺取资源等行为，所带来的生态环境修复保护与维护治理问题也正逐渐凸显出来。尤其是对于全球气候环境和大气循环来说，草原是具有十分重要意义与生态平衡的自然资源。通过对领导干部开展草原资源资产离任审计的绩效评价指标体系研究，探索建立一个对领导干部开展草原资源资产离任审计的绩效评价指标体系，能有效评价草原资源资产离任审计工作的完成与效率情况，对草原生态建设都具有十分重要的意义。同时，还可以采用基于领导干部自然资源资产离任审计目标的政府绩效审计模式。而政府绩效审计作为我国自然资源与生态环境监督与管理的重要方面和发展趋势，对更好地开展领导干部草原资源资产的离任审计工作也起着至关重要的作用。

3. 选择审计评价指标体系。

（1）筛选评价指标。根据草原资源特征以及草原资源的实物量与价值量的变动情况，对领导干部草原资源资产的离任审计主要可以将草原资源发生三化的面积、草原生长能力、对草原资源的建设投入以及草原征占用等变动情况作为其评价指标（刘宇晨、王振铎等，2018）。

草原资源三化面积是指草原资源发生退化、沙化以及盐碱化的面积增加额。评价的具体指标主要为草原发生三化的增长率；采用的审计方法主要为比较法，对比领导干部在任期间与上任之前所管辖草原资源三化面积的变化，来直观的评价草原资源的生态环境是否发生退化、破坏等情况。

评价草原资源生长能力最常用的指标，即每年在7—8月的草原高产期测算的草原牧草的高度、覆盖度以及干草的产量。另外，自然环境以及生态气候情况对于草原资源的生长能力也有较大影响，其中大气降雨量是其中最重要的影响因素。雨水较好的年份相应的草地生长能力较强；相反，其生长能力较弱。

超载率、人工草地建设完成率、鼠虫害防治率以及草原火灾受损率等指标也可以直观地评价草原资源建设投入情况。草原征占用是草原资源资产离任审计的重要组成部分之一。主要由自然资源部门与生态环境部门对领导干部在任期间的草原征占用项目逐一进行核对并加以汇总得出草原占用总面积来进行评价。

（2）构建评价指标体系。领导干部草原资源资产离任审计的评价指标体系没有一个统一的标准，根据对草原资源资产离任审计的研究现状分析，离任审计的评价指标体系在不同的性质方面有多种分类。但是，其评价指标体系主要集中在对草原生态的相关政策落实情况、财务收支情况、保护和开发利用情况和促进生态发展情等况。关于领导干部草原资源资产离任审计评价指标体系可以由战略目标层、具体目标层以及具体指标层三个层次六个方面构成。

第一，草原资源资产离任审计的战略目标评价。从国家层面来说，开展草原资源资产离任审计的审计主体是国家审计机关与各级政府的审计机构。国家肩负着对各级领导干部在草原环境政策方面的执行情况、资金使用的合规与绩效性、草原资源资产的管理情况以及探索草原资源资产负债表的编制情况进行审计的义务和责任。所以对草原资源资产离任审计绩效的评价就是衡量审计机关在开展审计过程中是否遵循经济性、效率性、效果性的原则，从而实现了“投入”“产出”“结果”之间的相互关系。

第二，草原资源资产离任审计的具体目标评价。开展草原资源资产离任审计的主要目的是为了监督领导干部在草原资源资产方面是否树立正确的政绩观和发展观，以及强化领导干部节约利用并有效保护草原资源资产的意识，推动草原生态环境损害责任终身追究制的建立，努力实现草原生态环境可持续发展。对于在草原资源资产离任审计中查出的包括有问题的干部人数、查出的违规金额、移送司法监察部门的数量等，可以作为评价审计人员在草原资源资产离任审计的全过程中，是否在遵循经济性、效率性、效果性原则的基础上，全面客观地对领导干部在任期间草原资源资产的监管职责履行情况进行监督评价的标准。

第三，草原资源资产离任审计的具体指标评价。首先，根据党和国家贯彻的“绿水青山就是金山银山”重要理念，草原生态健康发展在我国生态文明建设中起到不可获取的重要作用。通过从节能减排的角度衡量科技创新给草原生态环境保护带来的影响，得出只有通过大力发展草原绿色产业，才可以在草原资源问题日益突出的时候突破资源环境瓶颈，促进经济可持续发展。

第四，草原资源资产离任审计不仅要关注草原资源的使用情况，也要评价因过度使用草原资源所造成的环境恶化、生态系统遭破坏等一系列问题。领导干部可以通过建立一套草原生态环境监测体系，对一些已经发生的草原环境突出问题，做到尽量减少其对草原生态的破坏，同时还要做到及时修复与治理，以提高草原资源的利用效率。

第五，要评价对草原资源资产资金的管理和使用情况，领导干部在其任期内对草原资源资产资金的预算管理、投资情况、投资效益情况、是否专款专用负有直接责任。审计工作可以有效监督资金的使用状况，评价领导干部是否存在违纪和为己谋利等问题。

第六，就是评价政策的落实情况，关于草原资源的政策是草原生态建设的后续工作基础和发展方向；好的政策落实与否直接关系到草原资源资产和草原生态环境的保护情况。只有政策符合草原资源管理和保护的相关要求，才能保证草原环境保护、草原资源治理开发、草原绿色发展等的有效开展。

表 9 -2 所示为 × ×地区领导干部草原资源资产离任审计评价指标体系。

表 9－2　××地区领导干部草原资源资产离任审计评价指标体系

<table>
<tr><th>项目</th><th>内容</th><th>数据来源</th><th>评价指标</th><th>审计方法</th></tr>
<tr><td rowspan="3">草原三化情况</td><td>退化</td><td rowspan="3">国家林业和草原部门</td><td>退化率</td><td rowspan="3">比较法</td></tr>
<tr><td>沙化</td><td>沙化率</td></tr>
<tr><td>盐碱化</td><td>盐碱化率</td></tr>
<tr><td rowspan="4">生长能力</td><td>高度</td><td rowspan="3">国家草原资源与生态监测机构</td><td rowspan="3">—</td><td rowspan="3">比较法</td></tr>
<tr><td>盖度</td></tr>
<tr><td>干草产量</td></tr>
<tr><td>草蓄平衡</td><td rowspan="4">林业和草原局
草原资源与生态监测站</td><td>超载率</td><td rowspan="4">审阅法
抽查法</td></tr>
<tr><td rowspan="3">草原保护建设</td><td>人工草地建设</td><td rowspan="3">人工草地建设完成率
鼠虫害防治率
草原受损率</td></tr>
<tr><td>鼠虫害防治</td></tr>
<tr><td>草原防火</td></tr>
<tr><td rowspan="8">草原征用或占用</td><td>工矿占用</td><td rowspan="8">自然资源部门
林业和草原部门
生态环境部门</td><td rowspan="8">违规占用率</td><td rowspan="8">审阅法
抽查法
盘点法
实地调查法</td></tr>
<tr><td>城市建设占用</td></tr>
<tr><td>交通设施占用</td></tr>
<tr><td>风机电力设施占用</td></tr>
<tr><td>农业用地占用</td></tr>
<tr><td>林业用地占用</td></tr>
<tr><td>旅游开发占用</td></tr>
<tr><td>临时征占用</td></tr>
</table>

（二）评价审计结果，运用审计评价得出审计结论

领导干部草原资源资产离任审计的审计评价，是审计机关根据离任审计的结果，依照法律法规和有关制度，对领导干部一定任期内履行草原资源管理、利用和保护等履职责任的情况发表审计意见。评价的内容主要包括以下几个方面：

第一，评价对领导干部关于草原资源在财政税收以及草原财务收支等方面的信息真实性与完整性实施的离任审计监督情况。保证草原资源的会计信息真实可靠，是领导干部对草原资源资产管理应负有的职责，还是审计检查

的基础，也是离任审计评价工作重要内容之一。只有在财政税收、财务收支和会计信息真实性的基础上进行的草原资源资产离任审计评价才是有效、可靠、可信的。

第二，要评价对领导干部关于草原资源在各项合理开发、利用保护等方面的合规性、合法性实施的离任审计监督情况。通过开展对领导干部草原自然资源资产的离任审计，评价和揭示被审计领导干部在草原资源资产保护、管理和利用等方面存在的相关责任履行情况。一切关于草原生态的自然资源与生态环境管理活动必须置于国家法律、法规范围之内。如果出现任何违法违规行为，领导干部都负有不可推卸的主要责任和法律责任。所以，领导干部草原资源资产离任审计不仅要评价关于草原的钱花得好不好，还要评价其关于草原生态环境方面有无违规违纪行为。

第三，评价领导干部在任期内，草原自然资源资产作为国有资产是否保值增值。国有资产是否保值增值是衡量领导干部政绩的一项重要量化指标，草原资源作为国有资产的一部分，实现保值增值是其发展的目标之一。因领导干部随意拍板、盲目投资、违规操作等行为造成草原资源资产损失的，必须追究其法律责任；属于财务收支与管理方面的问题，应以帮助规范为主，提出草原资源管理意见及建议。

第四，还要评价对领导干部在重大草原生态文明决策的规范性、合理性和效益性方面实施的离任审计监督情况。领导干部对于草原生态环境与草原自然资源的决策正确与否，直接关系着国家和人民的根本利益，关系到党和国家廉政建设，国家治理能力体系与国家治理能力的现代化发展。在看似失误的背后，往往隐藏着领导干部滥用职权的行为。因此，对领导干部在草原自然资源资产方面进行具体决策行为的评价，是对领导干部草原自然资源资产的离任审计不可缺少的一项重要内容。

第五，还要评价领导干部是否存在短期行为。主要评价对领导干部关于草原生态文明建设的决策，尤其是关于草原生态环境与草原自然资源等方面实施的离任审计监督情况，是否兼顾国家、集体、个人三者利益，是否兼顾长远利益与眼前利益，是否兼顾全局利益与局部利益，做不到这几个兼顾就是短期行为。

对于中央和国有企业的领导干部进行草原资源资产的离任审计评价时，还应关注以下几个方面：一是企业对于草原生态发展建设的主要经济指标、工作目标完成情况；二是草原资源资产的保值增值情况；三是草原资源的资产、负债、所有者权益真实性、合法性；四是财务管理制度建立健全及执行情况；五是关于草原生态的重大技改、建设项目决策、资金来源、项目招投标及项目效益情况；六是草原资产的长期投资决策、管理及投资收益情况；七是草原资产的重大融资、担保决策及资金使用效益情况；八是任期内企业改制、国有产权转让、重大资产处置、坏账核销决策情况；大宗、批量物资采购情况；九是企业对草原生态环境的保护和投入情况等。

第四节　领导干部草原资源资产离任审计评价

一、审计评价

审计评价是对审计对象所进行的综合性鉴定，从而判断其是非好坏及其预后措施等一系列活动。审计部门对被审单位的财政、财务收支等有关经济活动，按照审计依据和审计标准，经过分析、取证与综合，最后提出审计结论和决定、意见或建议的一个总结性的论证过程。审计评价是审计实施中最根本、最活跃、最积极的因素，它不仅是反映审计客体（审计对象）是否符合审计标准，即有无错弊和效益及其程度；同时也是检验审计主体（审计者）是否按照审计原则和标准的质量强度和素质高低。所以，它被认为是一切审计价值的最终体现。

2004 年 2 月 10 日，审计署发布的《中华人民共和国审计署 6 号令》通过的《审计机关审计项目质量控制办法（试行）》文件中说明了审计机关审计重要性与审计风险评价准则、审计机关分析性复核准则、审计机关内部控制测评准则、审计机关审计抽样准则、审计机关审计事项评价准则。其中，指出审计评价要围绕被审计单位的财政收支、财务收支的真实性、合法性和效益性三个方面进行评价。同时，在对领导干部开展自然资源资产离任审计的审计报告中，还要对被审计对象在内控与风险管理制度、重大生态决策、生态文明建设和管理水平等方面进行评价；对任期内单位存在的违规违纪等问题，领导干部应承担的主管责任和直接责任进行合理的划分，明确责任。

二、审计评价的方法

根据对领导干部自然资源资产离任审计的主要内容，主要针对真实、有效、合法三方面来进行评价。真实性评价方法，主要针对被审计领导干部所在单位用于自然资源资产方面的财政财务收支（或资产负债、损益）真实性问题所采用的评价方法。在实际评价中，往往对被审计单位所提供的会计资料进行真实性评价。合法性评价方法，主要是针对被审计领导干部所在单位用于自然资源资产方面的财政财务收支（或资产、负债、损益）合法性问题所采用的评价方法。

对于自然资源资产的财政财务收支的合法性，可分为合法、基本合法、有违法行为和有严重违法行为四个方面。而有效性评价方法，主要是针对被审计领导干部所在单位用于自然资源资产方面的财政财务收支工作目标（或资产、负债、损益等与目标责任制有关的各项评价指标）完成情况有效性问题所采用的评价方法。如果以任期目标作为衡量标准，一般可将有效性评价分为超过目标、达到目标和未达到目标。

三、领导干部草原资源资产离任审计评价

（一）评价草原资源的利用状况

在审计时，着重关注草原资源发生退化、沙化以及盐碱化的面积增加额的增长率，采用的审计评价方法即比较法，对比领导干部在任期间与上任之前其所管辖的草原资源发生退化、沙化以及盐碱化的面积的变化，来直观的评价草原资源是否发生退化。

（二）评价草原资源建设投入情况

在评价领导干部在其任期内的草原资源建设投入情况方面，最常用的方法以及最直接可以获得的指标即牧草超载率、人工草地建设完成率、鼠虫害防治率以及草原火灾受损率。2005 年 1 月 19 日，原农业部发布了关于《草畜平衡管理办法》，自 2005 年 3 月 1 日起我国开始实行以草定畜，而超载过牧是造成草原退化的重要原因之一。

领导干部在任期间的该地区草原超载率是衡量领导干部草原资源资产责任和草畜平衡执行情况的重要指标。人工草地的建设是缓解天然草地超载过牧的主要方法之一，合理的建设人工草地不仅可以消减天然草地的承载压力，而且能够降低牧区畜牧业生产经营饲草料外购成本，提高牧民的畜牧业纯收入。

（三）评价领导干部开展草原工作的工作业绩

通过各级林业和草原主管部门、生态环境主管部门、自然资源主管部门，对该地区领导干部在任期内对其所管辖地区的有关草原资源改革、建设和发展过程中的工作实绩考核指标，来评价领导干部在草原自然资源资产方面的工作绩效。通过了解该地区是否成立相应的草原资源与生态环境保护的专门组织机构，评价领导干部是否注重草原保护能力建设，是否形成草原保护、开发和利用的长效机制。

同时，还应了解当地草原旅游业收入水平，当地居民生活情况等指标，评价草原资源是否具有生态价值，并对社会产生贡献。草原生态系统可以通过转换衍生出各类产品，以满足人们的各类需求。评价领导干部的一系列政策和决策，评估其对草原资源实行严格保护和限制开发，使草原的生态资源得到合理利用，使草原生态资源能够长期并可持续的发挥作用。

第十章

领导干部海洋资源资产离任审计

第一节 我国海洋资源利用与海洋污染治理

一、海洋资源

（一）海洋资源的概念

海洋资源属于自然资源，具有自然资源的一切属性和特征，由于海洋资源丰富多样、用途广泛，目前对海洋资源尚无统一的分类标准，尚未形成完善的、公认的分类方案。按照自然资源的分类标准，根据海洋资源的属性和用途，把海洋资源分为海洋生物资源、海洋矿产资源、海洋能资源、海水及水化学资源、海洋旅游资源、海洋空间资源等六大类，每个类别都可以进一步细分。

海洋资源的形成和分布符合一定的自然规律，熟悉海洋资源的分布是开发利用海洋资源的前提和基础，从海岸向大洋方向延伸，海底地形大致可分为大陆边缘、大洋盆地、大洋中脊。大陆边缘是指大陆与海洋连接的边缘地带，由大陆架、大陆坡、大陆隆等部分组成。大洋盆地位于大陆边缘和大洋中脊之间，地形广阔平坦，几乎没有大的坡度，较为平缓，是海洋的主体部分，大洋中脊是大洋底部的山脉或隆起，占海洋总面积的 32.7%。海洋生物资源、海洋能资源、海水与水化学资源分布于整个海洋海水水体中，其中海洋生物资源以大陆架的海床和海水水体为主；海洋旅游资源和海洋空间资源分布于从各海洋海水表层到海底底床的整个空间领域；海洋矿产资源主要分布于大陆架和大洋海底。

（二）我国的海洋资源状况与现状

我国东临四海，从北到南依次是渤海、黄海、东海和南海，内海及边海水域面积有 470 多万平方公里，沿海包括台湾岛、海南岛及钓鱼岛等多个大小岛屿。我国大陆海岸线从辽宁丹东的鸭绿江口为北起点，南至广西防城港北仑河口，全长约 1.94 万公里，岛屿海岸线累计长度约 1.31 万公里。陆地与岛屿海岸线之和约为 3.24 万公里。2018 年，经过初步核算全国海洋生产总值 83 415 亿元，海洋生产总值占国内生产总值的比重为 9.3%。2018 年，全国涉海就业人员 3 684 万人。滨海旅游业、海洋交通运输业和海洋渔业依旧是海洋经济发展的支柱产业，海洋生物医药业、海洋电力业等新兴产业增速领先。应当说沿海区域与海洋经济的发展已经成为影响我国国民经济整体走势的关键因素，海洋产业结构的升级与高新技术产业的壮大则表明我国海洋经济发展日趋合理，正不断向海洋经济强国迈进。但从生态环境方面来讲，2018 年我国沿海 11 省市的电力消耗占全国电力消耗总量的 51.88%，工业废气排放量占全国工业废气排放总量的 50% 左右，工业废水排放量占全国工业废水排放总量的 60% 左右，其能源消耗与废弃物排放都已经对资源生态环境产生了较大压力。根据《2018 年中国海洋环境质量公报》显示，受沿海地区废水排放与资源过度开发的影响，近岸海洋生态系统面临的严重生态问题包括生境丧失、环境污染、生物多样性低、生物入侵等，处于亚健康和不健康状态的海洋生态系统占 80%，全海域全年发生赤潮 68 次，累计面积约 3 679 平方公里。海水入侵和土壤盐渍化依旧严重，并有加重趋势。区域海洋经济在迅速发展的同时也给沿海地区的生态资源环境尤其是海洋生态环境带来了较大的影响与副作用，海洋生态环境不断恶化、生态资源日益匮乏，对沿海地区海洋生态、经济、社会的可持续发展造成了巨大的威胁。

二、我国对海洋资源的利用

（一）我国海洋资源的利用状况

我国属于海洋大国，拥有众多海洋资源，包括海洋生物资源，海洋油气资源，海洋矿产资源，滨海砂矿资源，海岸土地资源，滨海旅游资源等。海洋资源对国民经济的贡献越来越多。2018 年，全国海洋生产总值 83 415 亿元，海洋生产总值占国内生产总值的比重为 9.3%，但是我国海洋经济发展仍然处于粗放型发展阶段，海洋第一产业中传统的海洋捕捞业仍占主要地位，代表高新技术的未来海洋产业如海洋医药、海水淡化、海水利用等有些仍然处于试验阶段，对我国海洋经济的贡献有限。我国海洋水产大省主要有山东、福建、浙江、广东、辽宁，上述 5 省的海洋水产产量占了我国极大比例。上海和广东的海洋交通运输业营运收入远高于其他省份，我国海洋石油天然气生产主要集中在广东、山东、辽宁、天津沿海，其中广东占比最大，滨海海外旅游主要集中在广东、上海、福建、浙江。盐业大省主要有山东、河北、辽宁、天津、江苏。

（二）我国海洋资源利用困境

1. 海洋资源退化。我国海洋资源的状况是发展海洋经济的基础，我国拥有丰富的海洋资源，但由于过度追求经济利益，导致海洋资源开发过度，造成资源衰退情况，海洋生物资源衰退、海洋矿产资源衰退、海洋空间资源衰退。海洋资源退化主要有：首先在海洋生物资源中，海洋渔业资源退化问题严重，由于过度捕捞、环境污染、海洋灾害、渔业管理体制不完善、海滩围垦破坏、水利和海洋工程对海洋生态的破坏等，我国捕捞资源衰退严重，主要表现在优质鱼类越来越少，传统鱼类小型化、渔获量急剧下降，近海和江河入海处的鱼虾蟹类洄游、栖息和产卵繁育幼体的天然场所遭到破坏。其次是海岸和海域空间资源不合理利用严重。沿海地区不合理开发导致海岸和海域空间资源浪费、破坏、丧失，主要有围填海造地使滨海湿地丧失，局部海湾面积减少、海岸线缩短。海洋空间资源开发的广度和深度不够造成资源浪费。海洋资源开发利用程度低，滨海旅游资源利用率低，海水直接利用规模小，海洋岛屿和陆域腹地开发被忽略。由于滨海旅游资源开发利用程度低导致游客季节性集中程度高，对旅游环境造成了极大压力。再次，在海洋矿产资源开发利用不当。滨海砂矿资源是我国基建原材料的重要来源。大量海沙开采、使得海岸环境被破坏，导致海水入侵，海岸侵蚀等。并且我国滨海砂矿仅仅是水上露天开采，水下采矿较少，机械化程度低。并且选矿技术落后使得生产效率不高，有用矿产物回收能力差，综合利用程度低，这些都造成了滨海砂矿资源浪费和环境破坏。

2. 海洋生态环境恶化。目前，我国海洋生态环境恶化主要表现在近海环境质量恶化、海洋灾害频繁等方面。首先是近海海洋环境恶化严重。近年来，我国海洋环境污染的状况在政府和各界人士的作用下已有所缓解，但是污染仍然十分严重。主要是近岸海域生物受到污染，陆地污染物排放严重，2017 年国家海洋局组织对陆源污染源的排查，发现全国共有陆源入海污染源 9 600 多个，大量入海排污口设置不合理，赤潮多发，海洋垃圾和微塑料数量多。据《中国海湾志》统计，我国面积在 5 平方公里以上海湾 200 个，其中面积大于 10 平方公里的海湾有 150 多个。大规模围填海活动，导致海湾数量减少，湾体缩小和纳潮量减少等。同时，入海淡水量减少、水质下降，营养盐收支失衡，海洋生物物种减少或灭绝，水产品质量下降，产量严重减少。污染海域主要分布在渤海湾、江苏近岸、长江口、杭州湾、珠江口等。其中渤海湾污染程度最高。海洋水体的污染破坏了生物的成长环境，使得海产品质量大幅下降，直接影响了海洋渔业的发展，并且对滨海旅游业发展也产生了不小的影响。其次是海洋灾害频繁。我国每年海洋灾害发生频繁，造成经济损失和人员伤亡严重。目前，我国主要海洋灾害有风暴潮、海浪、海冰、马尾藻爆发和海岸侵蚀等。近年来，造成直接经济损失最严重的是风暴潮灾害，2017 年，风暴潮灾害占总直接经济损失的 87%，造成死亡（含失踪）人数最多的是海浪灾害，占总死亡（含失踪）人数的 65%。赤潮对海洋渔业、海产品加工业的影响直接。当大面积赤潮爆发时，生物不能迅速适应海洋生态环境的急剧变化，从而生长缓慢或停滞甚至大量死亡，并且当海洋环境发生灾害性变化时，海水具有毒性，海洋生物大量死亡，滨海旅游资源也会受到影响。2017 年我国管辖海域共发现赤潮 68 次，累计面积约 3 679

平方公里，东海发现赤潮次数最多，为 40 次，累计面积最大，为 2 189 平方公里。渤海滨海地区海水入侵和土壤盐渍化严重，主要盐渍化类型为硫酸盐型和硫酸盐—氯化物型盐土；黄海和东海滨海地区土壤盐渍化范围保持稳定甚至有所减少，南海滨海地区广西北海监测区土壤含盐量略有上升，盐渍化范围稍微扩大。由于开展海岸整治修复和人工护岸修建，2017 年砂质海岸侵蚀长度有所减少，但局部海岸侵蚀加重。

3. 海洋权益形势严峻。目前，我国部分沿海海域与周边国家存在复杂的海洋权益争议，如海域划界纷争、岛屿被侵占、海洋资源被掠夺、海上航道安全受到威胁等对我国海洋开发活动造成了严重影响。首先是海域问题。我国四大海区除渤海是内海没有与邻国纷争外，其他三个海区都与日本、朝鲜、韩国、越南、文莱、菲律宾、印度尼西亚和马来西亚等邻国存在划界争端。在南海海域，按照我国的南海断续国界线划界，则我国同菲律宾、越南、印度尼西亚和马来西亚所划的管辖海域有高达 80 万平方公里的重叠区。在东海海域，若按照日本和韩国的划界主张，中国与日本、韩国在东海有近 30 万平方公里的重叠海域。在黄海海域，中朝存在 3 000 多平方公里的争议区，中韩存在 6 万平方公里的争议区。其次是岛屿侵占、资源问题。我国南沙群岛被周边国家分割侵占、资源被掠夺，钓鱼岛被日本长期占有。越南侵占 29 个岛屿，菲律宾侵占 9 个岛屿，马来西亚侵占 5 个岛礁。南沙海域有 8 个大中型盆地石油资源总量 235 亿吨，天然气资源量 10 万亿立方米，总面积为 37. 9 万平方公里，其中在我国“断续疆界线”以内的面积有 26. 9 万平方公里。而越南、印度尼西亚、马来西亚、文莱、菲律宾自 20 世纪 70 年代，就在南沙海域积极进行勘探开发活动。目前，在南海断续线内的海域，约有 10 多个国家的 100 多个公司从事油气开采，每年开采的石油和天然气约有 3 000万吨，但是没有我国的公司和油井。由于我国与南海周边国家、地区的争议长期得不到解决，因此南海周边国家争夺、蚕食我国海上石油资源事件时有发生，严重阻碍了我国向这些海域做进一步的勘探开发工作。最后是海上航道安全问题。我国在国际海域的主要海上航线有：在中东地区：波斯湾→霍尔木兹海峡→马六甲海峡→台湾海峡→我国沿海港口；在非洲（西非）：好望角→马六甲海峡→我国沿海港口；在非洲（东非）：马六甲海峡→我国沿海港口；在非洲

(北非)：地中海→直布罗陀海峡→好望角→马六甲海峡→我国沿海港口；在东南亚地区：马六甲海峡→台湾海峡→我国沿海港口。这些海上航线都集中在阿拉伯海、印度洋、马六甲海峡、南中国海和台湾海峡一线，几乎都在别国的掌控之中。一旦在这些海域爆发国际冲突，不仅会对我国石油等战略物资的安全造成威胁，同时会影响我国海洋经济（主要是海洋交通运输业）的发展。

4. 海洋产业空间结构缺乏系统性。海洋产业空间结构又叫海洋产业布局，是指海洋产业各部门在海洋空间内的分布和组合形态。海洋产业结构与海洋产业布局之间相互作用，共同影响着海洋经济的增长。目前，我国海洋第一产业主要集中在辽东半岛、胶东半岛以及浙江至广东岸段；海洋第二产业80%以上集中于大连—锦州、天津、东营—烟台—青岛、长江三角洲、珠江三角洲等岸段，而且主要集中在特大城市和大城市的市区，市区以外的滨海工业则比较薄弱，这种空间布局结构不利于海洋经济的全面均衡发展。主要表现为：一是不同行业用海矛盾突出。旅游、海水养殖、盐业、港口、临海工业、自然保护区等用海类型均具有排他性。目前我国沿海地区海洋开发活动主要在近岸海域，不同行业在分配使用岸线、滩涂和浅海方面的矛盾日益加剧，如渔业、盐业、农垦、苇田争占滩涂的矛盾一直存在，盐业、渔业、石油勘探开发、海港和航道建设相互影响的问题仍很突出。沿海港口吞吐能力过剩，利用效能较低。我国沿海分布着各种不同类型的港口150多个。数据显示，2017年全国沿海港口生产用码头泊位5 830个，全国港口拥有万吨级泊位2 366个。二是海洋资源过度开发与开发不足。由于我国海洋资源基础、地区经济实力、开发管理力度等差异，沿海地区海洋经济发展省际差异明显，产业地理集中度高。海洋经济和海洋产业的地理集中，导致部分地区海洋资源开发利用过度，而部分地区海洋资源却处于闲置状态。如秦皇岛市浅海筏式养殖发展迅速，而唐山近岸浅海宜养海域才开始发展。三是海洋产业体系的空间布局趋同，缺乏系统性。虽然我国海洋经济区域布局取得了重要进展，但是区域分工体系仍然不完善、协调配合不够、存在无序竞争等问题，如青岛港、大连港和天津港争夺北方国际航运中心的地位已有多年，为此各个港口都加大了对新型集装箱码头、大型原油码头和矿石码头的建设力度，促使竞争不断升级。在同省各处滨海旅游度假区中，由于所依托的滨海旅游资源类似，产品相似，导致旅游企业恶性竞争，产品品质质量下降，形象受损，旅游资源与环境遭到破坏。

三、我国海洋资源发展对策

（一）我国海洋资源发展重要性

“十一五”到“十三五”经济社会发展规划纲要，都对海洋发展做出了重大部署：强化海洋意识，维护海洋权益，保护海洋生态，开发海洋资源，实施海洋综合管理，促进海洋经济发展；科学规划海洋经济发展、合理利用海洋资源、加强海洋基础性、前瞻性、关键性技术研发和深化港口岸线资源整合和优化港口布局；发展海洋经济，科学开发海洋资源，保护海洋生态环境，维护海洋权益，建设海洋强国。新时期，海洋区位优势和海洋资源优势地位将更加凸显。由于海洋环境与陆地环境的不同，使得海洋一旦被污染，即使采取措施，其危害也难以在短时间内消除，由于污染治理花费的长时间，复杂的技术，高难度，高投资，效果不良等因素使得我国在海洋生态环境治理中采取以预防为主，防治结合，合理开发，综合利用的基本策略。在海洋环境保护执法检查中以生态质量“只能更好、不能变坏”为责任底线。

（二）出台的政策与措施

1. 2010 年 5 月，财政部经济建设司、原国家海洋局财务司联合印发《关于组织申报 2010 年度中央分成海域使用金支出项目的通知》，通过中央分成海域使用金支持地方实施海域、海岛和海岸带整治修复项目，自此我国海洋生态保护修复工作正式启动。自 2012 年起，中央设立海岛保护专项基金，支持地方实施海岛生态修复示范与领海基点保护试点项目。

2. 2015 年，国务院批准发布《全国海洋主体功能区规划》，到 2020 年主体功能区布局基本形成时，我国将形成“一带九区多点”海洋开发格局、“一带一链多点”海洋生态安全格局，以传统渔场和海水养殖区等为主的海洋水产品保障格局，储近用远的海洋油气资源开发格局。这对我国实施海洋强国战略和增强海洋可持续发展能力具有重要贡献。

3. 2016 年，在习近平总书记和柬埔寨首相洪森的见证下，国家海洋局局长与柬埔寨环境部长在金边共同签署了《中华人民共和国国家海洋局与柬埔寨王国环境部关于海洋领域合作的谅解备忘录》。

4. 党的十六大报告提出“实施海洋开发”的战略部署。

5. 党的十七大报告提出“发展海洋产业”的战略要求。

6. 党的十八大报告首次提出“海洋强国”，其具有重要的现实意义和战略意义：中共十八大报告提出，提高海洋资源开发能力，发展海洋经济，保护海洋生态环境，坚决维护国家海洋权益，建设海洋强国。

7. 党的十八届五中全会开展“开展蓝色海湾的政治行动”的工作部署，中央财政对沿海城市开展“蓝色海湾”整治给予奖补支持，统筹支持地方实施“蓝色海湾”“南红北柳”“生态岛礁”等重大修复工程。为了深入贯彻落实党的十九大关于“加快建设海洋强国”和“增强金融服务实体经济能力”的战略部署，我国提出“金融强海”战略。

8. 2018 年国家海洋局相继与我国一些金融机构签署战略合作协议，助力海洋经济高质量发展。2018 年印发《关于农业政策性金融促进海洋经济发展的意见实施》《关于开展开发性金融促进海洋经济发展试点工作的实施意见》广东、江苏、上海、厦门等多地海洋主管部门与国家开发银行所在地分行签订开发性金融支持海洋经济发展战略合作协议等。

9. 2018 年我国集约用海有了管控技术标准。它填补了海域精细化管理的技术空白，首次建立了普遍适用于全国建设项目用海规模合理性评价标准。我国 2017 年 5 月后的全国建设项目用海均按照该技术成果要求进行相关工作。

第二节　领导干部海洋资源资产离任审计目标

一、海洋资源资产离任审计的总体目标

海洋资源资产离任审计总体目标来源于文件《领导干部自然资源离任审计规定（试行）》，文件将自然资源资产的总体目标分为以下五个方面：一

是地区政策的合规性、合理性；二是政策执行情况是否合法、合理性；三是在这个政策下对环境问题是否得到解决；四是评价、考核领导干部在其任职期间对海洋资源资产的利用效率和效果，审视海洋环境治理和保护责任的落实情况。海洋资源资产离任审计可以促使海洋资源资产经济责任和环境责任融合，将履行相关责任的情况与领导干部、国企高管的奖惩和任免挂钩，促进资源节约型和可持续发展型社会的加速形成。五是评价财政资金的使用效率和使用范围，确保专款专用、专款专人负责、专人审批。

综上所述，自然资源资产离任审计可以促使领导干部自然资源资产经济责任与环境责任相融合，将履行相关责任的情况与各级党政机关领导干部、各类国有企事业单位高级管理层的奖惩和任免情况挂钩，为加快促进我国资源节约型和可持续发展型社会的形成提供强大支撑。

二、海洋资源资产离任审计的具体目标

地方党政领导干部、海洋资源主管部门负责人对辖区内海洋资源管理负有不可推卸的直接责任，应是海洋资源领导干部离任审计的直接责任对象。因而，领导干部海洋资源离任审计的直接目标应将领导干部的行为作为审计活动开展的主线，对受托责任人也就是领导干部海洋资源资产的管理控制行为进行查究。领导干部海洋资源离任审计的具体目标主要涵盖五个方面：

（一）合法合规

对领导干部任期内各项政策的执行是否合法、合理。在对地区政策的合理合规性进行审计时，审计人员应重点关注被审领导干部管辖区域是否根据《中华人民共和国海域使用管理法》《海洋功能区划管理规定》（国海发〔2007〕18号）、《海洋“十三五”规划》等编制了海洋功能区划，是否根据《关于全面建立海洋生态红线制度的意见》《海洋生态红线划定技术指南》划了当地海洋生态红线。

（二）贯彻执行

在对地区政策执行情况进行审计时，如果此地区已经编制了海洋功能区划，则需审查区划是否与土地利用规划、城市规划、港口规划相连接，是否存在不协调、相冲突的问题。对于海洋生态红线问题，是否严格按照当地海洋生态红线进行生产活动。被审地区是否根据《中华人民共和国海域使用管理法》和《围填海计划管理办法》（发改地区〔2011〕2929号）等相关文件进行活动，检查围填海造地年度计划于土地利用年度计划是否衔接，建设用地和农业用地围填海造地计划指标是否混用，有无领导干部擅自批准围填海造地相关项目并导致海洋资源的节约集约利用受到影响等。

（三）查处问题

着力查处海洋资源资产在开发、利用、保护和管理方面存在的领导干部失职、渎职和违法违纪违规问题。

在对被审领导干部管辖区域的政策审计之后，要对与政策相对应的海洋资源资产问题进行审查，检查此类问题是否在政策指导下正确缓解或解决，如检查违法围填海问题在相关文件指示下的整改情况、油气开发用海项目整改情况、围海养殖项目整改情况、渔船电子身份证办理及挂失情况、海洋灾害预警按照应急预案启动应急响应所挽回的损失等。

（四）责任追究

对审计过程中查处的不同性质、不同内容、不同程度的责任进行界定。

对领导干部在其任职期间对海洋资源资产的利用效率和效果、海洋环境治理和保护责任的落实情况等问题进行审查，如检查海洋开发强度、大陆自然海岸线、海岛自然岸线保有率等有无明显变化，被审领导干部任职期间海洋生态环境改变引起的海洋渔业数量和质量的变化，海洋灾害对当地社会经济发展和海洋生态的影响，灾后是否采取及时高效的措施以及对海洋生态的修复工作，被审领导干部任职期间的大型涉海工程对当地社会经济发展和海洋生态的影响以及影响程度，对入海河流污染物的控制是否有效，海洋倾倒量和倾倒种类进行限制后对周边海域的影响，海洋生态红线的监视监测体系的建立对海洋生态的影响。

（五）规范管理

通过海洋资源资产离任审计，促进海洋资源的管理程序规范化，注重社会、经济、资源、环境的协同发展，对审计发现的问题要从根本上剖析其原因，上升到制度层面提出建议，最终为政府的海洋资源政策制定和机制决策提供依据。对财政资金的使用范围和使用效率进行审计，如对涉海项目资金、围填海工程资金、生态修复工程专项资金、水产养殖清洁工程项目、海域使用金等费用的征缴、燃油补贴、各类费用资金减免情况等。

第三节　海洋资源资产离任审计内容、方法与程序的确定

一、总体思路

牢固树立“金山银山不如绿水青山”的理念创新审计思路，开展问题导向审计，从相关责任单位和部门全面了解在资源环境保护方面的好做法和存在的困难，注重从机制体制方面反映存在的问题和不足、有针对性地开展现场审计，加大问题查处力度。强化部门协作、拓宽审计力量。海洋资源资产范围广泛，涉及部门多，在合理调配审计力量的基础上，多途径优化整合审计资源，加强与自然资源部门、水利部门、渔业部门、环保部门等部门之间的联系，为审计提供专业技术支持强化现场勘察力度、加大问题查处力度。在审计进点前审计人员加大对海洋资源资产相关知识的学习，查阅了相关单位的执法台账、有关会议记录、纪要等文件资料，掌握了自然资源资产管理和生态环境保护工作相关的财政、财务、业务以及其他资料，在上述基础上

加大现场踏勘力度，通过现场踏勘发现破坏生态环境的行为。强化审计整改、确保审计成效。在审计过程中注重揭露问题，更加注重审计查处的问题整改，确保被破坏的生态环境得到修复。

二、基本原则

首先是合法性原则。对领导干部海洋资源资产履职履责情况开展和进行审计工作，必须首先坚持以中华人民共和国审计法、海洋法，领导干部自然资源资产离任审计规定等海洋资源的相关法律法规、政策制度为依据进行检查评价，加强对领导干部权力运行的监督和制约。

其次是因地制宜原则。自然资源资产具有鲜明的地域性、差异性，要根据区域海洋资源类型和发展规划，合理确定审计对象。海洋资源资产离任审计的内容、方式方法、指标体系要结合实际，因地而宜，突出特点。

然后是统筹协作原则。海洋资源资产离任审计专业性、技术性较强，在目前审计队伍专业结构较为单一的情况下，涉及资源、环境具体业务方面的审计仅靠审计组是难以完成的。在实际工作中，要充分借用有关职能部门和高等院校的专业技术力量，科学谋划，共享资源，互相协作，共同搞好资源资产审计。

最后是生态环境损害责任终身追究原则。对于造成海洋生态环境和海洋资源严重破坏的，应划分领导干部直接责任、主管责任和领导责任，实行生态环境损害责任终身追究制。领导干部对任职辖区内出现违反生态环境和海洋资源方面的政策、法律法规，批准涉及与海洋资源的保护、开发、利用、规划或者进行海洋项目相关审批或核准的；不顾海洋生态承载能力，突破海洋资源生态红线，盲目决策造成严重后果的；发生重大海洋损害事故，因施工、开采等造成海洋资源毁损、生态破坏和严重环境污染；或者对海洋严重环境污染和生态破坏（灾害）事件处置不力的情形应追究相关负责人的终身责任。

三、海洋资源资产的受托责任人

领导干部海洋资源资产离任审计，是由国家审计机关代表海洋资源资产的所有者对受托责任人承担的公共受托责任进行的审计，以期达到合规性、经济性、效率性、效果性和环境性的审计目标，其审计对象是承担特定海洋资源资产受托责任的行为人。

根据审计关系人的一般理论假说，海洋资源资产离任审计中审计行为的发生由审计人、被审计人和审计委托或授权人三方面的关系人的行为构成。其中，被审计人是海洋资源资产的受托责任主体；被审计人也是海洋资源资产离任审计评价的对象，被审计人所承担的海洋资源资产相应职责是海洋资源资产受托责任的分解和具体化。由于海洋资源资产的公共受托责任具有层级性，因此被审计人存在一定的层级性，可分为地区领导干部、相关部门负责人和相关企业负责人三大类。

四、重点内容

（一）政策制定的合规性、合理性

对领导干部在海洋资源资产方面的政策执行和履责进行离任审计，要重点关注政策制定的合规、合理性和政策执行合法、合理性。审查领导干部任职期间内执行国家相关法律法规情况，审查其完成上级海洋资源政策法规的贯彻和战略规划的组织情况、政策建立情况。审查领导干部任职期间是否建立健全管理海洋资源资产的政策制度体系，包括海洋资源资产源头保护制度、环境监测预警制度、违建巡查报告制度、监督评估制度、损害赔偿制度、责任追究制度，海域污染治理和修复保护制度等。如审查当地政府制定的海洋生态线保护制度、海岸保护利用规划、海域管理制度、海洋服务保障机制、是否有健全的工作机构和相应的人员配置；是否设计海洋灾害应急预案等，相关方案是否经过有效程序（演习）验证等。

（二）相关政策执行情况

对领导干部任职期间国家相关法律法规的执行情况和履责情况进行审查。重点关注海洋资源资产方面的实际执行情况。要结合上级党委、政府、海洋、国土等部门对海洋管理工作的考核，审查领导干部任职期间对国家、省、市、区海洋资源资产方面的战略方针和政策的执行情况。检查海洋资源资产管理规划是否符合相关法律、法规、规章、政策以及国民经济和社会发展规划的要求，能否达到相应的海洋资源资产保护目标；如审查当地政府对海洋功能区划制度、海域使用权制度、海洋倾废许可、捕捞许可等政策的执行情况，是否有超越职权等违规行为，有无在社会上造成较严重的负面影响，排污口建设和管理是否符合污染管理条例，海洋矿产资源开发是否遵循海洋功能区划及海洋石油勘探环境保护条例等问题。审查海洋资源资产管理规划目标、年度计划目标的落实情况；审阅海洋资源保护管理责任书、海洋利用总体规划落实情况；审查打击违法建设工作成果，抽查镇域内关于海洋保护宣传设施配置情况、检查巡查队人员配置及上岗情况，检查管理和考核制度落实情况，审计人员要结合被审计领导工作分工、担任的各类相关临时机构负责人及承担职责情况，查阅审计对象辖区党委、政府的决议决定、出台的文件、会议纪要和领导批示等，检查被审计领导干部任期内有关海洋资源审批、开发、利用、节约、管理、保护和防治海洋灾害的重大决策事项是否合规合理。重点审查是否存在违规审批和越权审批等问题；海岸建设和涉海工程情况，重点关注蓄洪临海工程和一级渔港扩建工程，其项目的设计、建立、施工是否合法合规；合同签订是否规范，是否制定了环境影响评价报告；对可能造成的生态环境破坏是否建立海域工程生态补偿的方案和措施；当地有无大型填海工程，填海是否占用了稀缺海岸资源等。

在对被审领导干部管辖区域的政策审计之后，要对与政策相对应的海洋资源资产问题进行审查，检查此类问题是否在政策指导下正确缓解或解决，如检查违法围填海问题在相关文件指示下的整改情况、油气开发用海项目整改情况、围海养殖项目整改情况、渔船电子身份证办理及挂失情况、海洋灾害预警按照应急预案启动应急响应所挽回的损失等。

（三）海洋资源资产的目标责任完成情况

在摸清审计客体任期内辖区海洋资源存量和质量变化基本情况以及上级政府和主管部门涉及海洋资源的考核检查结果和重大处理处罚情况的基础上，重点审计目标责任状签订情况和目标责任完成情况，尤其是约束性指标，如海洋生态状况是否健康，海水水质等级，海洋生物种类及数量，海产品数量和质量等。对被审领导干部任期内海洋资源的保护和修复情况进行审查，任期内是否对已受损的生态系统展开修复整治，以及修复效果；被审领导干部任期内污水处理厂和垃圾处理厂的建设运营状况；船舶垃圾收集处理情况；任期内溢油污染对海洋环境，海洋生物和养殖资源的影响以及对养殖户的赔偿的合法合规性；任期内河流污染治理，污染物减排情况；违法案件种类和数量有无变化，重点关注有无休渔期捕鱼的问题；海岸清淤、浒苔防治等海洋环境治理与应急措施的执行效果等。

（四）海洋资源资产管理情况

关注海洋开发利用总体规划的实施，科学的规划利用能够避免海洋资源闲置浪费，引起不必要的损失；确保各级地方政府的各项海洋建设用地及海域管理规模与中央总体规划要求相一致，重点审计核查经济用海供应情况；关注海洋资源资产的产权界定是否清晰；在出让海域使用权时，是否依据资源中“谁开发谁保护，谁受益谁补偿”的原则，海洋资源资产管理体系是否健全，是否对海洋资源的数量、用途进行统一管理，用海规划和细则都要合法、合规、合理；海域使用是否按照规定的审批权限发放，用海单位是否按照申请的用途使用海域和保护海洋环境，是否存在无证用海，先建后批等状况。在对海洋资源管理部门履行海域管理职责的检查上，重点检查有无案件查处率低、处罚标准过低、处罚结果执行不到位等情况。国家海洋局一再强调海洋生态红线不能碰，因此要重点审查海域保护责任指标落实情况。

（五）海洋资源资金管理情况

检查海洋资源资产的开发项目所筹集的资金是否合法合规，数额是否真实，资金使用过程中的管理情况、支出合理性和产出效益。上级下达、下级预算安排的专项资金是否全额纳入了海洋财政预算管理使用；资金是否按进度、及时拨付到位；资金的使用是否符合预算计划，有无挤占、挪用专项资金等腐败行为。重点审查海域使用金等额费用的定价、收缴、支出的合法合规性，燃油补贴发放的合法合规性，减免情况的真实、合法合规性，生态修复工程专项资金申请、到位和使用情况；生态补偿费用，生态环境恢复治理资金等的计划、管理是否存在挤占挪用等违法违纪行为，滨海湿地海洋特别保护区和开放式海水养殖区的保护资金投入与使用情况的真实、合法合规性，是否足额、及时支付各种补偿费用以及各项专项资金在使用后是否达到了预期的效果。

五、审计方法

通过梳理文献资料，参考全国开展自然资源资产离任审计的实际情况，主要有以下八种审计方法。

（一）文件审查法

对于涉及资源资产管理的下列事项：一是成立海洋资源资产领导小组、管理机构。二是建立政府行政首长负责制、联席会议制度、海洋资源管理保护制度；三是编制海洋资源管理保护规划。四是海洋资源管理和保护工作纳入政府绩效考核内容，并将指标分解落实。五是履行监察执法职责，如信访举报、批示督办的办理等；主要采用文件审查法，通过向当地政府办公室、海洋部门收集领导小组、管理机构、联席会议制度、海域和基本海洋保护红线划定制度、年度目标责任分解落实制度、目标责任书制度、年度目标责任考核制度、年度目标责任考核结果运用制度、海洋利用总体规划、海洋利用详细规划、政府绩效考核制度、上级批示督办件、群众信访举报登记簿、调查处理销号制度、会议纪要等资料，审查是否有相关文件和制度，是否规范合规。

（二）数字核对法

1. 计算《海岸线变更表》《围填海面积变动表》《年度海洋清废表》《渔业质量登记表》《年度海洋灾害表》等的数据，发现有无计算、填写等错误。

2. 将本级政府与下级政府签订的海洋保护目标责任书进行汇总，查看签订的保护任务是否达到上级下达的考核目标。

3. 核对《海洋利用现状变更表》《围填海面积变动表》《渔业质量登记表》《海岸线变更表》等各种类型表中的数据，看是否达到上级下达和规划确定的各种保护目标。

（三）图纸比对法

对于涉及海岸线变更、稀缺海岸资源变动、海湾变动、围填海面积变动等可通过比对图斑图表方式，将海洋利用现状变更图上的近海工业、渔业、采矿、港口用地等非保护图斑与基本海域保护图斑进行对比，看是否存在将近海工业、渔业、采矿、港口用地等海域划作基本海域的问题。在审计调查海洋整治、高标准基本海洋项目建设实施和效果情况时，对照施工设计图，现场查看部分建设项目，看有无设计不规范、质量不达标；擅自变更和调整项目建设地点、规模或内容等问题。

（四）座谈询问法

1. 对于涉及审计调查基本海域保护面积指标的完成情况，可通过座谈会方式，掌握当地基本海域保护区和基本经济区域划定的总体情况。

2. 对于涉及审计调查海洋整治、高标准海洋基本项目建设实施和效果情况，可通过座谈会方式，调查了解项目建设管理流程等情况。

3. 对于涉及违规低价出让海域的问题，也可通过询问方式，落实项目用海的实际用途。

（五）资料审查法

1. 对于涉及审查认真履行海洋监察执法职责时，可通过资料审查法，审查批示督办和信访举报事项办理结果、海洋违法案件卷宗等资料，看是否建立了调查处理销号制度，对海洋违法案件是否依法调查处理，有无执法不严、案件结案率低、以罚代法等问题。

2. 对于涉及审查海洋资源实物量和质量情况时，可通过资料审查法，审查海洋部门是否认真履行了《海洋资源年末存量表》《海洋质量等别表》相关基础数据的填报、收集、汇总、复核等程序，从中发现问题。

3. 对于涉及审查违规供应海域、低价出让海域的问题时，可通过资料审查法，比对供海台账，检查供海项目是否属禁止类或限制类供海项目目录，若属于，则为违规供海。

（六）账实核对法

1. 对于涉及审计调查违规闲置和供应海域问题，可在向当地政府办公室、海洋、审计等部门收集并审阅海洋供应台账；海洋监察执法案件卷宗；处理处罚台账；上级批示督办件；群众信访举报事项；各级审计机关出具的海洋审计报告等资料的基础上，采用账实核对法，认真梳理相关问题线索，并深入实地向相关单位或个人审计调查取证。

2. 对于涉及审计调查海域整治、高标准海洋基础项目建设实施和效果情况，采用账实核对法，向当地政府办公室、海洋、审计部门收集并调阅各级审计机关出具的海洋整治项目、高标准海域基础项目审计报告；海域整治项目、高标准海域基础项目档案（包括科研、预算、招标、设计、监理、竣工、验收、审计等内容）；海洋利用现状图等资料，抽查若干个面积较大的海域整治项目、高标准基本海洋项目，对照施工设计、实施方案，现场查看部分建设项目，看有无设计不规范、质量不达标；擅自变更和调整项目建设地点、规模或内容等问题。

(七）差异分析法

1. 从前后年度《海洋资源年末存量表》《海洋质量等别表》《海洋利用现状变更表》等数据关系的差异中，分析寻找违规利用海洋问题的线索。

2. 从《海洋保护目标责任书》中考核指标等数据关系的差异中，分析寻找违规利用海域问题的线索。

3. 从《海洋利用现状变更表》和海洋利用总体规划控制指标等数据关系的差异中，分析寻找违规利用海洋问题的线索。

4. 从《海洋利用现状变更表》和基本保护海域目标等数据关系的差异中，分析寻找违规利用海洋问题的线索。

(八）编制报表法

根据国务院办公厅发布的《编制自然资源资产负债表试点方案》（国办发〔2015〕82号）检查自然资源资产负债表反映的自然资源在核算期初、期末的存量水平以及核算期间的变化量。核算期为每个公历年度1月1日至12月31日。在自然资源核算理论框架下，以自然资源管理部门统计调查数据为基础，编制反映主要自然资源实物存量及变动情况的资产负债表。

资产负债表不仅包含实物量核算，还应包含价值量核算。

六、审计程序

在审计准备及审前调查阶段，围绕海洋资源资产离任审计的目标，结合地方海域特点，通过专业学习、专家咨询、法律法规研究、组织审前调查等方式，开展以下工作：

首先对指标进行甄别筛选，抓住关键性的指标，明确考核目标；判断审计人员是否有条件核定该指标，并根据海洋资源开发利用保护及修复过程中的实际情况和需要，调整已有指标的考核办法，增设尚缺少的重要指标。在有限的人力和时间条件下，有的放矢，重点突出地开展审计工作；其次尽可能关注、获取指标考核中有关质量的基础数据，使审计结果能尽量反映出海洋资源资产保护的实际状况。

(一) 指标的选取

从审计实施程序中前后各环节的衔接来看，自然资源资产审计的视野应该包括领导干部对自然资源资产管理的完整链条，审计评价指标体系应完整的呈现领导干部及所在地区对自然资源履行管理责任和对生态环境履行保护责任的全过程，即包括由“投入—过程—产出”各要素构成的全过程，以反映领导干部承担的自然资源资产管理的决策、执行以及监督责任的履职情况。“投入”是领导干部开展自然资源资产管理活动的起点；“过程”是对领导干部及所在地区在自然资源资产管理、开发利用、生态保护中开展的各项活动情况的反映；“产出”是对领导干部及所在地区在履行自然资源开发管理和生态环境保护职责过程中最终结果的反映。

1. 政策的合规性、合理性方面的指标：根据《领导干部自然资源资产离任审计试点工作的指导方案》确定的审计内容，审计人员要了解被审计领导干部任期内所在地区对于中央、省、市生态文明建设政策法规贯彻落实情况、海洋资源管理相关制度的建立健全和执行情况、重大决策情况等相关情况。所以，在政策执行情况指标设计时，针对海洋资源特征、生态文明建设要求，选取了“政策法规贯彻落实情况”“政策法规建立和执行情况”“重大决策情况”三项指标。

(1) 政策法规贯彻落实情况。该指标反映了被审计领导干部任期内所在地区贯彻执行海洋资源资产开发利用管理和海洋环境保护法律法规和重大政策措施的情况。该项指标为定性指标。

(2) 政策法规建立和执行情况。该指标反映了被审计领导干部任期内所在地区制定的政策、法规和采取的措施、做出的决策与中央、省、市出台的相关政策、法规相符的情况；制定开发利用规划或者审批（核准）的建设项目，与自然资源管理和生态环境保护政策相一致的情况。该项指标为定性指标。

(3) 重大决策情况。该指标反映了被审计领导干部任期内所在地区涉及资源海洋管理及保护的重大决策、审批、监管事项，决策机制是否健全、决策程序是否符合规定、决策内容是否合理合法、决策是否能够有效实施，该指标为定性指标。

2. 环境状况相关指标：海洋资源利用中的环境效益是指在以建设“两型社会”为目标的前提下，因海洋利用对被审计领导干部所在地区产生的生态影响。随着海洋开发和利用的程度持续提高，对系统中能量流动和循环产生的干扰逐渐增强，生态系统中的某些物质、能量因此发生了变化，产生了生态影响。选取指标为“海洋环境容量损失”“富营养化指标系数”“海洋生境服务损失价值”“海水水质综合指数”“污口废水达标排放率”。

（1）海洋环境容量损失指在海洋生态系统所具有的废物处理功能可以自行吸收和降解外来污染，并且起到解毒作用，但海洋生态系统所能容纳、净化污染物的负荷量是一定的，如果对海洋的污染超过了海洋水质净化调节能力的阈值，就会使海洋生态系统废物处理的功能降低或丧失，由此所造成的损失就是海洋环境容量损失。计算公式：Vvi = ∑ni = 1CIXIS

在被审领导干部任期内共有 i = 1，2，…n 种污染物，Vvi 为污染物所造成的任期内海洋环境容量服务价值损失，CI 表示治理 i 污染物的平均成本，XI 表示在单位面积特定海域的第 i 种污染物每年的环境容量，S 表示被破坏或填埋的海域面积。

（2）富营养化指标系数：该方法用于综合评价由于将大量富含氮、磷的工业废水和城市生活污水排入海湾、河口和沿岸水域导致我国管辖海域近海水体富营养化的程度，目的是确定近海海水质量具体下降至什么状态，找出污染严重的水体。根据研究化学需氧量、氮、磷等物质是造成水体富营养化的主要因素。因此该方法多用于单因子指数法、对比分析法、趋势分析法之后。具体步骤如下：

富营养化状态依据富营养化指数（E）（邹景忠等）计算结果确定。该指数计算公式为 E = [化学需氧量] × [无机氮] × [活性磷酸盐] × 1 000 000 ÷ 4 500。E ≥ 1 为富营养化，其中 1 ≤ E ≤ 3 为轻度富营养化，3 < E ≤ 9 为中度富营养化，E > 9 为重度富营养化。

可将被审领导干部任期内和其他时期的管理海域富营养指数按顺序排列、绘制成曲线图，可直观地看出所管理海域富营养化情况变化趋势。

(3) 海洋生境服务损失价值。海洋大型底栖植物所形成的盐沼群落、海藻森林以及底栖动物形成的珊瑚礁是海洋生物的索饵场、产卵场和栖息地，也是生物的避难所，这类场所的面积大小和环境质量的好坏对海洋生物的生存和繁衍起着及其重要的基础作用，如果破坏了海洋生境，将直接威胁到海洋生物的生存和生活，使海洋生态系统的支持服务功能降低，进而影响到海洋生态系统的其他服务功能的价值实现。由于海洋生境服务的价值难以直接估算，因此采用影子工程法来估算。目前恢复被破坏海洋生物底栖生物栖息地的生境服务功能可采用投放人工鱼礁、人工种植海藻等防范，因此可用恢复海洋生物栖息地的制造投放成本来估算海洋生境服务损失价值。计算公式：$Vei = Vg = \sum ni = 1Ci$，其中，被审领导干部任期内共有 $i = 1, 2, \cdots, n$ 个替代工程，Vei 表示海洋生境服务年损失价值，Vg 是替代工程的造价，Ci 是替代工程中 i 项目的制造投放成本。

(4) 海水水质综合指数：将海域内多项污染物的污染指数加权平均得到的综合指数。

(5) 污口废水达标排放率：海废水达标量/临海工业废水排放量 ×100%。

3. 海洋资源资产利用率和效果相关指标：近年来，党和政府为解决新时期的发展问题，高度重视生态环境保护，将生态环境保护问题摆上了突出的战略位置。人民群众、社会媒体愈发对于生态、资源问题给予关注，在海洋资源管理过程中，领导干部主要承担对职责范围内的事项决策、执行和监管的责任，对海洋资源政策的贯彻实施负有不可推诿的责任，由此在审计人员要对海洋资源资产在管理利用过程中带来的成果效益也要进行审计，包括经济效益、社会效益和环境效益，环境效益指标已在环境指标中提过。因此，选取了“海洋利用结构”“海洋开发强度”“经济效益指标”“社会效益指标”等来反映。

(1) 海洋利用结构指标选取理由及说明。海洋产业结构是一个动态的系统，受海洋产业发展的影响，海洋利用结构也总在不断地变化，所以单纯的静态分析不能很好地反映现实状态，因此在进行海洋资源资产领导干部离任审计时要加入时间因素，对领导干部任期内的海洋利用结构进行比较分析。

2006年，中国海洋统计年鉴对相关产业统计范围进行了调整，因此在用此指标进行审计时需注意。我们通过对比分析第一、第二、第三产业比例与三次产业比值。我们选取海洋产业结构变动值和海洋产业结构熵数来分析海洋利用结构。

海洋产业结构变动值可衡量一定时期内海洋产业结构的变化程度。计算公式：Ki = | Qij—Qi0 |，其中Ki为结构变化值，Qij为报告期第i次产业构成比重，Qi0为起始期i次海洋产业构成比重。

海洋产业结构熵数是反映海洋产业结构变化程度的指标，海洋产业结构变化值反映的是海洋产业结构的量变，而海洋产业结构熵数则反映了海洋产业结构的质变。这个指标使用了信息理论中的干扰度概念，把产业结构的变化看作干扰因素，以综合反映海洋产业结构变化程度的大小。计算公式：et = ∑ni = 1 ［witln（1 /wit）］

其中，et表示t时期产业结构熵数值，wit表示t使其第i海洋产业产值占当年海洋生产总值的比重，海洋产业结构熵数越大，说明各个海洋产业的发展越均衡，海洋经济呈现多元化的趋势，特别当wit相等时et存在最大值。

（2）海洋开发强度指标选取理由及说明。在海洋开发强度方面指标设计时，审计人员要综合考虑被审领导干部所管辖海域主体功能地位、节约集约利用水平，它可以直接反映一定时期区域内海洋资源利用的充分化情况。我们选取了“海洋利用率”指标。

海洋利用率，该指标是反映海洋资源利用程度的数量指标。计算公式：1 - 未利用海洋资源/海洋总资源 ×100%

（3）经济效益指标选取理由及说明。审计人员在对海洋资源利用的效益开展综合评价时，经济效益指标是必不可缺的。在这特定情形下，海洋总资源利用经济效益主要是指海洋资源投入与所取得的成果之间的比较，投入产出率高，则海洋资源利用经济效益好，反之则经济效益就差。因此，海洋资源利用的经济效益主要选取“海域平均GDP”“海域平均一、二、三产业产值”“海域平均财政收入”三项指标。

海域平均GDP。该指标依据国民经济主要指标，反映了一定时期海洋资源利用所产生的经济效益。计算公式：海域平均 GDP = 国民生产总产值/同一时期海域使用面积。

海域平均一、二、三产业产值指该海域利用在第一、二、三产业产值所产生的经济效益。计算公式：海域平均一、二、三产业产值 = 海洋第一、二、三产业产值/海域总面积。

海域平均财政收入。是指对单位海域面积上宏观层面的经济效益的考量，反映出当地政府直接从单位面积内海洋资源利用中所获得的收益情况，是海洋资源产出效益的指标。计算公式：海域平均财政收入 = 财政收入/海域总面积。

（4）社会效益指标选取及说明。海洋资源利用社会效益是指被审计领导干部所在地区因海洋资源利用产生的政治和社会影响、满足社会需求的程度。海洋资源社会效益的可以从“人口密度”“人均海域使用面积”两项指标来反映。

人口密度。该指标反映了人与当地海域面积比例关系，是指单位海域面积内的人口数量状况，能较好地衡量社会经济发展潜力。海域单位面积内人口数量是否合理，能影响到海域的空间配置、利用强度、资源消耗等方面，能判断被审计领导干部所在地区海洋资源利用的合理状态。计算公式：人口密度 = 人口总量/海域总面积。

人均海域使用面积。该指标有助于反映海洋资源的有效利用。计算公式：人均海域使用面积 = 总海域面积/区域人口总数。

4. 财政资金相关指标：领导干部受托进行海洋资源资产管理，首先涉及运用各种要素，比如，在进行海洋资源开发、保护、修复过程中，上级部门以专项资金拨入的资金、本级配套资金等，而这些要素的运用，就涉及领导干部在海洋资源资产管理中的“投入”情况。审计署《领导干部自然资源资产离任审计试点工作的指导方案》要求审查海洋资源开发利用和生态环境保护相关资金的征收、管理和分配使用情况，因此对照审计试点方案，在审查领导干部海洋资源资产管理过程中的“投入”情况时，着重检查相关资金的支出范围、标准以及程序是否真实、合法，特别是海洋资源资金是否按照进度拨付，拨付的资金是否用于海洋相关项目；相关资金来源是否合法合规，海洋资源资金纳入预算管理、符合预算目标的情况等。考虑到审计成本因素，结合工作效益，在选取投入方面评价指标时，仅从海洋资金管理使用角度来设置评价指标，初步选取“海域使用金”“海洋资金管理情况”两项指标。

（1）海域使用金指标选取理由及说明。海域使用金是指国家以海域所有者身份依法出让海域使用权，而向取得海域使用权的单位和个人收取的权利金。在对海域使用金指标设计时，审计人员重点审查减免征收的情况真实性，有无使用金流失状况，海域使用金的征收、上缴、管理情况中有无存在弄虚作假现象等。

在海域使用金征收情况指标设计时，审计人员应重点审查是否存在应征未征的海域使用金，使用金为及时入库，拖欠，少缴海域使用金等问题，因此选取了“海域使用金征收率”和“海域使用金入库率”两项指标。

海域使用金征收率，该指标反映了被审领导干部任期内所在地区，海域在海域使用金方面的征收力度，通过该指标可以了解被审单位对海域使用金征收管理制度，是否存在不合规减免，先征后返等征收管理不规范的问题，有利于审计人员直观地对被审计单位资金征收方面进行了解与考核。计算公式：海域使用金征收率＝实际征收额/应征收额。

海域使用金入库率。该指标反映被审领导干部任期内所在地区海域的海域使用金征收管理情况，通过该指标可以了解被审单位对于海域使用金入库情况，是否滞留海域使用金，未及时入库，设置过渡户导致使用金未及时入库，可以反映是否执行海域使用金“收支两条线”管理。计算公式：海域使用金入库率＝实际入库金额/应入库金额。

（2）海洋资金管理情况指标选取理由及说明。根据国家海洋局发布的年度财政拨款预算执行总体情况与提供的声明来看，拨款额度大，预算与执行差异额巨大，在海洋资金管理情况指标设计时，审计人员重点审查是否存在海洋资金未纳入预算管理，预算执行力低，挤占、挪用、拖欠资金等问题。因此选取了“海洋资金预算管理率”“海洋资金拨付到位率”“海洋资金使用合规率”三项指标。

海洋资金预算管理率。该指标反映了被审计领导干部任期内所在地区在海洋资金收支纳入预算管理的程度。通过该指标可以了解被审计单位对于海洋资金收入来源和支出用途的预算安排程度，也反映了在全口径预算下，被审计单位对于资金预算管理的重视度与执行力。计算公式：资金预算管理率＝当年已纳入预算管理资金额/海洋资金当年收入总额

海洋资金拨付到位率。该指标反映了被审计领导干部任期内所在地区对于海洋资金的拨付进度，审计人员可以通过该指标了解被审计单位是否及时、足额拨付相关海洋资金。计算公式：海洋资源资金拨付到位率＝当年实际拨付资金额/当年应拨付资金额。

海洋资金使用合规率。该指标反映了被审计领导干部任期内所在地区在海洋资金使用阶段有无存在挤占、挪用、拖欠等违规的情况。计算公式：资金使用合规率＝1－（违规使用资金额/海洋资金总额）

（二）指标数据标准化处理与确定

由于各评价指标的量纲不一致，因而无法直接用其原始数据进行多指标的相互综合评价，即使勉强评价出来，其结果也很难准确可靠。因此，必须对指标体系的指标数据进行标准化处理，以解决不同量纲指标间不可比的难题。

沃尔评分法针对选定的各项财务指标，在考虑各指标之间的线性关系的前提下，分别给出各自权重以及标准值，再将各财务指标实际值与标准值进行比较，得出各项指标分数，从而得出整体分数，其计算公式：指标得分实际值/标准值×指标权重，通过被审计领导干部任职期间各指标数据与任职前各指标数据相比，求得相对比率数值，来进行指标评分工作。

在确定定性指标评分标准时，要考虑以下两类评价标准中所确定的目标值并以此目标值作为评分标准：一是政策性标准，二是技术性标准。其中政策性标准主要包括：法律法规、各级党委政府出台的规范性文件；历年政府工作报告、各年度财政预算执行及决算报告、历年经济和社会发展工作报告等；有关自然资源资产管理的发展规划、年度计划和上级政府下达的目标责任状；领导干部的职责分工文件，有关预算、决算和合同，有关内部管理制度和绩效目标，各类与自然资源相关决策的会议记录、纪要、决议；有关职

能主管部门公布的统计数据，认定的考核结果等。技术性标准包括公开颁布的国家标准或是国际标准，鉴于环境科学的专业性非常强，审计中要充分利用相关部门颁布的技术标准。

（三）指标权重的确定

指标与权重相辅相成，通常意义上的权重是指指标在整体评价中的相对重要程度，权重的计算就是一种重要程度的定量分配。不同的权重选择会得出不同的评价结果，因此，只有适当的选择权重的确定方法才能达到客观合理的评价结果。

目前，权重赋值方法可分为主观和客观两种。其中，主观赋值法运用比较广泛的是德尔菲法与层次分析法（AHP）、经验估算法等，主观赋值法简单且便于操作，指标权重的确定具有很大的动态性和灵活性，但是也较容易受判断者主观因素的影响。

客观赋值法主要有主成份分析法，熵权法等。主成分分析法是将线性组合的数学方法应用于维度的分析，它的宗旨是减少指标中的维度，排除维度的相关性，该方法需要较大的样本量，否则，分析结果的可靠性就很难得到保证。熵权法是依据传递者从指标中获取的信息程度的高低来决定其权重大小，进而计算出综合指标的方法。与主观赋值法相比，客观赋值法受人类主观因素的影响较小，计算出来指标的权重相对来说较为客观、稳定，然而需要考虑的是客观赋值法是建立在搜集大量数据的基础上，很多地方的自然资源资产数据并未公开，搜集起来较为困难，即使能够收集，数据的处理也较为繁杂，其实用性较小。

由于对领导干部自然资源资产离任审计评价是一个多维度、多层次、多指标的综合体系，指标之间的相对权重受到多种因素的影响，并会随着政府整体战略的改变而改变，所以说，领导干部自然资源资产离任审计中海洋资源评价指标的权重具有很强的动态性和灵活性。因此，主要运用层次分析（AHP）法对指标进行赋权，建立判断矩阵。将同一层次的两两指标进行比较，考虑对上级指标的贡献程度和重要性水平，构造各层次的判断矩阵。对此，将两个指标的重要程度定量化计算权重。权重的具体计算，实际上归结为求解判断矩阵的特征根和特征向量，特征向量即为对应元素的权重值，特征根用于检验判断矩阵的一致性水平。进行一致性检验。虽然在构造判断矩阵时，并不要其具有一致性，但判断矩阵必须在逻辑上一致。首先，计算一致性指标，其计算公式为：C. I. = （λ_{max} - n）/（n - 1），式中，C. I. 为一致性指标，λ_{max} 为最大特征根，n 为判断矩阵的阶数。其次，计算一致性比率，其计算公式为：C. R. = C. I. /R. I. 。式中，C. R. 为一致性比率，R. I. 为平均随机一致性指标，其数值只与矩阵阶数 n 有关，可直接查表得出。当 C. R. < 0.1 时，表明判断矩阵是一致的，得出权重是有效的，且该值越小，此判断矩阵的一致性越好；当 C. R. ≥ 0.1 时，表明该判断矩阵不符合一致性，得出权重是不可靠的，需要重新进行修正。

（四）指标综合评价的确定

目前，生态环境评价方面应用比较广泛的模型有层次分析模型、模糊综合评价模型与环境优值评价模型。

层次分析模型是由美国运筹学家 Thomas L. Saaty 提出的一种新的系统分析方法，适用于结构比较复杂、决策准则比较多而且没有那么容易量化的决策问题。该模型思路简单明了，FAHP 模型是在 AHP 模型基础上进一步改造，认为 AHP 模型计算过程繁琐，判断矩阵一致性检验缺乏科学依据，且 1—9 标度不能反映人的主观判断的模糊性，对此在层次分析模型基础上引入进一步模糊化处理。FAHP 模型将这些已经是模糊的数据进一步模糊化，只是产生更大的不确定性，并不是模糊性从无到有。

环境优值评价模型由李山梅首创，后被广泛应用于环境问题评价的理论和实践工作，主要是以评价环境绩效或是环境管理情况为对象，确定其内在相关要素以及权重，将权重值与目标值通过方差运算的形式得出最终结果。环境优值评价模型需要将指标的监测值与标准值进行比较，并与指标的权重相乘，该模型在环境绩效方面应用比较广泛，但自然资源资产审计评价指标由定性指标和定量指标组成，定性指标很难确定标准值，因此该模型在自然资源资产离任审计评价方面不够理想。在综合考虑后，选择层次分析模型。根据各指标权重及评分情况，计算出被审计领导干部的综合评分值，公式如下：指标综合评分值=投入方面指标得分×权重+过程方面指标得分×权重+产出方面指标得分×权重。其中，各级指标得分是由所辖下级指标得分乘上相应权重得来。

第四节 领导干部海洋资源资产离任审计评价

一、审计评价

审计评价是对审计对象所进行的综合性鉴定，从而判断其是非好坏及其预后措施等一系列活动。审计部门对被审单位的财政、财务收支等有关经济活动，按照审计依据和审计标准，经过分析、取证与综合，最后提出审计结论和决定、意见或建议的一个总结性的论证过程。审计评价是审计实施中最根本、最活跃、最积极的因素，它不仅是反映审计主体（被审者）是否符合审计标准，即有无错弊和效益及其程度；同时也是检验审计主体（审计者）是否按照审计原则和标准的质量强度和素质高低。所以，它被认为是一切审计价值的最终体现。

根据审计署2004年2月10日发布的《中华人民共和国审计署6号令》通过的《审计机关审计项目质量控制办法（试行）》中，说明了审计机关审计重要性与审计风险评价准则、审计机关分析性复核准则、审计机关内部控制测评准则、审计机关审计抽样准则、审计机关审计事项评价准则。其中指出审计评价要围绕被审计单位的财政收支、财务收支的真实性、合法性和效益性三个方面进行评价。同时，在对领导干部开展自然资源资产离任审计的审计报告中，还要对被审计对象在内控与风险管理制度、重大生态决策、生态文明建设和管理水平等方面进行评价；对任期内单位存在的违规违纪等问题，领导干部应承担的主管责任和直接责任进行合理的划分，明确责任。

二、审计评价的方法

根据对领导干部自然资源资产离任审计的主要内容，主要针对真实、有效、合法三方面来进行评价。真实性评价方法，主要针对于被审计领导干部所在单位用于自然资源资产方面的财政财务收支（或资产负债、损益）真实性问题所采用的评价方法。在实际评价中，往往对被审计单位所提供的会计资料进行真实性评价。合法性评价方法，是主要针对于被审计领导干部所在单位用于自然资源资产方面的财政财务收支（或资产、负债、损益）合法性问题所采用的评价方法。

对于用于自然资源资产方面的财政财务收支的合法性，可分为合法、基本合法、有违法行为和有严重违法行为四个档次。而有效性评价方法，是主要针对被审计领导干部所在单位用于自然资源资产方面的财政财务收支工作目标（或资产、负债、损益等与目标责任制有关的各项评价指标）完成情况有效性问题所采用的评价方法。如果以任期目标作为衡量标准，一般认为有效性评价可分为超过目标、达到目标、未达到目标三个档次。

三、领导干部海洋资源资产离任审计评价

海洋资源资产离任审计主要从以下方面进行评价：被审领导干部管辖区域海洋资源资产状况、海洋局与渔业局有无认真贯彻执行上级政策要求，履行海洋管理职责，海洋工程建设项目是否符合政策要求，渔业资源产业发展初具规模，经济效益状况，有无休渔期捕捞现象，海洋湿地保护区有无发现严重破坏行为，养殖区水产区抽检报告是否合格，水产品销售食用环节有无出现严重问题及事件，入海河流综合整治有无成效，入海污染物量变动状况，海岸清淤等措施执行状况，海洋生物多样性状况，海洋执法过程中有无问题，海洋环境监测中有无问题等。

审计评价标准主要是法律法规中相关条款、考核制度中相关要求、政策规定中相关准则、规划计划中相关任务等，是否履行“两个责任”情况，即

生态环境保护责任、海洋资源管理责任，具体分为定性评价和定量评价。定性评价以审计结果为基础，对被审计领导干部的有关海洋资源资产保护相关活动的真实性、合法性进行评价，如：评价领导干部在任职期间对海洋资源资产管理与相关政策、法律法规的符合程度。定量评价是以对地方领导干部离任审计过程中，以审计取得的领导干部任期期初与期末各项指标数据与所在地区行业标准、与上级下达考核指标等进行比较分析，客观反映领导干部对海洋资源资产保护的责任。从各地自然资源资产离任审计试点情况来看，大部分地区选取了一些考核指标，部分地区将审计评价分为五个等级，即“好、较好、一般、较差、差”，具体来说：

“好”是指认真履行“两个责任”，积极采取措施并取得显著成效，所在地区或者主管业务领域自然资源资产和生态环境得到有效保护或者明显改善，且在审计抽查的约束性指标、相关规划（计划）目标任务和资源环境生态红线管控任务完成情况中，未发现指标、目标、任务完成和数据真实性方面存在的问题；所在地区或主管业务领域未发生严重损毁自然资源资产和重大生态破坏（灾害）、环境污染事件；无违法违纪违规问题。

“较好”是指所在地区或者主管业务领域自然资源资产和生态环境得到保护或者一定改善，所在地区或主管业务领域未发生严重损毁自然资源资产和重大生态破坏（灾害）、环境污染事件，但存在以下问题之一的：一是在审计抽查的约束性指标、相关规划（计划）目标任务和资源环境生态红线管控任务完成情况中，发现个别地区（部门）在数据真实性方面存在的问题；二是对个别工作监督管理不力，导致存在个别、尚未造成严重后果的问题。

“一般”是指被审计领导干部任职期间基本履行“两个责任”，并取得一定成效，所在地区或主管业务领域未发生严重损毁自然资源资产和重大生态破坏（灾害）、环境污染事件，但存在以下问题之一的：一是在审计抽查的约束性指标、相关规划（计划）目标任务和资源环境生态红线管控任务完成情况中，发现少数指标、目标、任务未完成，一些地区（部门）在数据真实性方面存在问题：二是对个别工作监督管理不力，导致所在地区、部门存在一些局部性、尚未造成严重后果的问题。

“较差”是指被审计领导干部任职期间履行“两个责任”，但取得成效不好，存在以下问题：一是工作推进不力，较多指标、目标、任务未完成，数据证实存在较多问题；二是较重大履职不到位，造成重大生态环境破坏、环境污染事件或者较重大突发环境事件隐患未得到有效治理；三是较严重违纪违法违规行为。

“差”是指多数指标未完成，严重履职不到位，造成重大损坏和破坏等。

第十一章

结　论

生态文明建设是中国共产党在实现中华民族复兴，实现中国梦，带领人民迈向美好未来道路上的重要战略布局与宏伟蓝图。它同“五位一体”中的经济建设、政治建设、社会建设、文化建设一样需要通过多条途径、多个层次、多项举措完成从理论到实践的转变，最终落实建设美丽中国这一总体目标。“五位一体”中无论是哪一方面的建设都离不开体制的改革与完善，体制与制度的改革完善是我党全面深化改革的重要组成部分，也是中华民族实现伟大复兴的坚强保障。领导干部自然资源资产离任审计作为生态文明体制改革中的重要内容，对我国生态文明有序良好的建设发挥至关重要的作用。经过上述各个章节深入的研究与探讨，我们构建出了一套严谨完整的领导干部自然资源资产离任审计模式，对其各个要素的构成与逻辑体系进行了详细的梳理与分析，在此，我们将对这一模式的核心理念与特征加以概括总结，以期对各位读者产生一定的启示与启发作用。

通过本书的研究梳理，我们知道，领导干部自然资源资产离任审计模式离不开对每类自然资源的概况，包括利用情况、现存状态、历史状况等、审计目标、审计内容、审计方法、审计程序、审计评价等方面深入的探索讨论，它们是必不可少的体系要素。在每一要素的研究过程中，我们紧随时代的步伐，以习近平总书记生态文明思想为指导核心，深度剖析党中央和政府所制定发布的所有相关政策及文件，并在多年的理论基础和实践成果上，提出新的认识与观点。对于每一类自然资源概况的了解，是审计人员在审计工作开始前需要完成的“必修课”，具体到实际工作当中就是要对所审项目中当地的自然资源的情况有相当程度的了解，往往需要实地考核、调查。我们知道，审计目标是审计工作所期望达到的结果，是一切审计活动的指南，只有确定了审计目标，审计活动才能有方向的进行开展。审计目标的确定往往受到审计需求和审计供给的影响，因此，在确定领导干部自然资源资产离任审计的审计目标时，我们依据政策文件对领导干部的业绩考核标准、责任履行要求、具体生态保护红线的划定以及自然资源资产的管理要求来确定总体目标和具体目标。因此，我们可以从政策落实、法律法规制定、财政资金使用、资源资产管理开发、信息披露等方面确定相应的审计目标。具体来说，通过审计，我们要鉴证领导干部是否以节约资源和保护环境，实现生态环境修复、服务生态文明建设和促进可持续发展为原则，制定相应的地区政策；所制定的政策是否合理完善，是否落实执行；是否具有效率性和效果性；是否发挥能动性强化自身生态文明建设责任，在任职期间对生态环境的修复与保护积极落实并取得显著成果；对财政专项资金的利用是否合法合规、有效；法律法规是否完善；资源资产的多方面管理是否合理有效，所披露的信息是否完整真实等。通过对审计目标的确定，领导干部自然资源资产离任审计的总体设计思路就有据可依，也就是说，总体思路的设计应当以审计目标为准则，开展问题导向审计，同时应当把握全面系统、统筹协作、因地制宜、合法合规、试点推进等原则。总体思路的设计为后续审计工作搭建起了基础框架，使得审计工作的开展有迹可循，环环相扣，形成体系。对于审计内容来说，它亦是领导干部自然资源资产离任审计理论结构中必不可少的研究要素，它是指在审计实施过程当中的具体事项包括哪些，是审计对象的具体化，帮助审计主体最终实现审计目标，即为审计目标而服务。由此可见，审计内容的确定与审计目标的制定密不可分，紧紧围绕审计目标而展开。因此，本书在审计内容的确定上，同样从政策法规的制定执行、资源资产的开发利用、财政资金的使用管理、目标责任完成情况以及制度健全完善等方面进行分析阐述。当然，由于各类自然资源资产的特殊性，所设计实施的审计内容也会因每类自然资源资产的不同特征而有所差异，在实践过程中具体可以细化为鳞次栉比的内容体系，本书我们只对其重点内容加以概括梳理。在领导干部自然资源资产离任审计中，审计方法的选择一直是众多专家学者探索的热门领域之一，目前也未形成完全成熟的，可借鉴的方法体系。但有一点可以确定的是，领导干部自然资源资产离任审计的本质仍然是审计，因此，传统的审计方法同样适用于这类审计，只是由于这类审计具有多学科交叉融合的特点，则需要一定的特殊的专业审计方法，这也体现了审计方法伴随审计的发展而不断丰富扩充的特征。我们依据党的十八届三中全会通过的《中共中央关于全面深化改革若干重大问题的决定》中所提出的："探索编制自然资源资产负债表，对领导干部实行自然资源资产离任审计，建立生态环境损害责任终身追究制。"以及国务院办公厅于 2015 年 11 月 8 日印发的《编制自然资源资产负债表试点方案》（以下简称《方案》）等文件决定，积极探索以编制自然资源资产负债表为方法基础的领导干部自然资源资产离任审计模式。我们知道，传统的财务报表中所列示的项目都是以货币为单位表示其价值量。自然资源资产负债表作为一种特殊的资产负债表，也应当列示其价值量，同时自然资源具有实物形态，能够进行数量的计量，因此，对于自然资源资产负债表的编制，学术界目前已普遍达成共识其应当包含实物量和价值量两大部分。实物量的确定较为简单，《方案》中已明确规定相关内容，即根据相关统计数据计算自然资源资产的期初、期末以及本期变动量。而对于价值量的确定，经过近几年专家学者们的潜心研究和实践经验的丰富累积，出现了如生态系统服务功能法、生态效益等价分析法、市场价值法、假想市场法、恢复费用法、机会成本法、最小数据法、生态足迹法等多种方法，莫衷一是。我们通过对上述方法的客观分析和比较发现，这些计量方法都把目标放在了生态环境价值应该是多少上，以生态功能及生态环境的维护成本为基础，而没有从恢复生态环境功能的角度来考虑生态环境一旦遭到破坏后恢复和维护它的生态环境功能的实际成本。或者说，上述这些方法或多或少存在一定的局限性和片面性，适用范围较窄，或者是仅为理论上的通行，实践中却难以落实执行。而本书所运用的环境重置成本法则在一定程度上规避了上述方法的缺陷，弥补了其不足之处。这种方法充分考虑了生态系统的生态功能，以生态功能为基础；在生态环境价值计量的要素确认和计量过程中具有可靠性和可操作性；包含所有生态环境治理保护中发生的全部实际成本和机会成本；生态环境价值计量的结果具有可靠性和可解释性。对于这一方法的理论原理和内容，本书已在前面章节进行了详细的论述与运用，在此不再赘述。通过上述一系列要素的确定，确保领导干部自然资源资产离任审计的审计程序能够有效地开展。传统的审计程序大致包含审计准备、审计计划、审计实施以及审计完成几个阶段，领导干部自然资源资产离任审计的审计程序亦是按照此脉络流程进行。在审计的准备阶段，需要审计人员进行审前调查，即通过走访、座谈、实地查看等方式调查了解自然资源资产的权属、分布、结构、管理、利用、效果等情况，详细了解管理部门的职责范围和资金收支、管理情况，自然资源资产的相关活动，广泛搜集资料，充分做好审前准备。同时审计人员要进行审前有助于工作技能提升的培训。接下来在制定审计计划时要从审计范围、内容、方法、步骤、业务分工等方面制定切实可行的审计方案，同时组织配备审计人员以及下达任务通知书。在审计工作进行中最重要的部分便是自然资源资产负债表的编制，资产项目、负债项目以及所有者权益项目包含内容的确定是审计人员首要考虑的问题。我们认为，资产项目的确定应当从资源自身的价值和生态系统所提供的生态服务功能价值两个方面考虑，包括明确的主体、可以货币计量和未来可以为所有者带来效用；负债项目主要从使生态系统由被破坏或恶化的状态，恢复到原本的自然状态而需要在未来支付的费用来考虑。负债能够明确破坏主体的经济责任及潜在的或有义务；所有者项目也称为净资产，主要是由自然资源的初始资本价值、保护自然资源的专项基金与结转的自然资源产生的利润组成。自然资源资产负债表的编制往往不是一步达成的，一般在实际工作中需要先进行实物量表的编制工作，再通过环境重置成本法的计算完成从实物量到价值量的转化。要完成对领导干部相关责任的考核、评价，审计评价指标体系的构建是必不可少的一部分，同时也需要在完成上述工作之后的基础上进行评价指标的筛选以及评价指标体系的建立。要确定指标的内容，首先要明确审计依据，审计依据有多种分类，但无论哪种分类方法都离不开国家政策以及法律法规、地方规章制度的标准，这是因为领导干部自然资源资产离任审计主要是由我党及政府领导开展，相关的指导性文件出台较多。另外对领导干部的责任履行考核也就是对政府官员的履责绩效进行评价，因此也多依据于上述内容。除此之外，还包括预算、计划、合同与业务规范、技术经济等标准。对于评价指标的筛选，需要把握客观性、关键性、互斥性、全面性、系统性等原则，根据每类自然资源的自身属性（状况好坏的判断标准）和审计依据筛选合适恰当的指标。一般来说，评价指标往往与总体目标要求紧密相关，使总体目标的实现具有实践性与可操作性，通常从宏观到微观由三层指标组成指标体系，即包括战略目标、具体目标和具体评价指标。不同的自然资源资产类型所适用的评价指标各有所异，但均应当涵盖以下几个方面：政策的制定与执行情况；政策执行的效果（可从经济、社会、环境效益等方面评价）；资金管理情况；自然资源的利用与保护情况。在实际工作当中，指标体系的构建可以说是一项较为烦琐复杂的工作，涉及内容较多，同时随着指标的细化，需要大量的计算公式加以量化评价。在实施完一系列审计程序形成审计结果后，最终要完成对审计结果的评价。一般审计人员会利用指标进行评价，在方法上采用定性与定量相结合的方法。定性评价以审计的结果为基础，对被审计领导干部执行的有关自然资源资产保护相关活动、财务财政收支管理活动的真实性、合法性进行评价；评价领导干部在重大的有关生态文明决策方面的规范性、合理性和效益性及国有资产的保值增值情况这几项主要方面。定量评价是在审计过程中，以审计取得的领导干部任期期初与期末各项指标数据与所在地区的行业标准、与上级下达考核指标等进行比较分析，结果包括超过目标、达到目标、未达目标。在定量分析中，一般量化统计需要对不同的指标赋予一定的权重比值以方便完成计算，当然权重分配不是一成不变的，会根据不同阶段、优先发展事项及不同情况而异。审计结果并不是一纸空文，对审计结果的有效合理地运用是出具审计报告的最终目的。因此，为了更好地利用领导干部自然资源资产离任的审计结果，各级审计委员会应积极完善审计结果运用机制，将审计监督与党管干部、纪律检查、追责问责结合起来，把审计结果及整改情况作为考核、任免、奖惩领导干部的重要依据。纪检监察、组织人事和相关部门应结合实际，充分运用审计结果，及时把运用审计结果情况反馈给审计部门，要建立干部监督管理长效机制，避免审计结果运用滞后，使得审计结果在不同部门之间具有共享性，共同推动生态文明建设，实现社会整体的可持续发展。

人类对万事万物的探索研究始终都不是一蹴而就的，任何理论都要经过不断发展和完善，但在这一过程中理论与实践的矛盾始终存在，在不同阶段总会出现局限以及新的挑战。前文已提到，领导干部自然资源资产离任审计尚处于初步研究探索阶段，在许多方面理论界并未达成共识，这需要实践的进一步推进，已有的学术理论指导试点工作在全国范围内开展，通过全国范围内的全面推广，实践经验的不断丰富累积，未来在理论研究领域的空白和争议之处必然会得到填补，并进一步形成共识。本书最大的亮点特色之处为在编制自然资源资产负债表时对环境重置成本法的运用。环境重置成本法的提出，为自然资源资产负债表的编制提供了切实可行且准确高效的途径，自然资源资产的价值量通过环境重置成本法三重成本的核算得到准确恰当的数值，是资产负债表的核心部分，换句话说，没有自然资源资产价值量的核算，资产负债表的编制也就是无稽之谈。而在领导干部自然资源资产离任审计的全部工作当中，自然资源资产负债表的编制亦是核心部分，如同传统的资产负债表是考察受托人经营责任履行情况、体现企业经营状况的“晴雨表”一样，自然资源资产负债表是考核、鉴证、评价领导干部相关受托责任履行情况的最直接有效的依据。无论是理论证明还是实践证实，都表明了环境重置成本法在土地资源、水资源、森林资源、矿产资源、草原资源的资产负债表编制中能够得到有效的应用。而对于海洋资源，由于我国幅员辽阔，海域面积较大，有多个大型海域，再加上海洋系统与陆地系统的隔离、实质性区别以及海洋系统本身的多层次性、复杂性，环境重置成本法目前尚未在海洋资源领域得以应用，即还未运用环境重置成本法进行海洋资源资产负债表的编制，未进行相关的理论研究，这是目前我们研究成果所面临的局限性，需要我们亟待解决的问题。但可预见的是，随着领导干部自然资源资产离任审计的进一步深入研究与实地考察以及实践的推动，这一问题终将得以解决。

参考文献

[1] 安成洁．领导干部自然资源资产离任审计方法分类探究 [J]．市场研究，2018 (12)：60－61.

[2] 安徽省审计厅课题组，戴克柱．对自然资源资产离任审计的几点认识 [J]．审计研究，2014 (06)：3－9.

[3] 安徽省审计厅课题组．海洋自然资源资产负债表编制微探 [J]．审计研究，2014 (06)：3－9.

[4] 卞晓姗．公允价值计量模式在我国草原资产核算中的应用研究 [J]．中国市场，2016 (24)：29－31＋57.

[5] 陈献东．开展领导干部自然资源资产离任审计的若干思考 [J]．审计研究，2014 (05)：15－19.

[6] 蔡春，毕铭悦．关于自然资源资产离任审计的理论思考 [J]．审计研究，2014 (05)：3－9.

[7] 蔡春，陈晓媛．环境审计论 [M]．北京：中国时代经济出版社，2006.

[8] 陈波，卜璠琦．论自然资源资产离任审计的目标与内容 [J]．会计之友，2014 (36)：10－13.

[9] 陈波．论产权保护导向的自然资源资产离任审计 [J]．审计与经济研究，2015，30 (05)：15－23.

[10] 陈献东．确定领导干部自然资源资产离任审计内容的逻辑机理及

例证分析［J］．审计研究，2018（05）：43－50.

［11］程月晴．自然资源资产离任审计评价指标体系构建研究［D］．安徽财经大学，2015.

［12］陈朝豹，耿翔宇，孟春．胶州市领导干部自然资源资产离任审计的实践与思考［J］．审计研究，2016（04）：10－14.

［13］陈艳利，弓锐，赵红云．自然资源资产负债表编制：理论基础、关键概念、框架设计［J］．会计研究，2015（09）：18－26.

［14］陈燕丽，王普查．我国自然资源资产负债表构建与运用研究——以政府官员离任审计为视角［J］．财经问题研究，2017（02）：80－87.

［15］陈玥，杨艳昭，闫慧敏，封志明．自然资源核算进展及其对自然资源资产负债表编制的启示［J］．资源科学，2015（09）：1716－1724.

［16］蔡爱兰．浅谈领导干部自然资源资产离任审计结果的运用——以A市试点经验为例［J］．会计师，2018（12）：47－48.

［17］陈波，杨世忠．会计理论和制度在自然资源管理中的系统应用——澳大利亚水会计准则研究及其对我国的启示［J］．会计研究，2015（02）：13－19.

［18］陈炜．自然资源资产离任审计框架体系研究［D］．山东师范大学，2017.

［19］陈琛凝．党政领导干部经济责任审计评价指标探析［J］．财会通讯，2011（10）：85－86.

［20］陈正杰．深化当前矿产资源审计的几点建议［J］．审计与理财，2015（05）：24－25.

［21］陈朝豹，耿翔宇，孟春．胶州市领导干部自然资源资产离任审计的实践与思考［J］．审计研究，2016（04）：10－14.

［22］陈学文．草原生态保护实施困境及解困措施［J］．农民致富之友，2019（10）：209.

［23］陈燕丽，左春源，杨语晨．基于离任审计的水资源资产负债表构建研究［J］．生态经济，2016，32（12）：28－31＋48.

［24］陈学文．草原生态保护实施困境及解困措施［J］．农民致富之友，

2019（10）：209.

[25] 丛培东．森林资源培育利用中的问题及解决对策［J］．河南农业，2016（14）：30.

[26] 董启琛．领导干部自然资源资产离任审计研究［J］．现代营销（下旬刊），2018（05）：242－243.

[27] 邓颖和．森林资源资产负债表编制研究［D］．兰州财经大学，2018.

[28] 邓楚蓉．领导干部海洋资源资产离任审计研究［J］．审计与理财，2018（01）：45－46.

[29] 杜秀红，孙文远，戴枫．对领导干部自然资源资产离任审计方法的探讨［N］．中国审计报，2019（01）.

[30] 都沁军，董腾云，冯兰刚．矿产资源开发环境压力的评价指标体系构建［J］．统计与决策，2010（10）：56－58.

[31] 封志明，杨艳昭，闫慧敏，潘韬，江东，肖池伟．自然资源资产负债表编制的若干基本问题［J］．资源科学，2017，39（09）：1615－1627.

[32] 冯永清．“两山”理论具有重大的理论和实践意义［J］．政治与社会，2016（09）.

[33] 符瑞晨．能值分析理论的生态学意义［J］．山西师大学报（社会科学版）研究生论文专刊，2019，40（09）：45－46.

[34] 封志明，杨艳昭，陈玥．国家资产负债表研究进展及其对自然资源资产负债表编制的启示［J］．资源科学，2015（09）：1685－1691.

[35] 封志明，杨艳昭，李鹏．从自然资源核算到自然资源资产负债表编制［J］．中国科学院院刊，2014（04）：449－456.

[36] 裴卫国，杨伟敏，江帆，赖正武．河南南水北调水源地森林生态恢复技术与模式探讨——以淅川县为例［J］．中南林业调查规划，2007（04）：5－8.

[37] 费世民．川西南山地生态脆弱区森林植被恢复机理研究［D］．中国林业科学研究院博士学位论文，2004.

[38] 方文彬，何壮．自然资源资产离任审计评价指标体系研究——基

于十九大报告视角［J］. 兰州工业学院学报，2018，25（03）：88－93.

［39］谷树忠，谢美娥. 论自然资源资产的内涵、属性与分类［N］. 中国经济时报，2015－07－31（14）.

［40］耿建新，刘尚睿，吕晓敏. 土地自然资源资产负债表与自然资源资产离任审计——基于土地资源承载能力［J］. 财会月刊，2018（18）：113－123.

［41］郭旭. 领导干部自然资源资产离任审计研究综述［J］. 审计研究，2017（02）：25－30.

［42］高敏雪，刘茜，黎煜坤. 在 SNA－SEEA－SEEA/EEA 链条上认识生态系统核算——《实验性生态系统核算》文本解析与延伸讨论［J］. 统计研究，2018，35（07）：3－15.

［43］高敏雪. 扩展的自然资源核算——以自然资源资产负债表为重点［J］. 统计研究，2016（01）：4－12.

［44］耿建新，胡天雨，刘祝君. 我国国家资产负债表与自然资源资产负债表的编制与运用初探——以 SNA2008 和 SEEA2012 为线索的分析［J］. 会计研究，2015（01）：15－24.

［45］耿建新，王晓琪. 自然资源资产负债表下土地账户编制探索——基于领导干部离任审计的角度［J］. 审计研究，2014（05）：20－25.

［46］耿建新. 我国自然资源资产负债表的编制与运用探讨——基于自然资源资产离任审计的角度［J］. 中国内部审计，2014（09）：15－22.

［47］顾奋玲，吴佳琪. 乡镇领导干部土地资源资产离任审计探索与实践——以北京某乡镇领导干部离任审计为例［J］. 审计研究，2017（06）：28－35.

［48］国家林业局. 中国森林资源报告［M］. 北京：中国林业出版社，2005.

［49］郭春兰，王冬梅. 浅谈森林资源资产审计［J］. 林业经济，1995（02）：56－58.

［50］贺玮琦，张岩. 领导干部森林资源资产离任审计评价指标探讨［J］. 林业经济，2017，39（03）：78－82.

［51］洪宇. 基于自然资源资产负债表的领导干部资源资产离任审计评

价指标构建［J］．齐鲁珠坛，2018（04）：50－54.

［52］湖北省审计厅课题组，张永祥，别必爱．对领导干部实行自然资源资产离任审计研究［J］．审计月刊，2014（12）：4－7.

［53］黄梦．自然资源资产离任审计的实施路径研究［J］．广西质量监督导报，2019（01）：65－66.

［54］黄溶冰，赵谦．自然资源资产负债表编制与审计的探讨［J］．审计研究，2015（01）：37－43＋83.

［55］黄溶冰．基于PSR模型的自然资源资产离任审计研究［J］．会计研究，2016（07）：89－95＋97.

［56］黄道国．关于深化资源环境审计工作的思考［J］．中国审计，2009（04）.

［57］胡永明．市场经济与产权改革［M］．中国人民大学出版，1993.

［58］胡文龙，史丹．中国自然资源资产负债表框架体系研究——以SEEA2012、SNA2008和国家资产负债表为基础的一种思路［J］．中国人口·资源与环境，2015（08）：1－9.

［59］黄溶冰，赵谦．自然资源核算——从账户到资产负债表：演进与启示［J］．财经理论与实践，2015（01）：74－77.

［60］黄溶冰，单建宁，时现．绿色经济视角下的党政领导干部经济责任审计［J］．审计研究，2010（04）：33－36.

［61］黄萍．自然资源使用权制度研究［D］．上海．复旦大学法学院，2012.

［62］何瑞雄．浅议公共受托责任［J］．财会通讯（综合版），2007（03）：81－82.

［63］黄溶冰．党政领导干部经济责任审计的层次变权综合评价模型——基于科学发展观的视角［J］．审计研究，2013（05）：53－59.

［64］洪芳．定性研究和定量研究的比较分析［J］．南方论刊，2013（12）：52－53.

［65］侯晓靖，马悦．矿产资源开发项目绩效审计评价指标体系构建［J］．财会通讯，2014（16）：98－100.

[66] 何博含，俞雅乖．基于层次分析法的环境审计指标体系构建 [J]．特区经济，2014 (08)：105 - 107.

[67] 黄萍．自然资源使用权制度研究 [D]．上海．复旦大学法学院，2012.

[68] 何琳．我国新国民经济核算体系改革问题初探 [J]．山西财经大学学报，2000，22 (05)：24 - 26.

[69] 姜文来．关于自然资源资产化管理的几个问题 [J]．资源科学，2000，22 (01)：5 - 8.

[70] 姜仁良．我国自然资源产权制度的改革路径 [J]．开放导报，2010 (04).

[71] 姜韦，杨宪苓．浅析习近平“两山论”的理论内涵和实践意义——以江西省为例 [J]．东华理工大学学报（社会科学版)，2018，37 (03).

[72] 季曦，刘洋轩．矿产资源资产负债表编制技术框架初探 [J]．中国人口资源与环境，2016 (03)：100 - 108.

[73] 贾亭．科斯与中国 [J]．天津市社会主义学院学报，2014 (04)：59 - 60.

[74] 柯水发，朱烈夫，袁航，纪谱华．“两山”理论的经济学阐释及政策启示——以全面停止天然林商业性采伐为例 [J]．中国农村经济，2018 (12)：52 - 58.

[75] 孔含笑，沈镭，钟帅，曹植．关于自然资源核算的研究进展与争议问题 [J]．自然资源学报，2016 (03)：363 - 376.

[76] 李博英，尹海涛．领导干部自然资源资产离任审计的理论基础与方法 [J]．审计研究，2016 (05)：32 - 37.

[77] 李博英，尹海涛．领导干部自然资源资产离任审计方法研究——基于模糊综合评价理论的分析 [J]．审计与经济研究，2016，31 (06)：28 - 34.

[78] 梁刚，张沥月．领导干部自然资源资产离任审计探析 [J]．财会通讯，2017 (28)：125 - 126.

[79] 林忠华．领导干部自然资源资产离任审计探讨 [J]．审计研究，

2014 (05): 10 - 14.

[80] 刘宝财. 基于自然资源资产责任审计评价指标体系研究 [J]. 财政监督, 2016 (08): 98 - 100.

[81] 刘玲燕, 俞雅乖, 周会婷. 水资源责任审计评价指标体系的构建和运用: 基于层次分析法的研究 [J]. 科技与管理, 2016, 18 (05): 12 - 16.

[82] 刘明辉, 孙冀萍. 领导干部自然资源资产离任审计要素研究 [J]. 审计与经济研究, 2016, 31 (04): 12 - 20.

[83] 刘明辉, 孙冀萍. 论领导干部自然资源资产离任审计评价体系的构建 [J]. 商业会计, 2016 (18): 12 - 15.

[84] 刘伟伟. 地方领导干部自然资源资产离任审计评价指标构建研究 [D]. 兰州财经大学, 2016.

[85] 芦海燕, 魏彦强, 杨肃昌, 逯平霞. 基于资产负债表的领导干部自然资产离任审计方法研究——以甘肃省水资源审计为例 [J]. 冰川冻土, 2019, 41 (01): 227 - 235.

[86] 芦锦心. 领导干部资源环境责任审计研究 [D]. 浙江工商大学, 2015.

[87] 联合国等. 2012 环境经济核算体系中心框架 [M]. 国家统计局国民经济核算司内部出版, 2014.

[88] 刘战平. 发挥"免疫系统"功能加速审计工作转型 [J]. 中国审计, 2009 (03).

[89] 刘英来. 审计是经济社会运行的免疫系统研讨会综述 [J]. 审计研究, 2008 (05): 18 - 25.

[90] 刘家义. 中国特色社会主义审计理论研究 [M]. 中国时代经济出版社, 2013.

[91] 刘向敏. 关于自然资源资产负债表编制中土地资源核算的思考 [J]. 中国国土资源经济, 2018 (04): 34 - 38.

[92] 林松池. 关于领导干部水资源资产离任审计探讨 [J]. 生产力研究, 2018 (04): 153 - 156.

[93] 刘仲文, 刘业欣, 张闵军, 刘俊民. 领导干部"河长制"—— 自

然资源资产离任审计方法创新［J］．审计与理财，2016（04）：8－9.

［94］李山梅，陈佳稳．基于PSR概念框架下环境项目绩效审计评价研究［J］．资源与产业，2011（02）.

［95］李兆东．环境机会主义、问责需求和环境审计［J］．审计与经济研究，2015（02）：33－42.

［96］罗德辉，黄金泉．森林资源保护培育与开发利用［J］．江西农业，2017（23）：92.

［97］林英．关于我国亚热带生态系统中森林植被资源开发利用的问题［J］．自然资源，1982（02）：83－89.

［98］林进添．森林资源审计理论框架的战略构建（一）——森林资源审计的要素分析［J］．兰州财经大学学报，2015，31（05）：100－105＋111.

［99］李川．矿产资源规划环境影响评价内容与方法［J］．环境科学与管理，2007（01）：181－182＋190.

［100］刘军威．对科学勘探开发利用矿产资源的思考［A］．中国金属学会采矿分会、中国矿业杂志社，2010.

［101］刘笑霞．论我国政府绩效评价主体体系的构建——基于政府公共受托责任视角的分析［J］．审计与经济研究，2011（03）：11－19.

［102］李永峰，杜培军，张盼盼．矿产资源综合评价指标体系的构建及应用［J］．经济视角（下），2012（06）；50－53.

［103］李慧霞，张雪梅．基于SEEA框架的矿产资源资产负债表编制研究［J］．资源与产业，2015（05）：60－65.

［104］刘宇晨，王振铎，张心灵．草原资源资产负债离任审计评价指标构建研究［J］．财会通讯，2018（25）：93－95＋129.

［105］刘越迪．环境重置成本法下的水资源资产负债表编制探索［D］．兰州财经大学，2017.

［106］吕燕飞．编制草原资源资产负债表的研究［D］．内蒙古农业大学，2017.

［107］李雪、杨智慧、王健姝．《环境审计研究：回顾与评价》［J］.

审计研究，2002（04）.

[108] 李玲，徐中民．生态经济价值理论浅析［J］．生态经济研究，2006（06）：44－47.

[109] 卢彪．生态学视域中的生态价值及其实践思考．社会科学家，2013（09）：20－23.

[110] 马永欢，陈丽萍，沈镭等．自然资源资产管理的国际进展及主要建议［J］．国土资源情报，2014（12）：2－8.

[111] 孟志华，李璇．自然资源资产负债表编制与审计文献述评［J］．会计师，2016（17）：3－4.

[112] 马跃明．两山实践篇［J］．今日浙江，2015（21）：24－27.

[113] 孟海军，马付恩，王君．领导干部自然资源资产离任审计研究［J］．理财，2015（11）：84－88.

[114] 马付恩．探索矿产资源审计内容与方法［J］．理财，2015（07）：87－92.

[115] 孟奎，经济学三大价值理论的比较［J］．经济纵横，2013（04）.

[116] 马俊英．科斯的产权理论与中国产权改革实践［J］．现代经济探讨，2005（06）：10－12.

[117] 米献伟．产权界定与资源配置科斯定理的再认识［J］．南开经济研究，2002.

[118] 马丽，浩飞龙，王士君．1949年以来中国土地利用分类演变与问题探讨［J］．资源与环境，2018（05）：617－623.

[119] 内蒙古自治区审计学会课题组，郭少华，郝光荣，于小满．领导干部水资源资产离任审计研究［J］．审计研究，2017（01）：12－22.

[120] 牛彦绍．自然资源资产离任审计：分类、计量、内涵和理论基础［J］．河南工业大学学报（社会科学版），2016，12（02）：81－85.

[121] 牛彦绍．自然资源资产离任审计：研究述评与展望［J］．河南工业大学学报（社会科学版），2015，11（04）：61－66.

[122] 农业与资源环境保护司：贯彻落实审计署审计工作五年发展规划的措施［J］．中国审计，2009（04）.

[123] 南通市审计局课题组．开展资源环境责任审计，推进生态文明制度建设［A］．江苏省审计厅、江苏省审计学会．江苏省审计学会第三届理事（会员）论坛论文集［C］．江苏省审计厅、江苏省审计学会：江苏省审计学会，2014（7）．

[124] 内蒙古自治区审计协会课题组．领导干部水资源资产离任审计研究［J］．审计研究，2018（01）：12－22.

[125] 欧文胜，李玉英，刘伟．国家审计“免疫系统”论［J］．濮阳职业技术学院学报，2013，26（04）：146－148.

[126] 彭巨水．对领导干部实行自然资源资产离任审计的思考［J］．中国国情国力，2014（04）：14－15.

[127] 潘旺明，丁美玲等．领导干部自然资源资产离任审计实务模型初构——基于绍兴市的试点探索［J］．审计研究，2018（03）：53－62.

[128] 钱水祥．领导干部自然资源资产离任审计研究［J］．浙江社会科学，2016（03）：151－155＋161.

[129] 钱水祥．县级党政主要领导干部自然资源资产离任审计研究［J］．审计研究，2016（04）：15－19.

[130] 邱玉莲，沈蒙．生物资源资产负债表框架构建研究——基于领导干部离任审计视角［J］．会计之友，2019（07）：144－147.

[131] 全国采矿科学技术高峰论坛论文集［C］．中国金属学会采矿分会、中国矿业杂志社，2010（6）．

[132] 全国干部培训教材委员会编审指导委员会．推进生态文明建设美丽中国［M］．北京：人民出版社，党建读物出版社，2019.

[133] 钱俊生，彭定友．生态价值观的哲学意蕴．自然辩证法研究，2002（10）：13－15.

[134] 任少敏．领导干部自然资源资产离任审计研究［J］．中国乡镇企业会计，2018（06）：209－210.

[135] 任海，彭少麟．恢复生态学导论［M］．北京：科学出版社，2001.

[136] 申稳稳，张伟，王景波．领导干部矿产资源资产离任审计评价指

标体系构建 [J]. 技术经济与管理研究, 2017 (05): 13 - 18.

[137] 审计署上海特派办理论研究会课题组, 杨建荣, 高振鹏, 贾西贝. 领导干部自然资源资产离任审计实现路径研究——以 A 市水资源为例 [J]. 审计研究, 2017 (01): 23 - 28.

[138] 申稳稳, 张伟, 王力. 公共受托责任下矿产资源资产离任审计目标和内容研究 [J]. 山东财经大学学报, 2017, 29 (04): 41 - 48.

[139] 苏孜, 程霞, 卫冰清. 自然资源经济责任审计评价指标体系探究——基于层次分析法 [J]. 南京审计大学学报, 2017 (02): 76 - 84.

[140] 商思争. 海洋自然资源资产负债表编制微探 [J]. 财会月刊, 2016 (20): 32 - 37.

[141] 孙有成. 生态经济学的价值观 [J]. 农村生态环境 (学报), 1994, 10 (02): 45 - 47.

[142] 孙志. 生态价值的实现路径与机制构建 [J]. 政策与管理研究, 2017 (01).

[143] 史丹. 中国能源效率的地区差异与节能潜力分析 [J]. 中国工业经济, 2006 (10): 49 - 58.

[144] 孙世光. 论科斯定理在自然资源保护中的应用 [C]. 中国环境科学学会学术年会优秀论文集 (上卷), 2007: 1017 - 1020.

[145] 陶玉侠, 谢志华. 自然资源资产离任审计相关问题思考 [J]. 财会通讯, 2014 (34): 80 - 83.

[146] 唐勇军, 杨璐. 行为导向视角下自然资源资产离任审计研究——以水资源为例 [J]. 财会通讯, 2016 (34): 84 - 87 + 4.

[147] 唐洋, 周小云, 唐云波. "两型社会"建设中我国工业企业环境审计评价指标体系构建研究 [J]. 湖南财政经济学院学报, 2012 (05): 58 - 64.

[148] 汪良. 领导干部自然资源资产离任审计研究 [J]. 财经界 (学术版), 2017 (03): 115 + 117.

[149] 王嗣亮. 森林资源资产责任审计评价指标体系研究 [D]. 贵州财经大学, 2016.

[150] 王振铎. 对领导干部自然资源资产责任审计的思考 [J]. 中国内

部审计，2015（09）：86－88.

[151] 王婷．基于森林保护和森林资源开发利用的分析 [J]．中国农业信息，2017（19）：84＋86.

[152] 吴东发，徐辉，王兆薇等．我国煤炭企业环境审计指标体系构建 [J]．煤炭经济研究，2008（09）：61－63.

[153] 吴玲萍．评价指标导向的经济责任审计模式构建研究 [J]．会计之友，2011（2上）：71－72.

[154] 王淡浓．加强政府资源环境审计促进转变经济发展方式 [J]．审计研究，2011（05）：18－23.

[155] 吴昱．地市级党政领导干部经济责任审计研究——长三角地区审计内容和评价指标构建 [D]．上海交通大学，2013.

[156] 韦小泉，王立彦．地方党政主要领导干部经济责任审计评价指标体系构建 [J]．审计研究，2015（05）：20－27.

[157] 王金平．矿产资源资产离任审计探析 [J]．现代经济信息，2017（20）：139＋141.

[158] 王振铎，张心灵．领导干部草原资源资产离任审计内容研究——基于内蒙古自治区审计实践 [J]．审计研究，2017（02）：31－39.

[159] 王加灿．国家审计"免疫系统论"的本质与功效路径 [J]．郑州航空工业管理学院学报，2012，20（02）：21－25.

[160] 王树林．改革现行国民经济核算体系的理论探讨 [J]．北京行政学院学报，2001（01）：26－ 30.

[161] 王丽．浅谈对科斯定理的几点思考——从一个外部性污染的例子说开去 [J]．长春理工大学学报（社会科学版），2015，28（01）：81－84.

[162] 吴灏．产权制度与环境："科斯定理"的延伸 [J]．生态经济，2016，32（05）：25－33.

[163] 魏崇辉．论科斯产权理论的基本特点和借鉴意义 [J]．盐城师范学院学报（人文社会科学版），2003，23（01）：21－24.

[164] 向书坚，郑瑞坤．自然资源资产负债表中的资产范畴问题研究 [J]．统计研究，2015，32（12）：3－11.

[165] 薛芬，李欣．自然资源资产离任审计实施框架研究——以创新驱动发展为导向 [J]．审计与经济研究，2016，31（06）：20－27.

[166] 荀超群．领导干部自然资源资产离任审计研究 [D]．山西财经大学，2016.

[167] 夏宝龙．照着“绿水青山就是金山银山”的路子走下去 [J]．今日浙江，2015.

[168] 协同视角下政府审计资源管理研究——以领导干部自然资源资产离任审计资源为例 [J]．会计之友，2019（09）.

[169] 徐宓媛，房琰沁．关于领导干部自然资源资产离任审计——以江苏省为例 [J]．经济纵横，2018（31）：190－192.

[170] 许树柏．层次分析法原理 [M]．天津大学出版社，1988.

[171] 徐泓，曲婧．自然资源绩效审计的目标、内容和评价指标体系初探 [J]．审计研究，2012（02）：14－19＋51.

[172] 徐中民等．生态经济学理论方法与应用 [M]．郑州：黄河水利出版社，2003：8－22＋145－169.

[173] 谢高地，张彩霞，张昌顺，肖玉，鲁春霞．中国生态系统服务的价值 [J]．资源科学，2015（09）：1740－1746.

[174] 杨蕾．领导干部自然资源资产离任审计评价指标体系构建 [J]．商业会计，2016（16）：38－40.

[175] 余静．内蒙古实行领导干部自然资源资产离任审计问题研究 [D]．内蒙古大学，2015.

[176] 岳昕．地方领导干部自然资源资产离任审计制度研究 [D]．中南林业科技大学，2018.

[177] 姚亚玲，李青，陈红梅．基于“两山”理论的南疆脆弱区生态与经济系统互动效应分析 [J]．资源与环境，2019，35（04）：485－491.

[178] 杨锈祯．生态文明建设与“两山”理论高峰论坛暨新书发布会在京召开 [J]．中国报道，2017，57（08）.

[179] 杨琼．生态哲学视阈下的“两山”理论及其实践内涵 [J]．内蒙古大学学报（哲学社会科学版），2018.50（05）：65－70.

[180] 于丹. 重温"两山理论"坚定绿色发展 [N]. 本溪日报，2018(04).

[181] 杨晓和，冯丽丽，荣欢. 领导干部土地资源资产离任审计研究 [J]. 审计研究，2017 (06)：22－27.

[182] 杨伟敏，裴卫国，罗向东，侯洁，王虹. 河南丹江流域森林生态系统恢复探讨 [J]. 河南林业科技，2006 (03)：39－40.

[183] 阳秋林，张玉，唐洋. 领导干部自然资源资产离任审计相关问题研究 [J]. 会计之友，2018 (01)：125－127.

[184] 阎宝泰. 党政领导干部经济责任同步审计的实践与思考 [J]. 审计研究，2011 (03)：12－17.

[185] 余际从，刘慧芳. 矿产资源开发社会效益综合评价方法研究 [J]. 资源与产业，2013 (03)：62－67.

[186] 杨阳. 基于环境重置成本法的草原生态补偿价值计量研究 [D]. 兰州财经大学，2015.

[187] 于江宏等. 领导干部自然资源资产离任审计实务与操作指引 [M]. 北京：中国时代经济出版社，2019.

[188] 袁子媚. 浅谈外部性内在化理论对环境治理的指导作用——从"庇古税收"走向"科斯定理"的产权制度建设角度分析 [J]. 现代商业，2016 (09)：134 136.

[189] 晏维龙. 国家审计理论的几个基本问题研究——基于多学科的视角 [J]. 审计与经济研究，2015 (01)：3－16.

[190] 张红丽. 领导干部自然资源资产离任审计研究 [J]. 中国乡镇企业会计，2018 (05)：191－192.

[191] 张宏亮，刘长翠，曹丽娟. 地方领导人自然资源资产离任审计探讨——框架构建及案例运用 [J]. 审计研究，2015 (02)：14－20.

[192] 张婷. 自然资源资产离任审计定义研究 [J]. 铜陵学院学报，2015，14 (03)：58－60.

[193] 郑石桥，吕君杰. 领导干部资源环境责任审计界定：理论框架和例证分析 [J]. 会计之友，2018 (20)：154－160.

[194] 钟文胜，张艳．地方领导干部自然资源资产离任审计评价指标体系构建的思考 [J]．中国内部审计，2018 (04)：83－87.

[195] 张雁云．“两山理论”的提出与实践 [J]．中国金融，2018 (07)：17－19.

[196] 赵红艳，何林．“两山论”对马克思主义自然观的理论创新及实践意义 [J]．黑龙江社会科学，2018 (06)：1－4.

[197] 张厚美．以“两山理论”推进老区生态红利释放 [J]．环境教育，2018，85 (08).

[198] 中共中央办公厅，国务院．领导干部自然资源资产离任审计规定（试行）[Z]．2017－6.

[199] 翟志超．我国基层国土资源管理的现状及问题研究 [J]．科技与创新，2018 (06)：96－97.

[200] 周宾．我国土地资源资产负债表编制方法探析 [J]．会计师，2019 (3)：9－10.

[201] 张宏亮，刘恋，曹丽．自然资源资产离任审计专题研讨会综述 [J]．审计研究，2014 (04)：58－62.

[202] 张亚连，李佳星．关于领导干部水资源资产离任审计的若干思考 [J]．商业会计，2018 (04)：21－24.

[203] 张爱民．自然资源资产离任审计研究——基于2014年媒体新闻报道的文献分析 [J]．新会计，2015 (06)：6－11.

[204] 张友棠，刘帅．基于自然资源资产负债表的环境责任审计体系设计——以水资源为例 [J]．财政监督，2016 (01)：95－97.

[205] 张宏亮．自然资源资产离任审计专题研讨会会议综述 [J]．审计研究，2014 (04)：58－62.

[206] 周一虹．生态环境价值计量的环境重置成本法探索 [J]．学海，2015 (04)：109－117.

[207] 郑石桥，吕君杰．领导干部资源环境责任审计目标：理论框架和例证分析 [J]．会计之友，2018 (15)：141－145.

[208] 张宏亮，肖振东．基于AHP的公共环境投资项目效益审计评价

指标体系的构建［J］. 审计研究，2007（01）：30－36.

［209］张勇. 经济责任导向审计模式的构建及其研究路径［A］. 中国会计学会审计专业委员会，中国会计学会审计专业委员会2010年学术年会论文集［C］. 中国会计学会审计专业委员会，2010（9）.

［210］周曦. 基于经济责任的环境审计路径选择——浅析经济责任审计中的环境保护责任审计［J］. 审计研究，2011（05）：24－27＋44.

［211］张娜，郑爱华. 煤矿建设项目环境评价指标体系研究［J］. 会计之友，2012（15）：41.

［212］朱瑞兵. 矿产资源开发综合利用经济效益评价研究［D］. 北京市：中国地质大学，2012：20－31.

［213］中共财政部党组. 财政部领导干部离任审计暂行规定［Z］.（财党2007）4号. 2014.

［214］赵雪梅，马春丽. 党政领导干部经济责任审计与绩效审计结合的思考［J］. 会计之友，2014（12）：86－88.

［215］张心灵，刘宇晨. 草原资源资产负债表编制的探究［J］. 会计之友，2016（18）：10－14.

［216］朱月萍. 上市公司环境审计现状分析——以广东省为例［J］. 财会通讯，2013（01）：21－23.

［217］张自霞，周一虹，董姚娣. 基于自然资源资产负债表的领导干部自然资源资产离任审计［J］. 中国注册会计师，2017（08）：22－23.

［218］赵栩. 自然资源资产负债表的编制与应用［M］. 经济管理出版社，2017.

［219］祝雷光. 价值理论的发展过程及评述［J］. 市场研究，2016，08（11）.

［220］周明生、苏炜、卢名辉. 马克思与科斯产权理论在中国改革进程中的运用［J］. 江海学刊，2009（01）.

［221］张彦，当代西方价值排序理论的范式演进：从舍勒、哈特曼到杜威［J］. 学术月刊，2013（02）.

［222］张曙光，盛洪. 科斯与中国——一位经济学大师的中国影响力

[M]. 北京：中信出版社，2013：54.

[223] 张乃文，王曙光. 国家审计“免疫系统”功能对国家治理的推动作用 [J]. 中国乡镇企业会计，2017 (01)：132－133.

[224] 朱启贵. 国民经济核算不能“唯GDP论”[N]. 解放日报，2016 (05).

[225] 赵彬竹，张嘉纯，郝园园. 我国国民经济核算体系优化和发展研究 [J]. 合作经济与科技，2019，14 (013)：36－37.

[226] 郑瑞坤. 中国国民经济核算框架下的绿色增长估算研究 [J]. 生态经济，2015，31 (08).

[227] COSTANZA R, DALY H E, BARTHOLOMEM J A. Goals, agenda and policy recommendations for ecological economics [J]. Ecological Economics: The science and management of sustainability, 1991 (s 525).

[228] CHOIDA JAMTSHO. Environmental auditing and sustainable development from the perspective of a government auditing [J]. Environment Management, 2005: 32－39.

[229] D. W. PEARCE, R. KERRY TURNER. Economics of Natural Resources and the Environment [M]. Baltimore: Johns Hopkins University Press, 1990.

[230] FELICITY N. EDWARDS. Environmental Auditing: The Challenge of the 1990s [J]. The University of Calgary Press, 1992: 62－68.

[231] GRANT LEDGER WOOD, ELIZABETH STREET, RIKI THERI. The Environmental Audit and Business Strategy: A Total Quality Approach [M]. Pitman Pub: 1992.

[232] Intosai Working Group on Environmental Auditing. Results of the Sixth Survey on Environmental Auditing [R]. WGEA, 2006.

[233] JOHN WHITTINGTON, JULIE COYSH. Development of a Framework for the Sustainable rivers Audit [J]. Technical report of Cooperative research Centre for Freshwater Ecology, 2001 (8): 58－65.

[234] PEARCE D W, TURNER R K. Economics of natural resources and the

environment [M]. JHU Press, 1990.

[235] SYLVIA VAN LEEUWEN. Developments in environmental auditing by Supreme Audit Institutions [J]. Environmental Management, 2004: 45 -50.

[236] ULGIATIS, BROWN M T. Monitoring patterns of sustainability in natural and man - made ecosystems [J]. Ecological Modelling, 1998, 108 (1 - 3): 23 -36.

后 记

本书是我主持的兰州财经大学丝绸之路经济研究院重点研究项目《基于政府自然资源资产负债表的领导干部自然资源资产离任审计研究》的主要研究成果。

本书得以出版，首先要感谢兰州财经大学丝绸之路经济研究院的领导和同事们，他们是王永瑜博士、张存刚博士、王霞博士、庞楷博士、张宗军博士、刘明博士、陈亮博士和魏滢璇女士、米田先生两位同事，有他们的支持，使我有信心坚持研究并完成本书的写作。

其次要感谢我指导的硕士研究生魏亚丽、贵瑞洁、吕梦嘉、智沛奇、刘昕瑞、范越、刘璐璐、李昱璇、郭建超、张明晶、王晨同学，他们参加了本书的资料搜集、整理和有关章节的写作。其中，魏亚丽参与写作了第一章、贵瑞洁参与写作了第二章、吕梦嘉参与写作了第三章、智沛奇参与写作了第四章、刘昕瑞参与写作了第五章、范越参与写作了第六章、刘璐璐参与写作了第七章、李昱璇参与写作了第八章、郭建超参与写作了第九章、张明晶参与写作了第十章、王晨参与写作了第十一章。我们的写作过程是，首先，由我讲授本书的主要思想和研究内容，研究生根据授课提纲、幻灯片、课堂笔记和我对每一章节的撰写思路去撰写初稿，最后再经我修改和定稿。可以说，本书的凝聚了我们师生共同的智慧、心血和汗水。

再次要感谢本书列举的资料与参考文献的作者们，他们的成果，为本书的写作奠定了基础。在本书写作过程中，参考并引用了有关专著、教材、法规、报刊、网站上的内容。对于其中的直接引用部分，在书中做了来源注明，其余的则列入了参考文献目录。

最后要感谢多年来一直对我的研究给予大力支持和帮助的专家学者与各界朋友，恕不一一署名。

领导干部自然资源资产离任审计是一项全新的审计工作，涉及的内容极其广泛，包罗万象，复杂程度高，极具挑战性。因此，有很多重大的理论和实际问题尚处于讨论探索的阶段，由于本人水平所限，书中难免有疏漏与不足之处，请大家批评指正！

周一虹

2020 年 12 月 20 日于兰州和平致远楼